高等院校经济管理类专业“互联网+”创新规划教材

OPERATIONS MANAGEMENT

运营管理

（第4版）

李全喜 ◎主编

北京大学出版社
PEKING UNIVERSITY PRESS

内 容 简 介

本书原名为《生产运作管理》，本版书名更改为《运营管理》。全书共 14 章：运营管理综述、企业战略与运营战略、企业选址、设施布局、产品和服务设计、工作设计、采购管理、库存控制、综合生产计划、主生产计划、物料需求计划、作业计划与排序、丰田生产方式、约束理论。

本书与第 3 版的风格保持一致，但内容进行了较大幅度的更新，在很多章节增加了“互联网+”相关的内容；更新了部分引例、运营实例、案例等，使书的整体结构和内容更符合时代的要求。

本书可用作 MBA 和管理类本科生“运营管理”课程的教材或参考书，还可以用作工业工程的专业硕士或本科生的“生产计划与控制”课程的教材或参考书。

图书在版编目（CIP）数据

运营管理 / 李全喜主编. —4 版. —北京：北京大学出版社，2023. 6
高等院校经济管理类专业“互联网+”创新规划教材
ISBN 978-7-301-34051-6

Ⅰ. ①运… Ⅱ. ①李… Ⅲ. ①企业管理—运营管理—高等学校—教材 Ⅳ. ①F273

中国国家版本馆 CIP 数据核字（2023）第 098206 号

书　　名　运营管理（第 4 版）
　　　　　YUNYING GUANLI（DI-SI BAN）
著作责任者　李全喜　主编
策划编辑　李婷婷
责任编辑　赵天思　李婷婷
数字编辑　金常伟
标准书号　ISBN 978-7-301-34051-6
出版发行　北京大学出版社
地　　址　北京市海淀区成府路 205 号　100871
网　　址　http://www.pup.cn　新浪微博：@北京大学出版社
电子邮箱　编辑部 pup6@pup.cn　总编室 zpup@pup.cn
电　　话　邮购部 010-62752015　发行部 010-62750672　编辑部 010-62750667
印 刷 者　北京圣夫亚美印刷有限公司
经 销 者　新华书店
　　　　　787 毫米×1092 毫米　16 开本　18 印张　419 千字
　　　　　2007 年 8 月第 1 版　2011 年 6 月第 2 版　2014 年 8 月第 3 版
　　　　　2023 年 6 月第 4 版　2024 年 9 月第 2 次印刷
定　　价　58.00 元

未经许可，不得以任何方式复制或抄袭本书之部分或全部内容。
版权所有，侵权必究
举报电话：010-62752024　电子邮箱：fd@pup.cn
图书如有印装质量问题，请与出版部联系，电话：010-62756370

第4版前言

PREFACE

2014 年出版的第 3 版《生产运作管理》至今已将近 10 年，互联网技术的快速发展和广泛应用使得我国社会经济环境发生了很大的变化，党的二十大报告指出高质量发展是全面建设社会主义现代化国家的首要任务，强调把握好新时代中国特色社会主义思想的世界观和方法论。因此，课程的内容体系也要与时俱进，第 4 版对书名、结构和内容进行了大幅度调整，以适应新的需求。

书名顺应业内主流的变化，将《生产运作管理》更名为《运营管理》。尽管“运营管理”一词弱化了产品和服务的界限，但内容体系并无本质的改变。

第 1 章运营管理综述（将原第 1 章和原第 2 章合并），设运营管理概述、运营管理的内容和作用、运营管理的发展历程 3 节，删掉了原第 1 章中的现代生产运作管理面临的问题及发展趋势这一小节。

第 2 章企业战略与运营战略（原第 3 章）按新的结构进行了重写，增加第 3 节——“互联网+”对运营战略的影响；更新了引例——华为正式“进军”汽车行业；更新了案例——大疆创新科技有限公司。

第 3 章企业选址（原第 4 章）新增第 4 节——“互联网+”对企业选址的影响。

第 4 章设施布局（原第 5 章）新增第 6 节——工业 4.0 及设施布局；删除了部分案例。

第 5 章产品和服务设计（原第 6 章）删除原可靠性设计一节；新增第 5 节——“互联网+”与产品设计。

第 6 章工作设计（原第 7 章）删除原工作环境设计一节；改写第 4 节——动作研究；删除了部分内容。

删除原第 8 章。

第 7 章采购管理（原第 9 章）删除原供应链与管理一节，将其部分内容重写、并入第 1 节中；第 4 节删除部分内容并重写；新增第 5 节——集中采购，第 6 节——“互联网+”采购；增加了部分运营实例。

第 8 章库存控制（原第 10 章）增加一个运营实例；第 4 节更名为常用的库存控制模型；删除原时变需求下的库存控制一节。

第 11 章物料需求计划（原第 13 章）删除原独立需求与相关需求一节，重写的部分内容并入第 1 节——物料需求计划概述；删除原 MRPⅡ和 ERP 一节。

第 12 章作业计划与排序（原第 14 章）删除第 4 节作业排序的数学方法中的匈牙利法部分；重写了第 5 节——服务业的排序；删除随机系统等内容。

删除原第 15 章。

吉林大学商学与管理学院的部分研究生参与了本书部分编写工作。

本书第 4 版在编写过程中，从网上摘选了部分与“互联网+”、运营管理等有关的资料，对相关的作者及信息发布者表示衷心的感谢！

本书参考了部分中外文教材和文献资料，重要资料均在书中注明了参考文献。在此对国内外的有关作者表示衷心的感谢！

本书第 4 版的出版得到了北京大学出版社的大力支持，在此表示诚挚的谢意！

由于编者水平所限，书中难免有不妥之处，敬请读者批评指正。

编　者

2023 年 5 月

各章节建议学时

章节	建议学时
第 1 章　运营管理综述	3
第 2 章　企业战略与运营战略	3
第 3 章　企业选址	2
第 4 章　设施布局	3
第 5 章　产品和服务设计	4
第 6 章　工作设计	4
第 7 章　采购管理	2
第 8 章　库存控制	3
第 9 章　综合生产计划	2
第 10 章　主生产计划	2
第 11 章　物料需求计划	2
第 12 章　作业计划与排序	2
第 13 章　丰田生产方式	4
第 14 章　约束理论	4
合　计	40

资源索引

目　录

CONTENTS

第1篇　绪　　论

第2篇　运营系统的设计

第 3 篇 运营系统的运行

第1篇

绪　论

第 1 章

运营管理综述

第 1 章引例

1.1　运营管理概述

1.1.1　运营活动

运营活动主要是通过将投入的资源，经过一系列、多种形式的转换，使其价值增值，最后产出为有形产品或无形产品的过程，如图 1.1（a）所示。一般来讲，典型的转换过程包括物理过程（如汽车生产）、位置变化过程（如物料运输）、交易过程（如商品零售）、存储过程（如库存）、生理过程（如医疗保健）、信息过程（如信息通信）等。

运营管理是从系统的角度来看待这种转换和增值活动，也就是说，这些活动是在系统中完成的，如图 1.1（b）所示。谈及系统，人们会想到典型的输入、输出和信息反馈等活动。生产系统的输入包括人力、物料、设备、技术、信息、能源、土地等，经过系统内的转换活动输出有形产品或无形产品。同时要根据输出的结果来判定其是否与预期一致，如

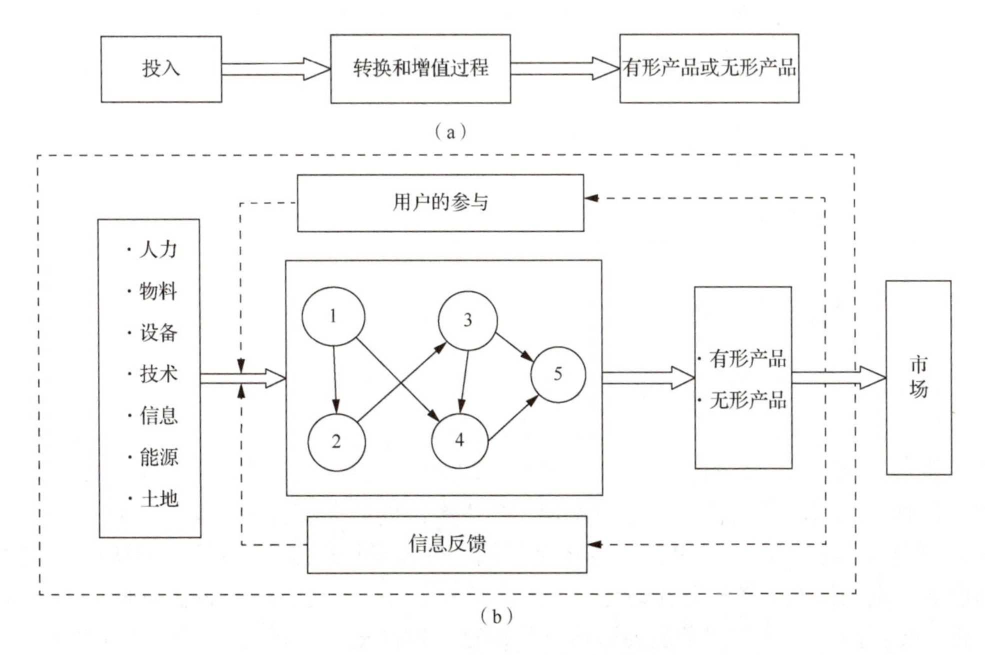

图 1.1　运营活动示意图

交货时间、产品或服务质量等，如果不一致，说明系统内部需要改进。通过信息反馈，可以了解系统内部需要改进的环节，并采取相应的措施。另外，运营系统常常有用户的参与，例如用户购买汽车时会提出自己的个性化需求：发动机的排量、变速箱、内饰和车的颜色、是否需要天窗等；服务业的用户则直接参与到服务系统中去，成为其中的一员。表1-1给出了常见的运营活动。

表1-1　常见的运营活动举例

系　统	资　源	主要的输入	主要转换功能	输　出
汽车制造厂	工具、设备、工人	钢板、动力部件等	制造和装配汽车	高质量的汽车
医院	医生、护士、药品供应、设备	病人	治疗、健康护理	健康人
餐厅	食物、厨师、服务员、环境	饥饿的消费者	精美的食物、舒适的环境	满意的消费者
大学	教师、教材和教室	高中毕业生	知识和技能	大学毕业生
商店	展示、商品存储、售货员	消费者	吸引消费者、推销产品	满意的消费者

另外，对于有形产品，消费者主要关注其产出的结果；对于无形产品，消费者既关注结果，也关注过程。有形产品和无形产品的主要区别还有很多，见表1-2。

表1-2　有形产品和无形产品的主要区别

特　征	有形产品	无形产品
产出	看得见的	看不见的
产出一致性	高	低
劳动含量	低	高
生产率测量	易	难
消费者联系	少	多
交付消费者前解决质量问题的机会	多	少
评估	较易	较难
取得专利的情况	经常	偶尔

1.1.2　运营管理的概念

在阐述运营管理的概念之前，需要对相关术语的演变进行说明。

我们的研究对象是产品（有形产品或无形产品）的转换和增值过程。早期人们的研究对象主要局限于有形产品的转换和增值过程，即对生产过程的研究，重点研究生产过程的组织、计划与控制，因此称之为生产管理。随着经济的发展和社会的进步，产业结构发生了很大的变化，制造业占GDP的比重逐步降低，而服务业所占比重则随之增加，出现了生产与服务并重的情况，名称也调整为生产运作管理。近些年发达国家的服务业在GDP中的比重进一步提高，生产与服务的界限进一步弱化，因此更名为运营管理。名称改变并不意味着内容结构的变化，运营管理还是包括生产和服务两个部分。

因此，运营管理就是对制造产品或提供服务的过程或系统的管理。具体地讲，运营管理以有形产品和无形产品的生产过程和服务过程为对象，以定量分析和定性分析为手段，为设计、运行和改善制造过程和服务过程提供科学的理论和方法。

1.1.3 运营管理的层次和人员

运营管理是一个企业或组织的主要职能之一，涉及企业或组织的多个层次和多种人员，表 1-3 列出了部分例子。

表 1-3 运营管理的层次和人员举例

层 次	制 造 业	服 务 业
上层	制造副总裁、生产副厂长	运营副总裁（航空公司）、院长（医院）
中层	车间主任、生产部经理	部门经理（超市、商场）
基层	班组长、生产线管理人员	业务经理（保险公司）
员工	采购员、物料保管员、工作方法分析员	消费者服务经理、系统和过程分析员

1.2 运营管理的内容和作用

1.2.1 运营管理的内容

运营管理的目标概括地讲就是“在需要的时候，以适宜的价格，向消费者提供具有适当质量的产品和服务”。这一句话涉及了 3 个要素：质量要素、时间要素和价格要素。

质量要素是指产品的使用功能、操作性能、社会性能（即环保、安全性能）和保全性能（即可靠性、维修保养性能）等。

时间要素强调生产产品或提供服务的适时性，即在用户需要的时候提供产品或服务，体现了产品或服务的时间价值，要求企业具有生产的快速性和及时性。

质量要素和时间要素反映了产品或服务的使用价值。

价格要素体现了产品或服务用货币单位表示的价值。

从经济学的角度来看，价值和使用价值是统一的。但从市场竞争的角度看，使用价值相同时，价格低的产品或服务则更具有竞争优势。

因此，运营管理关注两大问题：一是在生产产品或提供服务的过程中如何保证其使用价值；二是在满足使用价值的前提下，如何降低资源消耗，即降低生产或服务成本。

解决这两大问题就是运营管理涉及的主要内容。从层次和过程的角度，运营管理的主要内容可分为以下 4 个部分。

（1）运营战略的制定。

（2）运营系统的设计和构建。制订运营战略后，要设计和构建运营系统。运营系统涉及生产力三要素，即劳动工具、劳动对象和劳动者，具体包括企业选址与布局、产品和服务设计、工作设计等。

（3）运营系统的运行。在设计和构建运营系统后，要运行运营系统，以实现企业的运营战略和生产经营目标。这主要包括不同层次的运营计划编制、物料采购与库存控制等。

（4）运营系统的完善。运营系统的运行涉及很多与之相关的工作，诸如质量和设备管理等，要不断对其进行完善。另外，很多新的理论与方法的出现，如丰田生产方式、约束理论等，也在不断完善现有的运营系统。

本书的各章节基本上按此框架展开。

1.2.2 运营管理的作用

1. 运营管理是企业创造价值的主要环节

从社会经济发展的角度来看，物质产品的生产是创造财富的主要方式。

制造业生产直接决定着人们衣食住行的方式，也直接影响着农业、矿产业等其他产业技术装备的能力。随着生产过程进行，被加工对象完成了“原材料→在制品→产品”的转换，实现了价值增值。因此，对制造业而言，生产过程是企业创造价值的过程。

另外，随着生产规模的不断扩大，生产技术的日益复杂，市场交换活动的日益活跃，连接生产活动的中间媒介变得越来越重要。因此，与制造业生产密切相关的金融业、保险业、对外贸易业、房地产业、仓储运输业、技术服务业、信息业等服务行业在生活中所占的比重越来越大，在人类创造财富的过程中起着越来越重要的作用，是创造价值或财富的必要环节。因此，对非制造业，即服务业而言，服务过程是企业创造价值的过程。

无论是制造业的生产过程，还是服务业的服务过程，都是运营管理过程，可见，运营管理是企业创造价值的主要环节。

2. 运营管理是企业经营的基本职能之一

为了生产产品或提供服务，或者说为了经营和业务发展的需要，任何企业都必须至少具备 3 种基本职能：营销、运营管理、财务，见表 1-4。当然，对于规模较大的企业，通常还应有技术、人力资源管理等职能。

表 1-4 企业的基本职能

企业类别	基本职能		
	营　销	运 营 管 理	财　务
汽车制造商	媒体广告 赞助体育赛事 发展销售商 销售汽车、零部件	设计汽车 制造零部件 装配汽车 发展供应商	向供应商付款 支付员工工资 收售车款 编制预算

续表

企业类别	基本职能		
	营　销	运　营	财　务
大学	邮寄招生目录 在中学宣传	探索真理 传播知识	支付工资 收学费
快餐店	电视广告 分发宣传品 赞助儿童组织	加工汉堡、薯条 保养设备 设计新店面	向供应商付款 收取现金 支付工资

因此，运营管理在企业中具有举足轻重的地位，是不可或缺的基本职能。

3．运营管理是企业竞争力的源泉

在市场经济条件下，一个企业的生存与发展的原动力来自其在同行业中的竞争能力。如何获得竞争优势或提高竞争力？不同的企业有不同的做法，例如格兰仕的低价格策略，海尔的高质量服务策略，麦当劳的快速服务策略，等等。这些企业在某种程度上都取得了成功。可见企业的竞争力是指企业所提供的产品或服务能够在质量、价格或时间上，为消费者提供难以替代的价值。所谓难以替代，是指其他企业不能效仿，效仿不成功，或者因效仿的代价太大而不敢尝试。企业的生产经营是一个复杂的过程，但用户或消费者往往只关注企业所提供的产品或服务对他们的效用。因此，企业之间的竞争实际上是企业产品或服务之间的竞争，表现在产品或服务的质量、价格和时间上，而这 3 个属性反映了运营管理的效率。例如，在产品和硬件设施上相似的企业，竞争力差别却很大，其原因归根结底就是企业的运营管理效率不同。从这个意义上说，运营管理是企业竞争力的源泉。

1.3　运营管理的发展历程

人类在地球上出现以后，为了生存，开始了由简单到复杂的生产活动。随即也就出现了生产管理。但早期的制造业通常是在家庭或手工作坊内进行，通过师傅带徒弟的形式，利用简单的工具，按照消费者的要求生产产品。这种生产方式效率低、成本高，没有规模经济性，发展潜力有限。1776 年，英国学者斯密所著的《国富论》首次提出了劳动分工学说，他认为有效劳动生产率的提高取决于劳动者熟练程度的提高，而劳动者熟练程度的提高则是分工和大批量生产的结果。斯密的劳动分工学说为后来的社会化大生产指明了方向，但真正的科学生产管理始于 20 世纪初。

1.3.1　科学生产管理雏形形成的时代

20 世纪初至 20 世纪 30 年代，众多学者对生产管理进行了开创性的研究，其代表人物有：泰勒、吉尔布雷思夫妇、福特、哈里斯、休哈特、道奇、罗米格、梅奥等，他们的成果奠定了科学生产管理的基础。

1. 泰勒的科学管理

泰勒，科学管理的创始人，被尊称为“科学管理之父”。其代表作是《科学管理原理》。《科学管理原理》的主要观点有以下几个方面。

（1）对工人的每一项操作进行客观、科学的动作分析，帮助工人总结出最佳的操作方法。

（2）用科学的方法对工人进行培训和教育，从而使每个人都能发挥所长，最大限度地提高工作效率。

（3）管理人员不应只管发号施令，要和工人进行科学的分工。适合管理人员做的工作，应由管理人员完成；适合工人做的工作，应分配给工人去完成。

（4）管理人员要真正得到工人的信任，让工人理解管理人员是根据科学原理在指挥生产。

泰勒早期还进行了一系列试验研究，首开工作研究之先河。泰勒通过这些研究，找出了不同工作的最佳工作方法，形成了标准化的操作规程，并按此规程培训工人，使工人在最短的时间内掌握最佳工作操作方法，如著名的生铁块搬运试验、铁锹装货试验、金属切削试验等。

（1）生铁块搬运试验。

1898 年，泰勒在贝瑟利恩钢铁公司进行生铁块搬运试验。这个公司的原材料是由一组工人搬运的，工人日工资为 1.15 美元，这在当时是标准工资，日平均搬运量为 12～13 吨。泰勒试图仔细观察各种工作因素对生产效率的影响。例如，搬运的姿势、行走的速度、持握的位置等变量。通过研究，泰勒提出了“持重物快走，返回慢走以恢复体力”的搬运方法，并找出了最佳搬运量、行走时间和休息次数。按新方案执行后，工人日平均搬运量提高到了 47 吨，同时工人并不会感到太疲劳，日工资也提高到了 1.85 美元。

（2）铁锹装货试验。

早先堆料场的工人干活是自己带铁锹，所带铁锹的大小也各不相同，而且装卸不同的原料时会用到不同的工具，工人自带的铁锹难以满足生产需求。

泰勒经过研究发现，当工人的平均负荷为 21 磅时，人体的疲劳最少。因此泰勒准备了一些不同的铁锹，并规定用特定铁锹装卸特定物料。为此他还建立了一间大库房，里面存放各种工具。这些措施保证了工人的平均负荷为 21 磅，减缓了工人的工作疲劳。

同时为了提高效率，他还设计了两张卡片，一张说明工人应领取的工具和工作的区域；另一张说明工人前一天的工作情况和工作收入，并根据前一天的工作情况对卡片不断进行调整。

实施这些措施需要增加管理人员数量，尽管这样，堆料场还是受益颇多：工人从原来的 400～600 人减少为 140 人，工人的日均操作量从 16 吨提高到 59 吨，工人的日工资从 1.15 美元提高到 1.88 美元。

（3）金属切削试验。

在米德维尔钢铁厂时，为了解决工人的怠工问题，泰勒进行了金属切削试验。泰勒具备一些金属切削的专业知识，于是他对车床的效率问题进行了研究，开始了预期 6 个月的试验。这项试验非常复杂和困难，原来预期为 6 个月的试验，实际却用了 26 年，花费了巨额资金，耗费了 80 多万吨钢材，最后在十几名专家的帮助下，取得了重大的进展。这项试验还获得了一个重要的副产品——高速钢的发明。

泰勒的这 3 个试验都取得了很大的成功。正是这些科学试验为他的科学管理思想奠定了坚实的基础，使管理学成为一门真正的科学，这对以后管理学理论的发展和成熟起到了非常大的推动作用。

2．吉尔布雷思夫妇的动作研究

吉尔布雷思是一位工程师和管理学家，科学管理运动的先驱者之一，在动作研究方面有突出的成就。吉尔布雷思的妻子是一位心理学家和管理学家，是美国第一位获得心理学博士学位的女性，被称为“管理学的第一夫人”。

吉尔布雷思夫妇首次使用摄影机记录工人的操作，并进行了慢放分析。他们通过著名的砌砖动作研究，将工人的工作效率由原来的每小时 120 块提高到每小时 350 块，约为原工作效率的 3 倍。他们的主要贡献有以下几方面。

（1）动作研究。动作研究是先把作业动作分解为最小的分析单位，然后通过定性分析，找出最合理的动作，以使作业达到高效、省力和标准化的方法。吉尔布雷思也被公认为“动作研究之父”。

吉尔布雷思夫妇通过对于动作的分解研究发现，一般所用的动作分类，对于动作研究来说过于粗略。因此，吉尔布雷思把人的动作分解成 17 个基本动素。美国工程师协会后来将基本动素规范到 18 种，增加了“发现”这一基本动素，这就是我们现在使用的 18 种动素标准。

同时，吉尔布雷思夫妇将动作经济原则分为 3 大类：①关于人体的运用；②关于操作场所的布置；③关于工具设备的使用。

为了达到动作经济性，要求：①两手应尽量同时使用，并取对称反向路线；②动作单元要尽量减少；③动作距离要尽量缩短；④尽量使工作舒适化。

吉尔布雷思夫妇为了记录各种生产程序和流程模式，还制订了生产程序图和流程图。这两种图至今还被广泛应用。

（2）疲劳研究。他们建议在工作中播放音乐来减轻疲劳，并向社会呼吁，应把消除疲劳放在头等重要的地位。

（3）人因工程。他们对工人、工作和工作环境之间的相互影响进行了研究，以提高工作效率。

（4）强调进行制度管理。吉尔布雷思认为任何工作都有一种最好的管理方法，应该把这种管理方法系统化为一套制度，人人都遵照执行。

（5）重视企业中人的因素。

3．福特的装配流水线

福特是美国福特汽车公司的创始人，他所创立的装配流水线将汽车由奢侈品变为大众的代步工具，现在流水线仍是汽车装配的主要方式。

福特于 1903 年创立了福特汽车公司，他总结了前人的经验和教训，认为阻碍汽车生产率提高的最主要的原因有 3 点：①不同汽车之间缺乏通用的零部件；②汽车结构的复杂性；③技术工人技艺的差异性。因此他提出汽车制造业要 3S 化，即标准化、简单化、专门化。

（1）标准化。福特首先对汽车的零部件进行标准化，使不同汽车使用的零部件具有完全的互换性。

（2）简单化。产品的简单化始于产品的设计阶段，要求把零部件的结构和形状尽可能设计得简单明了，从而使零部件的装配过程简单化。即使不是熟练的技工，也能很快地熟练掌握汽车零部件的装配工作。T 型车就是基于此原则设计的，如图 1.2 所示。

（3）专门化。专门化是把汽车生产的过程进行精细分工，再把精细分工后的工作分配给每个工人，使得每个工人只负责整个生产过程的一道或两道工序。

图 1.2　福特汽车公司的一款 T 型车

最具革命性变化的是，福特在技术人员的帮助下，效仿屠宰场的屠宰流水线，设计完成了世界上第一条大规模传送带式汽车装配流水线，用于 T 型车的生产，使得生产成本逐步降低。T 型车的价格也从首批的每辆 850 美元（当时其他汽车平均售价是每辆 2318 美元）降到 1923 年的每辆 265 美元，价格仅仅是普通工人几个月的薪水，被誉为“历史性平民汽车”。

4. 哈里斯的经济订货批量

1915 年，哈里斯在研究物资订货批量与费用的关系时，发现以下两类费用与订货批量有关。

第一类是存储费，包括存货所占用的资金利息、仓库费用、库存耗损等与订货批量有关的费用，且订货批量越大，存储费越高。

第二类是购置费，包括订货手续费、采购人员差旅费、通信费等与订货次数有关的费用，且订货次数越多，购置费越高。

而在物资需求稳定的条件下，订货次数与订货批量成反比关系。因此存储费与订货批量成正比关系，购置费与订货批量成反比关系，这两类费用的总和必然存在一个最低点，该点即经济订货批量。

有关模型的推导与运用见后续章节。

5．休哈特的控制图与道奇、罗米格的抽样检验

随着劳动分工的细化和社会化大生产的形成，泰勒提出了靠检验把关的质量管理思想，将质量管理作为一项专业劳动独立出来。但是单一的事后检验只能保证从企业流向市场的产品质量，这种质量管理方法成本高，而且难以找到质量问题形成的原因，更难以起到有效的预防、控制作用。这些缺陷随着生产规模的扩大和产品复杂度的提高，变得越来越明显。

首先提出解决方案的是休哈特，他提出用数理统计的方法来解决大规模产品质量管理的问题，并进一步提出了质量预防的观念，首创了质量控制图和质量控制的统计方法。

同时代提出将数理统计方法应用到质量管理领域的是道奇和罗米格，他们提出在破坏性检验的情况下，采用抽样检验表来解决问题，并且提出了最早的抽样检验方案。

休哈特、道奇和罗米格是质量管理理论的奠基人，将质量管理理论带入了统计质量控制阶段。

但是，因为他们提出的方法运用了一些概率论和数理统计的理论和方法，所以难以普及。

这些方法的大范围使用是在第二次世界大战期间，美国国防部为了保证军火的质量和可靠性，于 1941—1942 年制定和颁布了美国战时质量管理标准。军火商必须严格按此标准组织生产和开展质量控制，否则将被取消供货资格。这套标准在第二次世界大战后被运用到了美国工商界，之后统计质量控制才真正开始普及。

6．梅奥的霍桑实验

1929 年，梅奥率领一个研究小组到美国西屋电气公司的霍桑工厂进行了一系列的实验，其中比较著名的有以下几个。

（1）照明实验：目的在于调查和研究工厂的照明条件与作业效率的关系，结果发现两者并没有直接的关系。

（2）继电器装配实验：目的在于调查和研究休息时间、作业时间、工资形态等作业条件与作业效率的关系。实验发现，作业效率的决定因素不是作业条件，而是职工的情绪。而职工的情绪则是由车间的环境，尤其是车间内的人群关系决定的。

（3）面谈计划：目的在于了解职工内心真正的感受，进而提高生产效率。实验发现，①离开感情就不能理解职工的意见和不满；②感情容易伪装；③只有对照职工的个人情况和车间环境才能理解职工的感情；④解决职工不满的问题有助于生产效率的提高。

（4）非正式组织的研究：除了按照公司编制建立的正式组织，车间内还存在着因某些原因形成的非正式组织，这些非正式组织有时会严重影响工作效率。

梅奥根据实验和进一步研究，发表了《工业文明的人类问题》，提出了以下观点。

（1）以前的管理把人假设为“经济人”，认为金钱是刺激生产积极性的唯一动力；霍桑实验证明人是“社会人”，是复杂的社会关系的成员。因此，要调动工人的生产积极性，还必须从社会、心理等方面去努力。新型的领导者应能提高职工的满足感，善于倾听职工的意见，使正式团体的经济需要与非正式团体的社会需要取得平衡。

（2）以前的管理认为工作效率主要受工作方法和工作条件的制约；霍桑实验证明工作效率主要取决于职工的积极性、职工的家庭和人与人的关系。

（3）以前的管理只注意组织结构、职权划分、规章制度等；霍桑实验发现，正式组织外还存在着非正式组织，这种无形的组织左右着成员的行为，对工作效率的提高有举足轻重的作用。

梅奥的研究奠定了一个新的理论体系——人际关系学说，即后来的行为科学，对现代工作设计产生了很大的影响。

1.3.2 复杂数学方法的应用时代

第二次世界大战至 20 世纪 60 年代中期，复杂的数学方法被应用到生产管理中，最典型的就是运筹学的应用，这期间行为科学也有了进一步的发展。

1．运筹学的诞生

运筹学，即作业研究或运营研究。

在运筹学中，线性规划是理论成熟、方法有效、应用最广泛的一个分支，其研究对象的特征是：资源有限；存在多个可选方案；目标函数为线性关系。

《生产组织与计划中的数学方法》是有关线性规划的最早的文献。此后，美国也开始研究这个问题，例如，运输问题及其解法。但是，他们的工作都没有引起学术界和社会的关注。后来，由于战争的需要，系统地研究线性规划的解法与应用便被提到日程上来。

1947 年，美国数学家丹齐格提出了一般的线性规划模型和理论，以及著名的单纯形法，并于 20 世纪 50 年代初成功应用电子计算机求解线性规划。20 世纪 50 年代末期，发达国家对企业中的一些普遍性问题，如库存、资源分配、设备更新、任务分派等问题进行研究，并将研究成果成功应用到建筑、纺织、钢铁、煤炭、石油、电力、农业等行业。20 世纪 60 年代，线性规划模型和理论又被应用到服务性行业和社会公用事业。

作为运筹学的理论依据，关于运筹学的数学理论得到了迅速发展，并形成众多分支学科，如线性规划、整数规划、非线性规划、动态规划、决策论、排队论、博弈论、存储论、搜索论和可靠性理论等。

2．行为科学的发展

行为科学以人的行为及其产生的原因作为研究对象。具体来说，它主要是从人的需要、欲望、动机、目的等心理因素的角度研究人的行为规律，特别是研究人与人之间的关系、个人与集体之间的关系，并借助这种规律性的认识来预测和控制人的行为，以提高工作效率。行为科学本身并不是完全独立的学科，而是心理学、社会学、人类文化学等研究人类行为的各种学科互相结合的一门边缘性学科。

行为学派虽然没有研究出一套完整的管理理论，却已经为人们提供了许多有用的素材，他们研究的论题主要有激励、领导、群体、组织设计、组织变化与发展等。第二次世界大战后的行为科学主要包括以下 3 个理论。

（1）马斯洛的需求层次理论，指出管理人员必须因地制宜地对待人们的各种需求，著有《人类动机理论》。

（2）赫茨伯格的双因素理论，强调管理人员必须抓住能促使职工满意的因素，著有《工作的激励因素》。

（3）麦格雷戈的“X 理论－Y 理论”，X 理论是对“经济人”假设的概括，而 Y 理论是对“社会人”“自我实现人”的假设。

1.3.3　计算机开始应用的时代

1946 年 2 月 10 日，世界上第一台电子计算机在美国宾夕法尼亚大学问世。随后，计算机进入了快速发展时期，不断更新换代，性能大幅度提高，成本也大幅度降低，开始逐步商用化。

1．物料需求计划

20 世纪 70 年代，制造业的一个重大的突破是在生产计划与控制中运用了物料需求计划（material requirement planning，MRP），即通过计算机的软、硬件将企业的各部门联系在一起，共同完成复杂产品的制造。

在生产系统中，各类物料的需求在逻辑上具有相关性，根据订单、产品结构文件和工艺文件即可精确推算出各种零部件和原材料的数量、投入和产出的时间。但手工计算只适用于结构简单的产品。对于结构复杂的产品，如有上万个零件的汽车，即使能够计算，也会因耗时巨大，而失去计划编制的意义。

另外，根据生产控制的要求，应随时可以掌握计划状态、储存状态和供货状态，这涉及多方面的计划、文件及其时间上的有机衔接，具有一定的复杂性，也是手工计算鞭长莫及的。

这一切只有通过计算机的应用才能得以实现，因此，计算机在生产计划与控制中的应用使得计划编制更准确、控制更及时、管理更科学，开创了生产管理的新时代。

2．服务业中的大量生产

服务业通常直接面对不同的消费者，对其进行一对一的个性化服务，如同制造业中的单件小批生产。

单件小批生产的特点是：企业生产的产品品种繁多，每个品种的产量小，生产具有非重复性，企业以通用设备为主，采用工艺原则的设备布局，生产效率低，生产计划与组织工作复杂，经济性差。

与之相对应的是大量生产，其特点是：企业生产的产品品种少，每个品种的产量大，采用对象原则的设备布局，一般采用多功能高效的专用设备，生产效率高，生产计划与组织工作简单，经济性好。

从 20 世纪 70 年代开始，国外的某些服务业采用制造业的大量生产模式，提供少项目、标准化的快速服务，最典型的是快餐业，如麦当劳、肯德基等。他们提供的食品种类较少，物美价廉，实行统一的标准化服务，迎合人们快节奏的生活方式。从现在遍布世界各个角落的快餐店可以看出，这种模式是成功的。

1.3.4 现代理论普及的时代

进入20世纪80年代，计算机的应用遍布世界各个角落，互联网的出现改变了人们的工作、学习和生活的方式。许多现代理论和方法的出现，进一步丰富了运营管理理论体系。

1. 制造资源计划和企业资源计划

随着计算机在管理领域应用的扩大、信息化的进一步发展，物料需求计划的功能也随之扩充，先后完成了从物料需求计划到制造资源计划（manufacturing resource planning，MRPII），再到企业资源计划（enterprise resource planning，ERP）的跨越。它们之间的关系如图1.3所示。

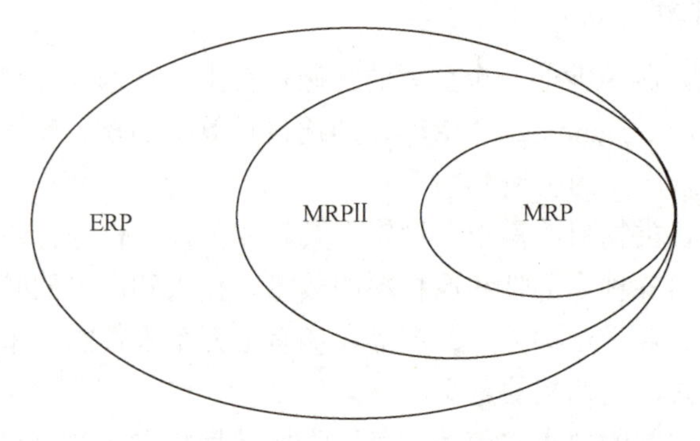

图1.3 MRP、MRPII和ERP三者之间的关系

物料需求计划所涉及的仅仅是物流，而与物流密切相关的还有资金流。虽然物料需求计划是一个完整的生产计划与控制系统，但是它并未说清楚计划执行后会给企业带来什么样的效益，以及这效益是否实现了企业的总体目标。

于是，在20世纪70年代末至20世纪80年代初，物料需求计划经过进一步发展和扩充，逐步形成了制造资源计划的生产管理模式。制造资源计划以闭环生产计划与控制系统为核心，将物料需求计划的信息共享程度扩大化，使生产、销售、财务、采购、工程紧密地结合到一起，共享有关的数据资源，从而形成一个全面的生产与经营管理集成的优化模式。制造资源计划是在物料需求计划的基础上发展起来的，与物料需求计划相比，它包含了更丰富的内容。因为物料需求计划与制造资源计划的英文缩写相同，为了避免混淆，通常，将物料需求计划缩写为MRP，将制造资源计划缩写为MRPII。

从一定意义上讲，制造资源计划实现了物流、信息流和资金流在企业内部的集成，并能够有效地对企业各种有限制造资源进行周密计划、合理利用。由于制造资源计划能为企业生产经营提供一套完整而详尽的计划，使企业内各部门的活动协调一致，形成一个整体，提高企业整体的效率与效益，所以，20世纪80年代，制造资源计划成为制造业公认的管理标准系统。

20世纪90年代，随着市场竞争的进一步加剧，企业间竞争的空间与范围进一步扩大，企业内部资源的全面计划管理思想逐渐发展，制造资源计划显现出局限性。因此，制造资源计划的理念进一步发展，并最终形成了如何有效利用和管理企业整体资源的管理思想——企业资源计划。

企业资源计划并不是对制造资源计划的否定，而是对制造资源计划的完善。相对于制造资源计划，企业资源计划所管理的企业资源更多，支持混合式生产方式；管理的覆盖面更宽，涉及供应链管理和客户关系管理。它从企业的全局角度出发，进行经营与生产计划，是企业的综合集成经营系统。经过发展，制造资源计划已融入企业资源计划之中，并成为其重要的组成部分。

企业资源计划的核心管理思想是实现对整个供应链的有效管理，主要体现在以下几个方面。

（1）对整个供应链资源进行管理的思想。

（2）精益生产、同步工程和敏捷制造的思想。

（3）事先计划与事中控制的思想。

企业资源计划同制造资源计划的主要差别体现在资源管理范围、生产方式管理、管理功能、事务处理控制、跨国（或地区）经营事务处理、计算机信息处理技术等方面。

2．ISO 9000 质量管理标准

对企业而言，质量是企业的生命，是企业信誉的标志，是企业开拓市场的武器，是提高企业经济效益的最佳途径。对员工而言，质量与每位员工的工作有关，是全体员工相互配合和共同努力的结果。

国际标准化组织（international organization for standardization，ISO）是由各国标准化机构组成的世界性的组织。

ISO 9000 质量管理标准是现代科学技术、生产力、国际贸易和质量管理发展到一定阶段的产物。最早的质量管理标准产生在美国，第二次世界大战后，随着美国军事的高速发展，1959 年，美国商务部向国防部下属的军工企业提出第一个质量保证标准。随后美国民用工业借鉴军品做法，将其用于锅炉、压力容器和核电站等。1979 年，美国制定了全国通用的质量体系标准。1987 年，ISO 正式发布了 ISO 9000 系列标准。

人们在购买商品时会发现，有些商品标签上印有“本企业通过 ISO 9001 国际标准质量体系认证”字样。什么是认证？认证一词的英文原意是出具证明文件的行动。ISO 对认证的描述是：由可以充分信任的第三方证实，某一产品或服务经鉴定符合特定标准或规范性文件的活动。例如，由第一方（供方或卖方）生产的产品甲，第二方（需方或买方）无法判定其质量是否合格，经由第三方来判定。第三方既要对第一方负责，又要对第二方负责，不偏不倚，出具的证明要取得双方的信任，这样的活动就是认证。可见第三方的认证活动必须公开、公正、公平，才能有效。第三方必须具有绝对的权力和威信，谁能胜任？非国家或政府莫属。由国家或政府直接担任这个角色，或者由国家或政府认可的组织去担任这个角色，即认证机构。目前，各国的认证机构主要开展产品质量认证和质量管理体系认证。

3．丰田生产方式

1950 年，日本的丰田汽车公司考察了美国福特公司的轿车厂。当时这个厂每天能生产 7000 辆轿车，比丰田汽车公司一年的产量还要多。

第二次世界大战后的日本经济萧条，缺少资金和外汇。怎样建立日本的汽车工业？照搬美国的大量生产方式？还是按照日本的国情，另谋出路？丰田汽车公司选择了后者。日本的社会文化背景与美国大不相同，日本的家族观念、纪律和团队精神是美国所没有的。日本的经济和技术基础也与美国相距甚远。日本当时不可能全面引进美国的成套设备来生产汽车，而且日本当时所期望的生产量仅为美国的几十分之一。“规模经济”法则在这里面临着考验。

丰田汽车公司进行了一系列的探索和试验，经过 30 多年的努力，最终根据日本的国情，提出了解决问题的方法，形成了完整的丰田生产方式（toyota production system，TPS）。

丰田生产方式可以简单概括为：通过生产过程整体优化，改进技术，理顺物流，杜绝超量生产，避免无效劳动与浪费，有效利用资源，降低成本，改善质量，达到用最少的投入实现最大产出的目的。丰田汽车公司的异军突起对日本的其他汽车厂家起到了很好的示范效应，这些厂家纷纷效仿丰田汽车公司，日本汽车的竞争力显著增强，最终，日本汽车大举进入美国，对美国汽车业构成了极大的威胁。美国反过来学习日本，给丰田生产方式起了个美国名字，就是我们熟知的精益生产。

4. 大内的 Z 理论

Z 理论是由日裔美国学者大内于 20 世纪 80 年代提出的一种新型管理理论。这一理论提出的背景是美国企业面临着日本企业的严重挑战。大内选择了日、美两国的一些典型企业（这些企业在本国及对方国家中都设有子公司或工厂）进行研究，发现日本企业的生产率普遍高于美国企业，而美国在日本设置的企业，如果按照美国方式管理，效率则会更低。根据这一现象，大内提出，美国的企业应结合本国的特点，向日本企业的管理方式学习，形成自己的管理方式。他把这种管理方式总结为 Z 型管理方式，并对这种方式进行了理论上的概括，称为 Z 理论。

Z 理论的主要观点有以下几个方面。

（1）终身雇用制。长期雇用职工，即使经营不佳，一般也不解雇职工，要采取其他方法渡过难关，对职工的职业保证会使其更加积极地关心企业利益。

（2）评价和晋升机制。要经过较长时间的考验再对职工做全面评价；不把职工局限在狭窄的范围内，既注意培养职工的专业知识能力，又注意使职工获得多方面的工作经验，对职工的生产技术和社会活动能力都要进行长期、全面的考查。

（3）决策机制。企业执行重大决策时要分工，先由生产或销售等第一线的职工提出建议；经中层管理人员集中整理、统一后上报；最后再由上一级领导经过调查、研究后做出比较正确的决策。

（4）注重人文关怀。全面关心职工生活，把对生产任务和工作设计的要求同职工生活质量结合起来，让职工在工作中得到满足，心情舒畅。

5. 约束理论

约束理论（theory of constraints，TOC）认为，任何系统（任何企业或组织均可视为一个系统）至少存在着一个约束，否则它就可能有无限的产出。因此要提高一个系统的产出，必须打破系统的约束。任何系统都可以想象成由一连串的环所构成的链条，环与环相扣，而系统的强度取决于其中最弱的一环。相同的道理，也可以将企业或组织视为一个链条，每个部门是这个链条中的一环。如果想达到预期的目标，就必须从最弱的，也就是约束的一环着手，才能得到显著的改善。换句话说，如果这个约束决定一个企业或组织达到目标的速率，则必须从克服该约束着手，这样才能以更快速的步伐在短时间内显著提高系统的产出。约束理论就是一种帮助找出和改进约束，使系统效能最大化的管理理论。

6. 供应链管理

供应链的概念在 20 世纪 80 年代末被提出，近年来随着制造业的全球化，供应链管理在制造业管理中得到普遍应用，成为一种新的管理模式。供应链管理的发展大体可以分为以下 3 个阶段。

（1）第一阶段：供应链管理的萌芽阶段（1980—1989 年）。

美国管理学家史蒂文斯在 1989 年提出供应链管理的概念，形成了一种集成的思想，这一阶段是供应链管理的萌芽阶段。

（2）第二阶段：供应链管理的初步形成阶段（1990—1995 年）。

这一阶段，供应链各成员之间有时存在利益冲突，这种利益冲突导致供应链管理的绩效不高。同时，信息流在向上传递时，会发生信息曲解现象和消费者不满意现象，信息不能有效共享。这成为企业提高竞争力的一个重要障碍，削弱了整个供应链的竞争力。为了克服上述缺点，必须提高供应链的竞争力。

（3）第三阶段：供应链管理的合作伙伴关系阶段（1996 年以后）。

合作伙伴关系阶段，强调与尽可能少的供应商合作，并保证合作的有效性。对合作伙伴的选择则是分步骤、考虑多种因素的综合评价过程。

请扫描以下二维码完成本章习题。

第 1 章习题

第 2 章

第 2 章引例

企业战略与运营战略

2.1 企业战略

企业战略是企业为求得生存和发展，对较长时期内生产经营活动的发展方向和主要问题的谋划。这种谋划包括企业的使命、目标、经营战略和职能策略。

在当前竞争越来越激烈的环境下，企业之间的竞争，在相当程度上是企业战略定位、战略选择的竞争。方向正确、战略明确，企业的投入才能获得事半功倍的收益；否则，只能是南辕北辙，投入越多、损失越大。有报道说，国外的企业家花在企业战略研究上的时间占全部工作时间的 60%。因此，认真、科学地制定企业战略，灵活、有效地运作企业资源是企业领导人的首要职责。

一般来讲，企业战略管理过程包括确定企业使命和愿景、战略分析、战略选择和战略实施等方面。

2.1.1 确定企业使命和愿景

企业使命是指企业根据社会责任、义务或自身发展要求规定的任务。不同组织的使命是不同的，学校的使命是培养优秀人才，医院的使命是治病救人。与企业使命相关的是企业愿景，企业愿景是企业的长期愿望及未来发展的蓝图，体现企业永恒的追求。使命解决“我们从事什么”的问题，而愿景则是代表“我们想成为什么”。部分国内外知名企业的使命或愿景如表 2-1 所示。

表 2-1 部分国内外知名企业的使命或愿景

企业名称	企业的使命或愿景
苹果电脑	让每人拥有一台计算机
惠普	为人类的幸福和发展做出技术贡献
通用汽车（GM）	使 GM 成为全球领先的交通产品和服务共赢商
麦当劳	控制全球食品服务业
迪士尼	使人们过得快活
海尔集团	诚信生态，共赢进化
中国移动	创无限通信世界，做信息社会栋梁
阿里巴巴	让天下没有难做的生意

企业使命为企业发展提供总体方向，同时，企业根据使命制订企业的目标。产品的市场占有份额、盈利能力等指标，都可以作为企业的目标。

2.1.2　战略分析

战略分析包括两个方面：分析外部环境以找出机会和威胁；分析内部条件以找出优势与劣势。

以美国哈佛大学商学院的安德鲁斯教授为代表的战略规划学派，提出了著名的 SWOT 分析方法，全面分析企业的优势（S）、劣势（W）、机会（O）和威胁（T）4 种因素，以选择适宜的战略加以实施。SWOT 分析方法强调在不确定的环境因素下，结合企业方针、目标和经营活动，认真分析设计，以形成竞争优势。其中，优势和劣势都是就企业本身而言的，机会和威胁是从外部环境分析出来的。在 SWOT 分析矩阵中，优势、劣势与机会、威胁互相交叉，形成不同的区域。企业面对不同的内外部条件，应采取不同的战略，SWOT 分析矩阵如表 2-2 所示。

表 2-2　SWOT 分析矩阵

	优势（S）	劣势（W）
机会（O）	SO 战略：发挥优势、利用机会	WO 战略：利用机会、克服劣势
威胁（T）	ST 战略：发挥优势、回避威胁	WT 战略：克服劣势、回避威胁

另外，外部分析方法主要有宏观环境的 PEST 分析、关于行业环境与竞争环境的波特五力分析。

2.1.3　战略选择

战略选择包括企业战略、竞争战略和职能战略的选择，下文主要介绍企业战略和竞争战略。

1. 企业战略

企业战略指企业为寻求持久竞争优势，做出关于企业整体业务组合及相应的获取、配置资源的筹划。企业战略是企业最高层次的战略，用于解决企业应投入何种事业领域以实现长期利润最大化目标的问题。企业可以采取专业化战略或多元化战略；可以采取垂直一体化战略或水平一体化战略。

（1）专业化战略。

专业化战略即专注于单一事业，例如麦当劳、可口可乐等。其优点有：集中资源（管理、技术、财务等）于单一领域，容易取得优势；避免进入不熟悉或无能力创造高附加值的领域。可口可乐曾投资娱乐事业，但发现管理娱乐事业会使其宝贵的资源脱离核心事业，于是撤资。

（2）多元化战略。

多元化战略即选择多种不同的事业领域。当企业拥有的资源足以满足现有或核心业务的需要，同时又有新的发展机会时，就可以利用剩余资源去投资，以创造价值，从而形成不同的业务，称为多元化或多角化。多元化有两种形式：相关多元化和非相关多元化。相关多元化是指经营在技术、生产、工艺和销售等方面有联系的多种业务；非相关多元化是指经营完全不相关的业务。

企业追求多元化是为了提高企业价值。市场需要多样化产品，但每种产品的批量都不大，通过多元化可以共用资源和能力，实现范围经济性。但是，有研究表明，多元化结果并不乐观，其浪费的价值超过了创造的价值。原因主要是多元化使业务大量增加，企业领导精力不够。20 世纪 70 年代，通用电气的总裁曾说过，无论多么努力地工作，他都永远无法深入了解 40 个独立事业单位的计划。

（3）垂直一体化战略。

垂直一体化意味着企业自行生产其投入（向上游整合），或自行处理其产出（向下游整合）。钢铁公司将铁矿供应整合进来，是向上游整合的例子；汽车制造商建立销售网络，是向下游整合的例子。

① 垂直一体化战略的优点有以下几个。

a．提高行业进入难度。20 世纪 30 年代，美铝公司和加拿大铝业将当时唯一具有开采价值的牙买加的加勒比岛铝矿整合，提高了行业的进入难度。一直到 1950 年，在大洋洲和印度尼西亚发现高等级铝矿之后，情况才开始改变。

b．提升专用资产投资效率。专用资产可使产品差异化，具有高效率，既可以提高价格，又可以降低成本。同时，将专用资产用在其他用途上会降低其使用价值，这一问题通过垂直一体化战略能得到较好的解决。

c．保证产品质量。麦当劳在莫斯科建店时，由于当时本地的马铃薯和肉类质量太差，就建立了自己的农场和食品处理工厂，实行垂直一体化战略。

d．便于加强计划与控制。实行垂直一体化战略使得企业间的协调变成企业内的统一指挥，有利于保证生产进度，并降低库存。

② 垂直一体化战略的缺点有以下几个。

a．成本劣势。当低成本的外部供应商存在时，垂直一体化的成本较高。

b．缺乏适应技术变化的能力。当技术变化剧烈时，由于沉没成本较高，企业会抗拒更新技术，导致市场占有率下降。

c．当需求不稳定时，垂直一体化有极大风险。

（4）水平一体化战略。

水平一体化战略意味着企业将非核心业务委外或外包，这是近年的一个趋势。

水平一体化战略的优点有以下几个。

① 非核心业务交由有优势的供应商来做会降低成本，提高效率，提升产品价值。

② 有利于将资源集中到企业的核心能力上。

③ 容易适应市场变化。在急剧变化的环境下，企业可以只保留核心业务，将不擅长的业务外包，通过并购同种业务的企业，实行水平一体化战略。当从事不同业务的企业形成集合优势能力的供应链时，单个企业之间的竞争就变成供应链之间的竞争。

2．竞争战略

波特提出了 3 种基本的竞争战略：成本领先战略、差异化战略和集中一点战略。

（1）成本领先战略。

成本领先战略是使企业成为该行业内所有竞争者中成本最低者的战略。采用成本领先战略的企业，一般会针对规模较大的市场提供较为单一的标准产品和服务，不率先推出新产品和服务。运用成本领先战略一般需要采用高效专用的设备和设施；在组织生产的过程中，要不断提高设备利用率；对物料库存进行严密控制；提高劳动生产率；采用低工资率；降低间接费用。成本领先战略可获得大量生产、大量销售的好处。制造业中福特的 T 型车、服务业中的麦当劳和沃尔玛，都是运用成本领先战略的典型例子。

（2）差异化战略。

差异化战略的实质是要创造一种独一无二的产品或服务，从而使用户愿意支付较高的价格。差异化战略可以有多种形式，如独特的品牌、独特的技术、独特的服务等。

实施差异化战略的关键是创新。传统的战略是把竞争对手击败的战略，考虑的是如何战胜对手，如何扩大市场占有率，如何把竞争对手正在做的事情做得更好。好比众多的人要分享一块大小已经确定的饼，每个人都希望分到更大的份额，结果拼个你死我活。差异化战略是从用户需求的角度出发，考虑用户需求的变化，并通过技术创新提供用户更为满意的产品和服务。这好比重新做一个不同的饼，它能满足用户不同的需求。要做一个不同的饼，就需要创新。因此，差异化战略被称为“基于创新的战略”。按照差异化战略，竞争对手可能成为合作者，公司之间既有竞争，又有合作。在急剧变化的时代，与其努力赶上和超过竞争对手，不如合作起来致力于创新，实现共赢。在“做饼”的时候合作，才能共同创造市场，不合作将导致“双输”；在“分饼”的时候竞争，不应该忘记自己的利益，否则是“你输他赢”，合作就不会继续，这种情况也被称为竞合。

运营实例 2-1

海底捞火锅的服务差异化战略

北京的火锅店众多，竞争相当激烈。海底捞火锅独树一帜，以高质量的服务在京城火锅市场中占据了一席之地。海底捞火锅的高质量服务体现在就餐前、就餐中和就餐后的各个环节当中。

海底捞服务差异化的战略举措具体如下。

1．就餐前的全面考虑

（1）泊车时的便利性。

① 专门的泊车服务生，无车型歧视；②周一到周五中午，免费擦车。

（2）让等待充满快乐。

①免费提供水果、饮料；②大屏幕上不断打出最新的座位信息。

2. 就餐中的细节关怀

①节约的点菜服务；②及时到位的席间服务；③暂时充当孩子保姆的服务；④精彩的拉面表演；等等。

3. 就餐后的小礼物

一般的餐馆吃完饭后只会送上一个果盘，但在海底捞，若消费者向服务员提出再给一个果盘的要求，服务员会面带笑容地说没问题，并立即从冰柜里拿出果盘奉送给消费者。服务员有时候还会给消费者奉送一到两小袋豆子和口香糖。虽然这些小礼物不值多少钱，但却使消费者感到满意、欣喜和感动，在消费者心里种下“下次还来”和“告诉朋友”的种子。

《哈佛商业评论》（2009年4月刊）对海底捞的评价如下。

海底捞的成功来自：①对人性的直觉理解；②对农民工群体的直觉理解；③对餐厅服务员工作的直觉理解；④对成千上万不同消费者的直觉理解。

资料来源：根据海底捞官网资料整理。

（3）集中一点战略。

集中一点战略是对选定的细分市场进行专业化生产和服务的战略，它为特定的目标市场消费者的特殊需求提供良好的产品和服务。1997年，乔布斯回到苹果公司，经过调研与评估，放弃了70%的项目和90%没有特色的产品，专注于iMac、iPod、iPhone、iPad的研发和生产。发明iPhone 4时，他只有一个要求，即把最复杂、最强大的功能最简单化。最终，极简的iPhone 4开创了全球智能手机时代。现在绝大部分小企业都是从集中一点战略起步的。

2.1.4 战略实施

战略实施是把选择的战略转化为具体的组织行动，实现战略预定目标的过程。战略实施常常要求一个组织在组织结构、经营过程、能力建设、资源配置、企业文化、激励制度、治理机制等方面做出相应的变化，并采取相应的行动，也涉及对战略实施效果进行评估。

战略实施是一个自上而下的动态管理过程。自上而下主要是指，战略目标在公司高层达成一致后，再向中下层传达，并在各项工作中分解、落实。动态主要是指，战略实施常常需要在“分析－决策－执行－反馈－再分析－再决策－再执行”的不断循环中达成战略目标。

2.2 运营战略

运营过程决定了企业的产品和服务的成本、质量、多样性、交付时间和对环境的影响，对企业竞争力产生直接的影响。运营战略是指在企业战略的总体框架下，对如何通过运营管理活动来支持和完成企业的总体战略目标的谋划。

运营战略主要包括运营的总体策略和运营系统的设计。

2.2.1　运营的总体策略

运营的总体策略通常有 5 种。

1. 供应链构建策略

对于一个业务相对齐全的制造业企业而言，其供应链的基本结构如图 2.1 所示。

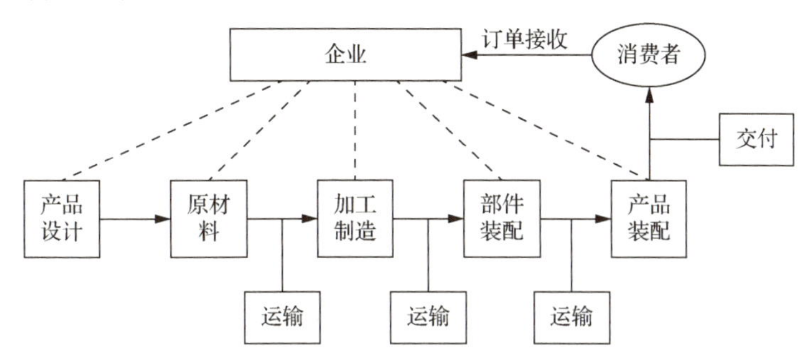

图 2.1　供应链的基本结构

自制还是购买，这是供应链构建策略的选择问题，也是企业战略的选择问题，将直接影响企业未来的运营组织与管理。供应链构建策略主要有两种：纵向集成和横向集成。

纵向集成是指将供应链中的众多业务环节置于企业内部，也就是说，企业将独立完成从产品设计到交付消费者的所有或大部分业务。纵向集成要求企业组建与业务相关的机构（工厂或车间），建造相应的设施，采购所需要的设备，配备相应的工人、技术人员和管理人员等。福特汽车当年针对汽车生产所需的钢材，组建了钢铁厂，甚至延伸建立铁矿石的采矿场。纵向集成的优缺点也很明显，其优点包括：①相关业务可控，降低供应风险，如华为公司为了应对美国的封锁，组建了芯片制造企业以实现芯片的 IDM，即集芯片设计、芯片制造、芯片封装和测试等多个环节于一身的模式；②计划编制与控制相对简单，保证产品质量。纵向集成主要的缺点包括：①组织结构庞大；②成本相对高；③应变能力差。

横向集成是指企业将供应链中的大部分业务外包，集中精力做好关键性业务。根据木桶理论，企业应该把短板交给更有优势的企业完成。横向集成是这一理论的应用，充分利用社会化的分工体系。这一策略下，产品或服务体现为若干企业核心能力的集合。横向集成的优点包括：①避免更多的投资；②易于适应市场变化。横向集成的缺点包括：①跨企业的协调与管理难度较大；②存在供应链破裂的风险。目前供应链构建的主流策略是横向集成。

横向集成涉及物料的采购，物料的重要性和供应市场的复杂度直接影响采购策略。物料的重要性主要包括：①采购额（单价、总量）的大小；②物料对产品质量、性能的影响程度。供应市场的复杂度主要包括：①是否容易找到合格的供应商；②与供应商相对的优劣势。根据物料的重要性和供应市场的复杂度可将采购物料分成 4 类，如图 2.2 所示，其采购策略也各不相同。

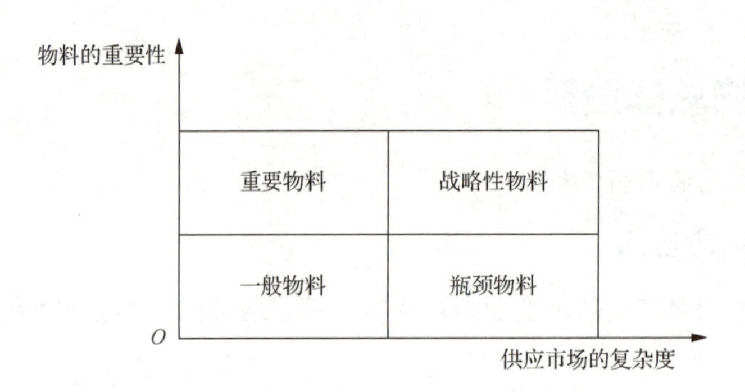

图 2.2　采购物料的分类

这 4 类物料的特征与采购策略如下所述。

（1）一般物料。

一般物料的特征是采购额低、产品标准化、供应商变更成本低。一般物料的采购策略是随机进行，无特殊要求。

（2）重要物料。

重要物料的特征是采购额高、产品标准化、供应商变更成本低、候选的供应商多。重要物料的采购策略是数量杠杆策略，即通过较高的采购额获取较低的采购价格。

（3）瓶颈物料。

瓶颈物料的特征是采购额低、非战略性物料、候选的供应商少、供应商变更成本高。瓶颈物料的采购策略是合同谈判。

（4）战略性物料。

战略性物料的特征是采购额高、候选的供应商少、供应风险高、供应商变更成本高。战略性物料的采购策略是与供应商建立战略伙伴关系，利益共享，风险共担，实现长期合作。

2. 低成本和大批量策略

低成本和大批量策略需要选择标准化的产品或服务，即具有共性而非个性化的产品或服务。这种策略往往需要较高的投资来购买专用高效设备，如福特汽车公司的 T 型车生产线。需要注意的是，这种策略应该用于需求量很大的产品或服务。只要市场需求量大，采用低成本和大批量的策略就可以战胜竞争对手，取得成功，尤其在居民消费水平不高的国家或地区。

3. 柔性生产策略

对于满足消费者个性化需求的产品和服务，只能采取柔性生产策略，即多品种和小批量策略。但是柔性生产的效率难以提高，对具有共性的产品不应该采取这种策略。否则，遇到采用低成本和大批量策略的企业，就没有竞争优势。

4. 高质量策略

高质量策略是企业以提高消费者满意度为目标，以质量为中心，通过制订质量方针目标与质量计划、建立健全质量管理体系、实施质量控制等活动，提高产品和服务质量，从而获取持续的质量竞争优势的一系列决策规划、程序与方法。在当今世界，质量问题日益重要。无论是采取低成本和大批量策略还是柔性生产策略，都必须保证质量，价廉质劣的产品是没有销路的。

5. 混合策略

混合策略是通过综合运用上述几种策略，实现多品种、低成本、高质量，取得竞争优势。现在人们提出的“大量定制生产”，也被称为“消费者化大量生产”，既可以满足用户较多种类的需求，又具有大量生产的高效率，是一种新的生产方式。

2.2.2 运营系统的设计

运营系统的设计，又称运营系统的构建，主要包括企业选址与布局、产品与服务设计、工作设计等。详细的内容见第 2 篇的各章节。

2.3 “互联网+”对运营战略的影响

“互联网+”是以互联网为基础设施和创新要素的经济社会发展新形态。“互联网+”把互联网的创新成果与经济社会各领域深度融合，推动了技术进步、效率提升和组织变革，提升了实体经济创新力和生产力。

“互联网+”以互联网为平台，用互联网思维重构商业模式，通过场景设置，对接业务的多方主题，实现业务的交易，比如金融、打车、租房等。

“+互联网”把互联网作为一个营销渠道，将其嫁接在传统的产销模式上，即在原有业务的基础上，通过互联网对接用户，提升从需求收集到产品和服务发售的各个环节的整体能力。

“互联网+”倾向于做平台，通过互联网对接多边市场；“+互联网”倾向于通过互联网对接商品用户。

因此，可以理解为，“互联网+”是互联网应用的高级阶段，“+互联网”是互联网应用的初级阶段。

我们将互联网、“+互联网”和“互联网+”等统称为“互联网+”。

“互联网+”对企业运营的某些领域的改变是全面的、颠覆性的，这些改变对运营战略的影响很大。

1. 从生产过程看，“互联网+”使生产要素实现互联互通和综合集成

工业信息系统通过互联网促进机器运行、车间配送、企业生产、市场需求之间的实时信息交互，使原材料供应、零部件生产、产品集成组装等全生产过程变得更加精准协同。例如，被誉为“欧洲最佳工厂”的西门子安贝格工厂创建于 1989 年，主要生产 SIMATIC

可编程逻辑控制器及其他工业自动化产品。安贝格工厂可以生产的产品种类达1000种，这些产品用于控制机械设备与工厂，以实现生产过程的自动化，并为制造企业节省时间和成本，提高产品质量。安贝格工厂已经安装了数字化工厂所需的主要组件，产品与生产机器之间可以进行通信，生产过程已实现了高度的自动化。生产设备和计算机可以自主处理75%的工作，只有25%的工作需要由工人来完成。自建成以来，安贝格工厂的生产面积没有扩张，员工数量也几乎未变，但产能却提升了8倍。同时，安贝格工厂的产品质量合格率高达99.9988%。

2．从决策系统看，“互联网+”使工业大数据成为生产决策的重要支撑

工业大数据的应用贯穿设计、制造、营销、服务全过程，是辅助决策的重要工具，更是重要的生产要素。工业大数据的主要应用领域见图2.3。

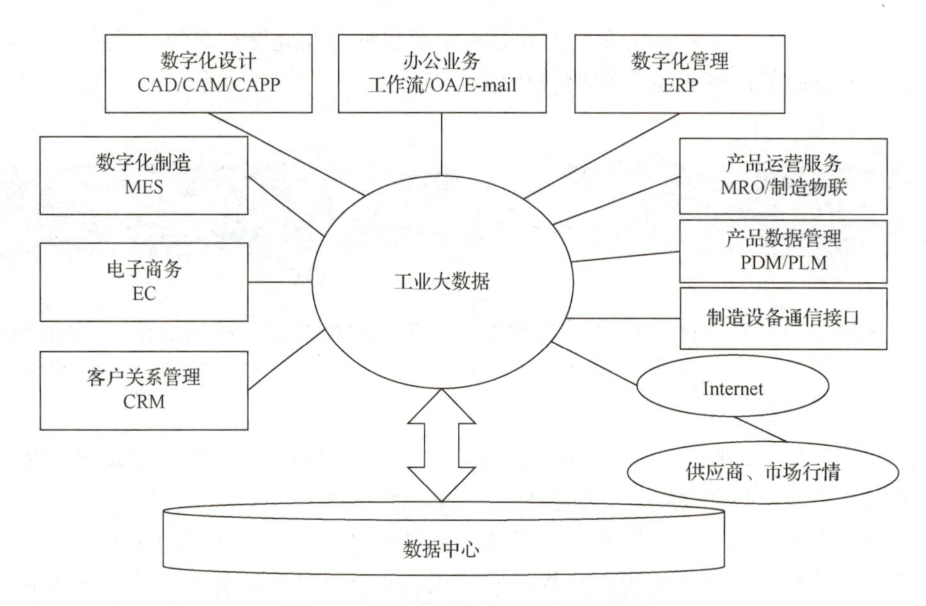

图2.3 工业大数据的主要应用领域

随着智能传感器技术，如射频识别技术的发展，数据的收集变得更加简单，而云计算等技术的发展，也使得分析与处理大数据变得更加高效。比如，在工业4.0模式中，信息物理系统将通过机器对机器通信实现工业机器与设备之间的信息交换、运转和互相操控，被制造的产品可以与机器设备交流，机器可以自行组织生产，智能工厂能够自行运转。

工业大数据是一个工业体系或者一个产品制造流程智能化所产生的数据，工业大数据既是制造业智能化的必然结果，又是制造业智能化的必要条件与基础。

工业大数据具有多大价值？通用电气称之为“1%的威力”。不要小瞧这1%。航空公司如果节约1%的燃料，就能在15年内创造300亿美元的效益；电力行业如果节约1%的燃料，就会产生660亿美元的收益。

3．从生产分工看，“互联网+”使协同制造成为重要的生产组织方式

协同制造是基于敏捷制造、虚拟制造、网络制造、全球制造的生产模式，它打破时间、空间的约束，通过互联网络，使整个供应链上的企业和合作伙伴共享客户、设计、生产经营信息。协同制造将传统的串行工作方式转变为并行工作方式，从而最大限度地缩短生产周期，快速响应客户需求，提高设计、生产的柔性。协同制造大大提高了产品的设计水平和可制造性及成本的可控性，有利于降低生产经营成本，提高产品质量和客户满意度。

协同制造有以下三个层次：①制造业内部各个部门或系统的协同；②企业内各个工厂之间的协同制造；③基于供应链的协同制造。

通过与互联网融合，生产分工能够更加专业和深入，协同制造成为重要的生产组织方式。

4．从合作模式看，“互联网+”使跨地区合作成为企业发展的新形式

以互联网为基础，企业可以将位于不同地区的部门更加紧密地联系起来，在进行灵活研发、生产、销售的同时，实现更加及时、精确的管理。

海尔依托网络技术的不断进步，改变内部组织架构，打破传统分工理论和科层制，建立了有序的非平衡结构，海尔的组织架构发展过程如图 2.4 所示。

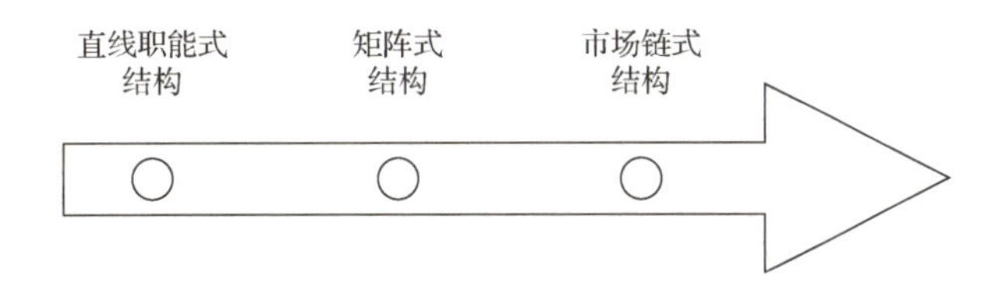

图 2.4　海尔的组织架构发展过程

海尔最早实行的是事业部制下的直线职能式结构，集团分为总部、事业本部、事业部、分厂 4 个层次。

随后，海尔组建内部供应链战略单位，把直线职能式结构变为矩阵式结构。部门被重新解构，研发、生产、营销、物流、财务等人员成为一个新的内部战略单位；各级领导变成一线经营体的支持者和资源提供者。

最后，海尔建立了市场链式结构，在集团的宏观调控下，依靠高效网络链路，形成以“订单”为中心、上下工序和岗位之间相互咬合、自行调节运行的业务链。

海尔在全球有 35 个工业园及 138 个制造中心，销售网络遍布 200 多个国家和地区。海尔坚持以用户需求为中心的创新体系驱动企业持续健康发展，成为全球著名的家用电器制造商。

5．从供应链管理看，“互联网+”使网络化、实时化成为产业链上下游协作的新趋势

“互联网+”使每个企业都演化成信息物理系统的一个端点，不同企业的原材料供应、

机器运行、产品生产都由网络化系统统一调度和分派，产业链上下游协作日益网络化、实时化。例如，凭借发达的物流网络，iPhone 的芯片和闪存从韩国三星的工厂运来，触摸屏从日本爱普生、夏普的工厂运来，电池、耳机、主板等从中国的工厂运来，最终在中国富士康工厂装配完成。

6. 从产业衍生看，“互联网+”使利润增值空间向产业价值链的服务环节转移

在国际分工比较发达的制造业中，产品处在生产领域的时间约占全部循环过程的 5%，而处在流通领域的时间约占 95%；产品约 40%的增值发生在制造环节，约 60%的增值发生在服务环节。产品价值实现的关键和利润增值空间日益向产业价值链两端的服务环节转移。产业价值链各环节附加价值变动如图 2.5 所示。

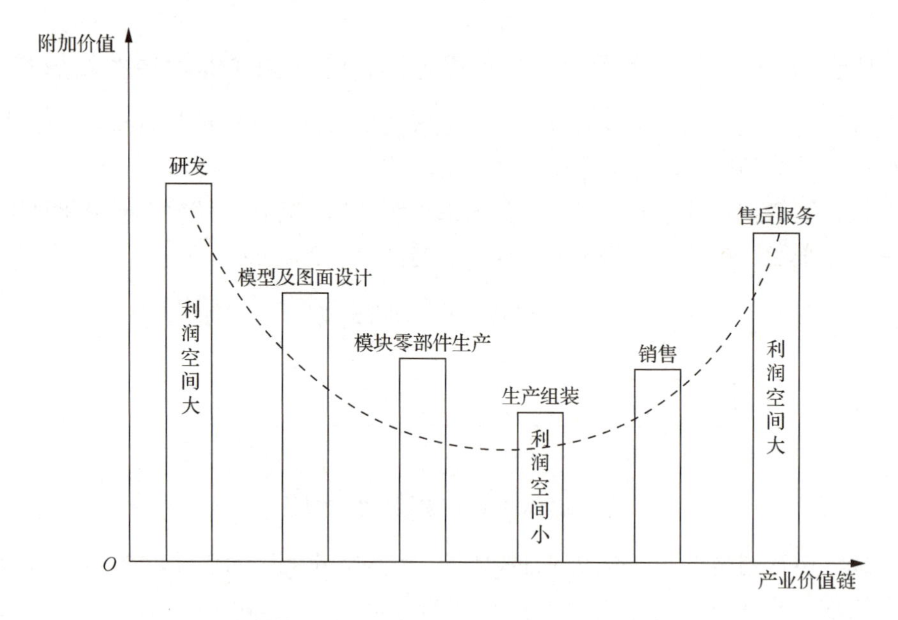

图 2.5 产业价值链各环节附加价值变动

7. 从产业跨界融合看，“互联网+”派生各种新的业态

互联网促进了经济社会、商业技术、生活方式等各方面的变革。党的二十大报告也强调推动战略性新兴产业融合集群发展，构建互联网信息技术、人工智能等新一批产业形态。从产业发展的外部来看，工业、农业、商贸、金融、交通、旅游、教育、医疗等传统产业与互联网不断融合，产业边界日渐模糊。例如，汽车与电子信息的跨界融合释放了巨大的市场需求。汽车具有使用年限长、续航时间长、与工作和生活衔接程度高等特点，这些特点使汽车具备了成为重要移动终端的基础条件。特斯拉将互联网思维融入了汽车制造，其 Model S 的 17 英寸触摸屏信息娱乐系统如图 2.6 所示。

特斯拉被誉为“汽车界的苹果”，它的成功不仅仅是因为电池技术的突破，更得益于将移动互联网技术融入了汽车制造。特斯拉的核心定位不是电动汽车，而是一个大型可移动

的智能终端。特斯拉提供了全新的人机交互方式和顶级的智能化体验，比如自动伸缩感应车门把手、用触屏信息娱乐系统取代所有物理按键等，通过互联网终端把汽车做成了一个包含硬件、软件、内容和服务的体验工具。

图 2.6　特斯拉 Model S 的 17 英寸触摸屏信息娱乐系统

请扫描以下二维码学习本章“案例研究”内容。

第 2 章案例研究

请扫描以下二维码完成本章习题。

第 2 章习题

第2篇

运营系统的设计

第3章

企 业 选 址

第3章引例

3.1 企业选址及其影响因素分析

3.1.1 企业选址的基本问题及其重要性

企业选址即设施选址。

设施是指运营的硬件系统，包括厂房、车间、仓库、营业场所等。

企业选址是指运用科学的方法决定设施的地理位置，使之与企业的整体运营系统有机结合，以便有效、经济地达到企业的经营目的。

企业选址需要解决的基本问题有两个，即选位与定址。选位是指在宏观上将设施选在什么区域，如某个国家的某个地区的某个城市。区域的选择不要狭隘地局限在特定的范围，应有大局观，放眼世界，世界上的每一个地区都是设施选择的候选地址，只有这样才能确保我们的选择是全局最优，而不是局部最优。定址是指在选位的基础上确定具体的地理位置，可以量化到具体的经纬度或城市街道的门牌号。

对于企业而言，企业选址是构建或续建生产系统的第一步，也是最重要的一步。之所以说重要，是因为一旦选址确定，就像一个婴儿降临到这个世界上，其很多特征是先天性的，后天无法改变。对于一个确定的选址来说，许多成本会沉淀为固定成本，难以消减也难以改变。例如，第二汽车制造厂（现东风汽车集团有限公司，简称二汽）在建设时选址的原则是“靠山、分散、隐蔽”，以满足战备的需要，多方比较后，最后定址在湖北省的十堰市（当时只有几间茅草屋），其各个分厂也在不同的山沟里，显然其物流成本高就是先天性的，无论采用什么样的措施，其物流成本也无法达到其他企业的水平。选址对企业的影响是多方面的，除了直接影响运营费用、产品成本，对产品销售和质量等也会有影响。因此，在进行企业选址时，必须认真研究，谨慎决策。

另外，除新建企业会面对企业选址的问题外，企业选址还涉及企业的改扩建或迁址。例如，近年来欧美等发达国家的企业纷纷把生产厂，甚至公司总部，迁往郊区或农村地区，一方面是为了利用农村丰富、廉价的劳动力资源和土地资源扩大再生产或降低生产成本；另一方面是为了避开大城市高昂的生活费用和严重的城市污染。在我国，随着经济的快速发展和城市建设的需要，许多企业都面临重新选址的问题。

3.1.2 企业选址的影响因素

企业选址的影响因素分为两大类：选位影响因素和定址影响因素，其中选位又可以分为国家、地区或城市两部分。表 3-1 所示为影响企业选址的部分因素。

表 3-1 影响企业选址的部分因素

选址类别		影响因素
选位	国家	政局的稳定性
		政府政策与鼓励措施
		经济与文化、宗教信仰
		汇率
	地区或城市	地区政策
		目标市场
		原材料供应地
		运输条件
		与协作厂家的相对位置
		劳动力资源
		气候条件
		基础设施条件
定址		场所大小和建设成本
		周边环境
		地质条件
		可扩展的条件

1. 选位的影响因素——国家

随着经济的全球化，企业的生产基地和市场也会遍布全球，选址工作变为以下几个方面。

① 追求运营资源的最优配置，即运营成本（劳动力、物料、运营技术等）力求最低，要求在全球范围内以优势生产要素进行合作。

② 寻求潜在的市场，进入并扩大其份额。

20 世纪 80 年代，外国企业纷纷开始在我国以合资或独资的形式建厂，21 世纪初我国的企业才开始陆续走出国门。企业在进行选址决策时，其程序应是以选择在哪个国家投资开始，表 3-1 列出了选择国家时应考虑的部分因素。其中，政局的稳定性非常重要，近些年持续动荡的中东地区不会是企业选址的首选国家；汇率有时也会左右企业选址，有些企业会利用有利的汇率向某个国家转移工厂或出口产品，然而随着汇率的变化，当时的决策可能会变为最大的败笔。同时，表 3-1 列出的其他影响因素也是必须考虑的。

2．选位的影响因素——地区或城市

决定了企业选位的国家，下一步就要决定企业选位的地区或城市，此时的主要影响因素有以下几个。

（1）地区政策。

在某些地区投资建厂，会得到一些政策或法规上的优惠待遇。在其他条件差不多的情况下，地区政策就会成为选址决策的主要影响因素。例如，梅赛德斯-奔驰公司1993年决定在美国建立第一个海外工厂，先后用一年的时间对美国30个州的170个候选地址进行分析研究，比较各自的优势与劣势，最后决定将工厂设在亚拉巴马州。之所以做出这样的决定，是因为该州计划给梅赛德斯-奔驰公司提供价值3亿美元的激励措施（实际提供了2.53亿美元，见运营实例3-1），鼓励建厂。在我国，经济特区、经济开发区、高新技术开发区等均设有政策优惠待遇来吸引海内外的投资者。

运营实例3-1

美国的亚拉巴马州花了多少钱才赢得汽车工业的基地

1993年，亚拉巴马州为说服梅赛德斯-奔驰公司在该州建立在美国的第一家汽车厂，为这家豪华汽车制造商提供了价值2.53亿美元的激励措施。这相当于梅赛德斯-奔驰公司为该州提供一个工作岗位，该州就奖励其169000美元。

为此，纳税人认为这桩交易是在浪费他们的钱，一致投票让州长下台。但是，梅赛德斯-奔驰公司为该州提供了1500个工作岗位，大大超过了当初的承诺。2005年，工人增加到了4000人。现在，亚拉巴马州有84000个与汽车相关的工作岗位。

2001—2002年，本田汽车公司和丰田汽车公司也在该州开设工厂，这两家汽车制造商也得到了奖励。

2005年，现代汽车公司在亚拉巴马州建设了其在美国的第一家汽车装配厂，雇用了200名工人，每年可以制造300000辆轿车和多功能运动车。

这个州付出的比得到的多吗？这也是许多经济学家讨论的问题。以前反对提供激励措施的人现在都认为，制造商的到来预示着“亚拉巴马州新的一天”到来了。

资料来源：海泽，伦德尔，2006. 运作管理：第8版[M]. 陈荣秋，张祥，等译，北京：中国人民大学出版社.

（2）目标市场。

企业选位邻近目标市场有利于产品投放市场和降低物流成本，制造业如此，服务业更是如此。

服务业选位一般位于其服务地区的中心位置附近，如饭店、商店、超市、干洗店、社区医院、银行等。由于服务业企业提供的产品和服务与竞争对手相似，因此主要靠便利性吸引消费者。遍布城镇乃至农村各个角落的小卖部之所以能生存，靠的就是其便利性。另外，服务业与制造业的一个显著的区别是服务业有一个服务半径（或区域）的限制。沃尔玛在世界各国的主要城市设立连锁超市，甚至在一个城市设立几家超市就是最好的例证。

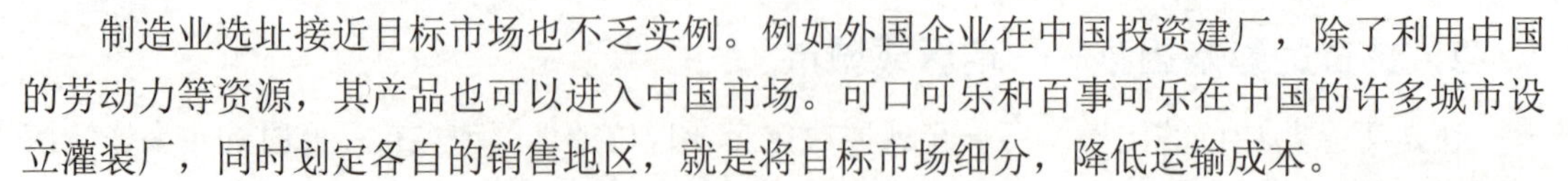

制造业选址接近目标市场也不乏实例。例如外国企业在中国投资建厂，除了利用中国的劳动力等资源，其产品也可以进入中国市场。可口可乐和百事可乐在中国的许多城市设立灌装厂，同时划定各自的销售地区，就是将目标市场细分，降低运输成本。

（3）原材料供应地。

企业选位邻近原材料供应地一般有3个原因。其一是必要性，如采矿业、农场、林场和渔业等行业的选位是由资源位置决定的；其二是易损坏性，如从事新鲜水果或蔬菜的制冷保鲜或罐头生产、奶产品的加工等行业的企业，必须考虑原料的易损坏性；其三是运输成本，对于那些原材料在加工过程中体积会缩小进而使其产品或材料运输成本减少的行业，靠近原材料供应地也很有必要，如钢铁冶炼、炼铝、造纸等行业。

（4）运输条件。

当企业选位由于特殊的原因不能靠近原材料供应地或目标市场时，交通便利的运输条件就显得非常重要。根据产品、零部件及原材料的运输特点，企业选址应选择邻近铁路、港口或高速公路等运输条件较好的地区。例如，近些年许多军转民的企业纷纷迁出大山，选址至城市附近，二汽也把二次创业的总部设在武汉。当然，运输条件只是促使这些变化发生的因素之一。

（5）与协作厂家的相对位置。

由于产业链的关系，许多企业与其上下游的企业关系密切。汽车行业的主机厂与零部件生产厂就有着千丝万缕的关系，这些零部件生产厂大多建在主机厂附近，形成了以主机厂为核心的汽车城，如美国的底特律市、中国的长春市等。主机厂普遍采用零部件的准时采购策略以降低采购成本，零部件生产厂为了自己的生存与发展，不得不满足这样的要求，建在主机厂附近，这也可以理解为“双赢”。运营实例3-2就是零部件生产厂应主机厂的采购要求进行异地迁址的例子。

运营实例3-2

英利公司迁往长春市朝阳区的经济开发区

英利公司于1991年在黑龙江省哈尔滨市注册建厂，当时主要的产品是汽车安全带等汽车零部件，供应国内的一些汽车厂家。从1994年开始，英利公司主要为一汽大众、一汽轿车等主机厂配套。随着这些主机厂逐步实施准时采购策略，要求配套厂家每天按装车数小批量发货，甚至送至工位，英利公司越来越难以适应这样的要求。于是英利公司于2001年迁至长春市朝阳区的经济开发区，满足了主机厂对准时采购在地域上的要求，英利公司也得到了长足的发展。

资料来源：根据网络资料整理。

（6）劳动力资源。

在劳动力资源方面需要考虑的因素有劳动力的成本和可得性，劳动力的生产率及其对工作的态度，以及工会是否是一个潜在的问题，等等。

劳动力成本对于劳动密集型产业非常重要，外资企业进入中国主要是因为廉价的劳动力。当然如果仅仅考虑低工资而忽视劳动生产率也是不可行的。例如，A 企业工人每小时生产 1.5 个产品，工人每小时工资为 15 元，B 企业工人每小时生产 1 个产品，工人每小时工资为 12 元，相比之下，A 企业的单位产品的人工成本为 10 元，低于 B 企业的 12 元。另外，运营实例 3-3 也是很好的证明。

运营实例 3-3

优质线圈公司撤出墨西哥泥潭

优质线圈公司的总裁吉布森在考察墨西哥的薪资水平时认为，墨西哥的低工资可以大大降低产品的人工成本，进而给企业带来可观的利润。于是该公司在美国南方设立总部，关闭了在康涅狄格州的一家工厂，在墨西哥的华雷斯设置新厂，当地的薪资水平仅仅是美国本土的 1/3。吉布森说："所有的数据表明，我们应该撤离康涅狄格州。"

然而，在墨西哥经营的 4 年中，公司每年都在亏损，员工的缺勤率极高，劳动生产率很低，加之异地管理带来的诸多问题，最终击垮了吉布森，他决定撤离华雷斯这个泥潭。

该公司撤回到美国，重新雇用原来的员工。这次投资经历使吉布森认识到这样的现实：在华雷斯需要 3 个人做的工作在康涅狄格州只需 1 人就能完成。

资料来源：根据网络资料整理。

企业不同，对劳动力资源的需求也不一样。例如，高新技术企业都建在教育和科技发达的城市，就是因为高新技术企业对员工的受教育水平和知识结构有特殊的要求，只有在教育和科技发达的城市才易获得这样的劳动力资源。

在国外，工会有时也会成为左右选位的主要因素。通用汽车在 1982 年选位的时候，确定了 20 个州的近千个候选地址，列举了 60 个影响因素，最后选在了田纳西州。这次选位决策把"当地工会的态度"列为主要影响因素，排在运输条件、与协作厂家的相对位置、气候条件等因素之前。

（7）气候条件。

根据产品的特点，有时需要考虑温度、湿度、气压等气候条件对生产的影响。例如大众汽车在大连投资的发动机厂临海而建，但由于当地气候过于潮湿，许多发动机零件在生产或存放过程中极易锈蚀，无奈只好追加投资 1000 多万元，将主要车间封闭并安装中央空调，增加了企业的运营成本。

（8）基础设施条件。

基础设施条件主要是指企业运营所需的外部条件，一般指"七通一平"。七通是指邮通、上下水通、路通、电信通、煤气通、电通、热力通，一平是指场地平整。基础设施建设是投资者建厂开店的基本前提。例如成立于 1992 年的长春经济技术开发区，建区初期并没有急于招商引资，而是在最短的时间内完成区内主要基础设施建设，实现"七通一平"，国内

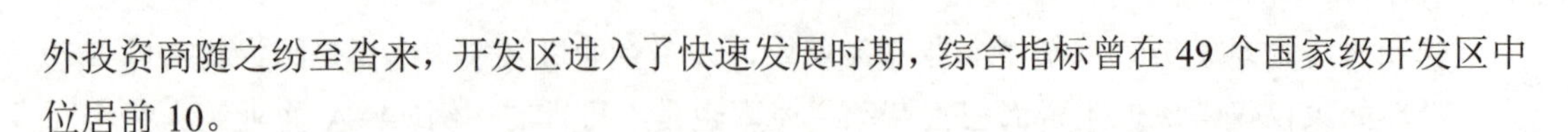

外投资商随之纷至沓来，开发区进入了快速发展时期，综合指标曾在49个国家级开发区中位居前10。

3. 定址的影响因素

（1）场所大小和建设成本。

企业定址需要考虑场所大小和建设成本，一般来讲，在同一区域，场所大小与建设成本成正比关系。但地域不同，用地价格差异颇大，建设成本也就不同。

服务业由于要求接近客户群体，一般把交通流量和便利性作为最先考虑的因素，因此大多定址在城市的繁华或交通便利的地段、居民区附近，且店面不大（极少数有实力的大企业除外）。制造业因为地价、环保等问题，一般不会选在繁华的闹市，大多定址在城市的郊区，甚至农村。

（2）周边环境。

企业定址需要考虑所选位置能否为员工提供住房、娱乐、生活服务、交通和子女教育等良好的周边环境。

（3）地质条件。

企业定址需要考虑地质条件，如地面是否平整，地质能否满足未来设施的载重等方面的要求。

（4）可扩展的条件。

在当今市场需求多变、竞争激烈和科技发展迅速的环境下，企业未来的发展存在很多不确定性。因此在开始建厂时应当考虑企业较长期的发展规划，在空间上留有一定的余地。另外，一些企业受资金的限制，不能一次到位，需要分期建设，在确定具体位置和空间时，要做好总体规划，以便有计划地分步实施。

另外，其他因素，如环保要求，越来越受到重视。在定址时要对各种因素进行全面考虑。

3.2 企业选址的主要方法

3.1节介绍了企业选址过程中应考虑的因素，实际上不同的候选地址各有优势与劣势，很难简单确定最佳的选址方案，因此，在选址的过程中需要采用相应的方法。

3.2.1 因素评分法

因素评分法的基本思想是将企业选址的影响因素定量化。

影响企业选址的因素有很多，其中有些因素可以定量计算，如物流的运量和成本；而多数因素不能定量计算，如劳动力资源、气候条件等。因素评分法就是对不能定量计算的选址影响因素，采用主观打分的方法将其量化，再采用定量分析的方法进行处理。

该方法主要有以下几个步骤。

（1）选择有关因素。

（2）赋予每个因素一个权重，以显示其相对重要性，各因素权重总和为 1.00（100%）。

（3）给每个候选地址按满足各因素的程度分别评分，分值为 0～10 或 0～100。

（4）把每个因素的得分与其权重相乘，再把各因素乘积值相加得到待选地址的总分。

（5）选择综合得分最高的地址。

【范例 3-1】一家摄影公司打算开一家分店，有 A、B 两个地址可供选择。影响因素及评分结果如表 3-2 所示，试确定适宜的地址。

表 3-2 范例 3-1 影响因素及评分结果

影响因素	权 重	得 分		权重×得分	
		A	B	A	B
邻近已有摄影店	0.10	100	60	10.0	6.0
地点繁华、交通便利	0.05	80	80	4.0	4.0
房屋租金	0.40	70	90	28.0	36.0
面积	0.10	86	92	8.6	9.2
店面布局	0.20	40	70	8.0	14.0
运营成本	0.15	80	90	12.0	13.5
合 计	1.00	——	——	70.6	82.7

显然地址 B 优于地址 A，选择地址 B 为分店地址。

有时该方法还可以简化，权重按分值给出，评分只设几个等级，汇总权重与得分的乘积，选择分值最高的为最佳地址，见范例 3-2。

【范例 3-2】某汽车零部件公司在选址时确定了 4 个候选地址，选定 8 个影响因素，影响因素及评分结果见表 3-3。

表 3-3 范例 3-2 影响因素及评分结果

影响因素	权 重	候选地址			
		A	B	C	D
劳动力资源	7	2	3	4	1
原材料供应	3	4	4	2	4
目标市场	6	4	2	3	4
基础设施	4	1	1	3	4
生活条件	6	1	1	2	4
气候条件	5	3	4	3	2
环境保护	4	2	3	4	1
可扩展余地	1	4	4	2	1
合计（权重×得分）	—	87	91	109	98

显然地址 C 最优，选择地址 C 为最终公司地址。

3.2.2 量本利定址分析法

量本利定址分析法，即产量-成本-利润定址分析法，该方法是一种定量的分析方法，用来对多个选址方案进行经济性比较，可以利用模型、图表实现。

该方法主要有以下几个步骤。

（1）确定每一个候选地址的固定成本和变动成本。

（2）在同一张图表上绘出各地址的总成本线。

（3）确定在某一预定的产量水平上，总成本最少或利润最高的地址。

该方法的基本假设有以下几个。

（1）产量在一定范围内时，固定成本不变。

（2）变动成本在一定范围内与产量成正比。

（3）只有一种产品。

量本利定址分析法的数学模型为

$$C = F + C_v \times Q$$

式中 C——总成本；

F——固定成本；

C_v——单位变动成本；

Q——产量。

图 3.1 为量本利定址分析示意图，其中 S 为销售收入，假设 w 为单价，则

$$S = w \times Q$$

S 与 C 相交于 Q_0，根据计算

$$Q_0 = \frac{F}{w - C_v}$$

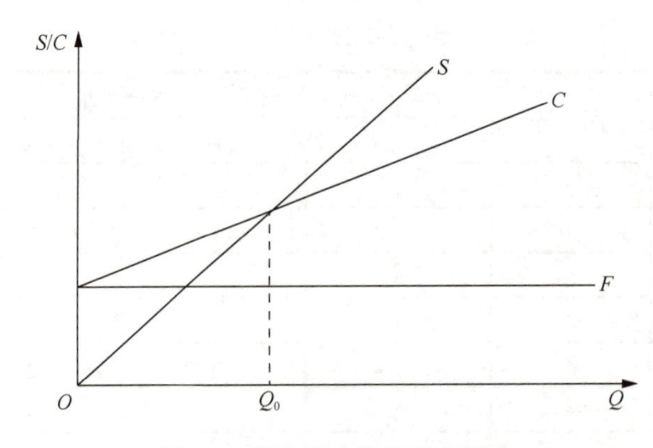

图 3.1 量本利定址分析示意图

Q_0 为盈亏平衡点，在该点销售收入等于总成本，企业不盈利也不亏损。

量本利定址分析法并没有涉及盈亏平衡点的计算，仅仅是比较不同方案的总成本。

【范例 3-3】一家电子玩具制造商拟在长春市、吉林市和四平市中选择一个城市建新厂。经考察，3 个地址的年固定成本分别为 250000 元、100000 元和 150000 元，单位产品的变动成本分别为 11 元、30 元和 20 元，预计产品年产量 8000 个，售价 60 元。请选择最佳的厂址，预期利润为多少？

根据所给信息绘制候选地址的总成本线，如图 3.2 所示。

由图 3.2 可以看出，随着产量变化，成本最低的地址也会发生变化，产量区间在[0,5000]时，吉林市成本最低；产量区间在[5000,11000]时，四平市成本最低；产量区间在[11000,+∞]时，长春市的总成本最低。按年产量 8000 个的计划，四平市为最佳选择。

列式计算也可以得出同样的结果。

（1）如果在长春市建厂：

$$总成本=250000+11\times8000=338000（元）$$

（2）如果在吉林市建厂：

$$总成本=100000+30\times8000=340000（元）$$

（3）如果在四平市建厂：

$$总成本=150000+20\times8000=310000（元）$$

可见四平市的总成本最低。

$$预期利润=总收入-总成本=60\times8000-310000=170000（元）$$

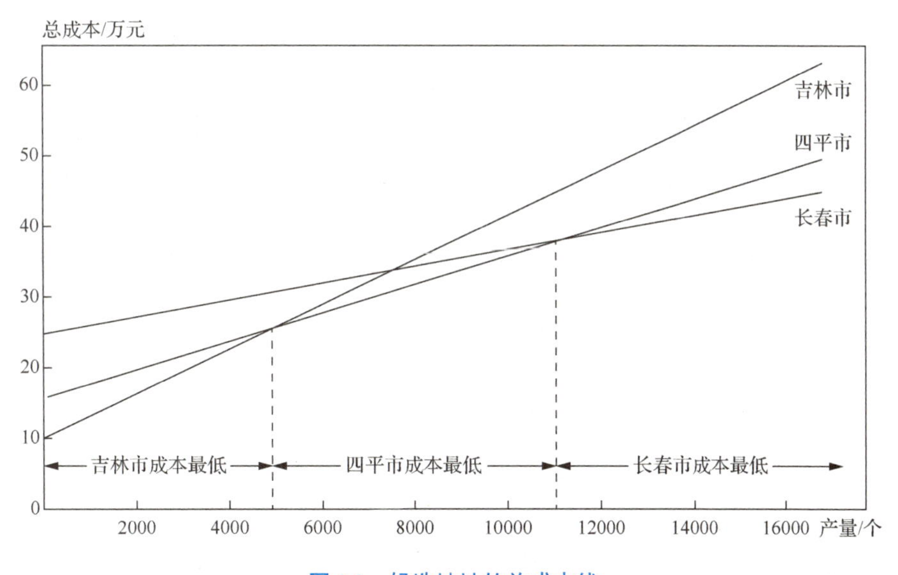

图 3.2 候选地址的总成本线

3.2.3 重心法

重心法是确定物流中心位置的一种方法，如销售中心、中间仓库或分销仓库、超市的配送中心等，用以达到最低物流成本。物流成本是距离和运量的函数。

重心法的基本思路是：建立坐标系，标出各个相关地点的位置，再利用如下公式确定重心，即新设施的坐标。

$$C_x = \frac{\sum d_{ix} V_i}{\sum V_i}$$

$$C_y = \frac{\sum d_{iy} V_i}{\sum V_i}$$

式中 C_x——重心的 x 轴坐标；

C_y——重心的 y 轴坐标；

d_{ix}——地址 i 的 x 轴坐标；

d_{iy}——地址 i 的 y 轴坐标；

V_i——地址 i 的运出或运入货物量。

【范例 3-4】国内某著名的体育用品公司在北京市、天津市、唐山市、沧州市和石家庄市设有分店，各分店的商品平均月销量见表 3-4。

表 3-4 各分店的商品平均月销量

分店位置	商品平均月销量（标准集装箱）
北京市	220
天津市	150
唐山市	80
沧州市	70
石家庄市	120

因业务需要该公司拟在华北地区建一个配送中心为上述分店送货，选在何处物流成本最低？

解：根据各分店所在城市的地理位置，在地图上截取相关的区域，建立直角坐标系并确定各分店的坐标位置，如图 3.3 所示。

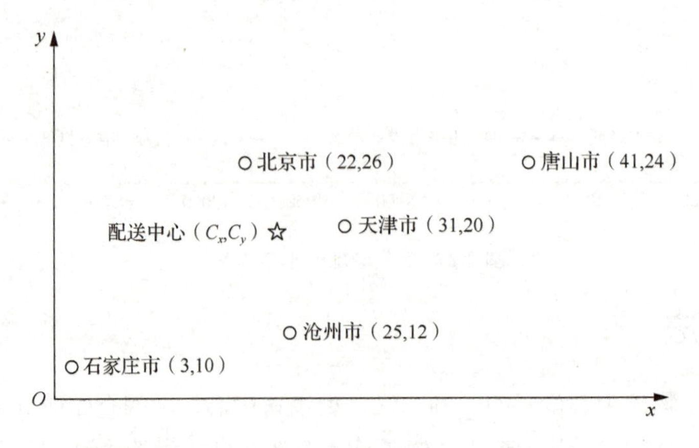

图 3.3 各分店的坐标位置

计算配送中心的坐标为

$$C_x = \frac{22\times220+31\times150+41\times80+25\times70+3\times120}{640} = \frac{14880}{640} = 23.25$$

$$C_y = \frac{26\times220+20\times150+24\times80+12\times70+10\times120}{640} = \frac{12680}{640} \approx 19.81$$

配送中心的坐标换算为经纬度表示为北纬 38.98°，东经 116.32°。廊坊市的经纬度为北纬 39.31°，东经 116.42°。因此，配送中心应设在河北省廊坊市。

3.2.4 综合评价法

选址的影响因素往往是多方面的，既有定性指标，也有定量指标，且指标不具有同质性，量纲不统一，前述的方法不能满足，这里介绍一种新方法：综合评价法。

综合评价法是一个多目标的综合评价方法，有关的评价方法和模型有很多，下面通过范例 3-5 介绍其原理。

【范例 3-5】 有一购房者计划选购一套住房，现有 4 个地点可供选择。其考虑的评价指标是：价格、使用面积、与工作单位距离、周边环境，选址参数见表 3-5。

表 3-5 选址参数

地点	评价指标			
	价格/万元	使用面积/平方米	与工作单位距离/千米	周边环境
1	70	100	10	好
2	50	80	8	中
3	30	50	20	差
4	40	70	12	中

该问题的指标有定性的也有定量的，先将定性指标转化为定量指标，即给周边环境的评价赋值：好=5，中=3，差=1。

1. 建立原始评价矩阵

根据表 3-5 建立如下的原始评价矩阵。

$$\boldsymbol{A} = \begin{bmatrix} 70 & 100 & 10 & 5 \\ 50 & 80 & 8 & 3 \\ 30 & 50 & 20 & 1 \\ 40 & 70 & 12 & 3 \end{bmatrix}$$

2．利用如下公式转化原始评价矩阵

$$b_{ij}=\begin{cases}\dfrac{a_{ij}-\min\limits_{i} a_{ij}}{\max\limits_{i} a_{ij}-\min\limits_{i} a_{ij}} & \text{（当指标为效益型指标时）}\\[2ex] \dfrac{\max\limits_{i} a_{ij}-a_{ij}}{\max\limits_{i} a_{ij}-\min\limits_{i} a_{ij}} & \text{（当指标为成本型指标时）}\end{cases}$$

其中，效益型指标是指该指标数值越大越好；成本型指标是指该指标数值越小越好。

$$\boldsymbol{B}=\begin{bmatrix}0 & 1 & 5/6 & 1\\ 1/2 & 3/5 & 1 & 1/2\\ 1 & 0 & 0 & 0\\ 3/4 & 2/5 & 2/3 & 1/2\end{bmatrix}$$

3．确定各评价指标的权重

权重的确定方法很多，最常用的有专家调查法、层次分析法。先假定购房人确定的权重向量为

$$\boldsymbol{W}=[0.35,0.3,0.25,0.1]$$

4．综合评价

$$\boldsymbol{G}=\boldsymbol{B}\cdot\boldsymbol{W}^{\mathrm{T}}=\begin{bmatrix}0 & 1 & 5/6 & 1\\ 1/2 & 3/5 & 1 & 1/2\\ 1 & 0 & 0 & 0\\ 3/4 & 2/5 & 2/3 & 1/2\end{bmatrix}\begin{bmatrix}0.35\\ 0.3\\ 0.25\\ 0.1\end{bmatrix}=\begin{bmatrix}0.608\\ 0.655\\ 0.35\\ 0.599\end{bmatrix}$$

从结果看，地址 2 是最佳选择。

在多因素的综合评价中，有些比较简单的做法可以简化评价的过程。如采用“一票否决”的方法，即如果方案中某一项指标低于或高于预期值，就否决该方案。在范例 3-5 中，如果购房者设定价格最高为 60 万元，则地点 1 不再候选。

企业选址除了上述常见的 4 种方法，还有线性规划法（运输表法）、启发式方法、模拟方法、优化方法等，本书不再赘述。

3.3 服务企业的选址

3.3.1 服务业的分类

根据我国国家标准 GB/T 4754—2017《国民经济行业分类》规定，服务业共分为 15 类 47 个行业，见表 3-6。

表 3-6 服务业分类

类别	名称
交通运输、仓储和邮政业	铁路运输业
	道路运输业
	水上运输业
	航空运输业
	管道运输业
	多式联运和运输代理业
	装卸搬运和仓储业
	邮政业
信息传输、计算机服务和软件业	电信、广播电视和卫星传输服务
	互联网和相关服务
	软件和信息技术服务业
批发和零售业	批发业
	零售业
住宿和餐饮业	住宿业
	餐饮业
金融业	货币金融服务
	资本市场服务
	保险业
	其他金融业
房地产业	房地产业
租赁和商务服务业	租赁业
	商务服务业
科学研究、技术服务和地质勘查业	研究和试验发展
	专业技术服务业
	科技推广和应用服务业

类别	名称
水利、环境和公共设施管理业	水利管理业
	生态保护和环境治理业
	公共设施管理业
	土地管理业
居民服务、修理和其他服务业	居民服务业
	机动车、电子产品和日用产品修理业
	其他服务业
教育	教育
卫生和社会工作	卫生
	社会工作
文化、体育和娱乐业	新闻和出版业
	广播、电视、电影和影视录音制作业
	文化艺术业
	体育
	娱乐业
公共管理、社会保障和社会组织	中国共产党机关
	国家机构
	人民政协、民主党派
	社会保障
	群众团体、社会团体和其他成员组织
	基层群众自治组织及其他组织
国际组织	国际组织

服务业种类繁多，但与人们关系最密切的是与衣食住行有关的一些行业，如餐饮业、金融业、卫生、娱乐业等。

3.3.2 服务业的选址策略

前面在阐述企业选址的影响因素时，已经提及服务业选址的问题。

制造业与服务业的选址是有一定的差别的。第一，在选址的范围上，制造业选择的区域广，服务业选择的区域要小得多，针对性更强一些，通常是特定的市场或地区。第二，选址的依据和侧重点不同，制造业更多的是关注成本，而服务业更多的是关注收入。这是因为制造业成本往往随着地区的不同而有很大的差异，而服务业的成本在一个市场范围内变动很小。对特定的服务企业而言，选址更多的是影响收入。表 3-7 列出了制造业与服务业选址影响因素的主要差异。

表 3-7　制造业与服务业选址影响因素的主要差异

制造业：关注成本	服务业：关注收入
● 运输模式与成本	● 服务对象的统计数据，如年龄、收入、受教育程度
● 能源的可得性与成本	● 人口区域规划
● 劳动力成本及可得性、技能水平	● 交通的便利性与方式
● 硬件建设成本	● 接近消费者的程度

对于服务业而言，良好的地理位置是成功的一半。国外汽车服务连锁店在总结成功经验时，明确指出其成功的原因：第一是地点，第二是地点，第三还是地点。可见选址的重要性。

国外的快餐业，如麦当劳和肯德基，在中国的发展也是很成功的，其选址的规范程序和谨慎态度是值得我们借鉴的。运营实例 3-4 介绍了肯德基的选址策略。

运营实例 3-4

肯德基的选址策略

肯德基对快餐店选址是非常重视的，选址策略一般是两级审批制，需要通过两个委员会的同意，一个是地方公司，另一个是总部。其选址成功率几乎是百分之百，成功的选址是肯德基的核心竞争力之一。

通常肯德基选址按以下几个步骤进行。

1. 商圈的划分与选择

（1）划分商圈。肯德基计划进入某城市时，会先通过有关部门或专业调查公司收集这个城市的资料，资料备齐，才开始规划商圈。

商圈规划采取打分的方法。例如，按规模将商场折合成分值，按流量将公交线路或地铁线路折合成分值。

通过打分把商圈分成几大类。以北京为例，商圈分为市级商业型（西单、王府井等）、区级商业型、定点消费型、社区型、社区商务两用型、旅游型等。

（2）选择商圈，即确定重点在哪个商圈开店。

在商圈选择的标准上，首先，要考虑餐馆自身的市场定位，餐馆的市场定位不同，吸引的消费者群不一样，商圈的选择也就不同；其次，商圈的成熟度和稳定度也非常重要，肯德基一定要等到商圈稳定、成熟后才进入。

2. 聚客点的测算与选择

（1）确定商圈内最主要的聚客点在哪里。

例如，北京西单是很成熟的商圈，但不可能任何位置都是聚客点，肯定有最主要的聚集客人的位置。肯德基开店的原则是：努力争取在最聚客的地方或其附近开店。

古语说“一步差三市”，开店地址差一步就有可能差三成的买卖，这与人流活动的线路（人流动线）有关。肯德基选址时会派人去观测某个区域的人流动线，并将采集来的数据输入专用的计算机软件，就可以测算出该区域的最佳投资额。

（2）选址时一定要考虑主要的人流动线会不会被竞争对手截住。如果竞争对手的聚客点比肯德基选址更好，那就会对选址有影响。

（3）聚客点选择影响商圈选择。因为一个商圈有没有主要聚客点是这个商圈成熟度的重要标志。

为了规划好商圈，肯德基开发部门投入了巨大的努力。以北京的肯德基为例，其开发部门人员常年跑遍北京各个角落，对这个每年建筑和道路变化极大，当地人都易迷路的地方了如指掌。

在北京，肯德基已经成功地践行了这样的选址策略。

资料来源：根据中国食品产业网资料整理。

3.3.3 服务业选址的聚集效应

俗语说，同行是冤家。这说明业务相同的企业在选址时希望彼此回避，以免互相竞争影响双方业务的开展。但有些服务业的选址却更愿意与其竞争者相邻，形成较大规模的服务市场，从而产生所谓的聚集效应，如服装一条街、汽车配件一条街、餐饮一条街等。

聚集效应的成因是什么？其实，如果我们仔细观察，就会发现这些行业中不同企业的服务内容只是具有相似性，而非同质性。例如饭店一条街，看似都是饭店，实则提供的服务、菜系和口味都不同，它们之间的互补关系大于竞争关系，因此，聚集效应可以使多数饭店都生意红火，其他的服务行业也是如此。

我们可以得出这样的结论：服务内容相似的服务业具有聚集效应，服务内容同质的服务业则不具有聚集效应。

3.4 “互联网+”对企业选址的影响

互联网的发展对经济地理的时空关系产生了巨大的影响，这主要表现在两个方面：一是空间距离的缩短和时间成本的上升；二是消费与生产的空间组织过程发生了改变。

空间距离的缩短是因为互联网使信息实现了零距离传送。同时，空间距离的缩短使得时间的重要性突显，信息传输更加注重即时性和及时性。也就是说，互联网的发展导致了空间距离的缩短和时间成本的上升，从而影响企业的选址。

互联网条件下，消费更偏向个性化、定制化、快捷化，购买范围也更大，这就意味着市场的地域性限制大大减小。

因此，在“互联网+”时代，不仅产生了新的业态，企业的运营方式在改变，企业选址所强调的位置因素也在弱化。不管是制造业还是服务业，企业选址的某些看似重要的影响因素的权重在变小，甚至不再是选址所考虑的影响因素。

3.4.1 “互联网+”对制造业企业选址的影响

对制造业而言，运输条件、目标市场、原材料供应地等因素的重要性均在发生变化。

1. 运输条件

传统模式下，对于绝大多数制造业企业来说，运输条件对企业选址起主导作用。其原因在于，原材料采购与产品销售均会产生运输费用，这对目标市场、原材料供应地等因素的选择有制约作用。

但在“互联网+”时代，运输方式、运输手段及运输管理都发生了巨大改变。一方面，如音乐及音像制品、软件等数字类产品可以通过互联网实现即时传输；另一方面，现代物流管理水平极大提高，企业可以将产品运输外包给专业物流企业，并通过互联网进行全程跟踪管理，有效地降低了运输成本。党的二十大报告强调，加快发展物联网，建设高效顺畅的流通体系，降低物流成本。现代技术的应用有利于打通多方之间的流通路径，为制造企业的产品流通速度与物流速度的提升提供途径，实现产品的及时交付。

因而，运输条件对制造业企业选址的影响有所减弱。

2. 目标市场

传统模式下，目标市场因素要求制造业企业靠近具备一定数量，且有较强购买力的目标人群。

互联网的发展打破了目标市场的地域性限制，制造业企业可以通过开展电子商务等形式向全球发展业务。同时，通过互联网，制造业企业可以更加快捷地实现与消费者之间的互动，及时了解市场需求的变化，并根据变化即时调整产品，实现定制生产、订单生产和个性化需求的供给。

因此，在“互联网+”时代，企业最需要的不再是靠近某个区域的市场，而是要快速得到全球市场信息的反馈，目标市场对制造业企业选址的影响极大降低。

3. 原材料供应地

运输成本的降低使得原材料供应地对制造业企业选址的影响也在弱化，企业可以通过电子商务与现代物流在更大范围内进行原材料的选购。

3.4.2 “互联网+”对服务业企业选址的影响

互联网的发展对服务业的影响远大于制造业，改变了服务业的产业结构，服务业产生了若干新的业态，一些传统的服务业在不断弱化，甚至已退出市场。党的二十大报告指出，

“构建优质高效的服务业新体系，推动现代服务业同先进制造业、现代农业深度融合”。“互联网+”为服务行业提供了实现全新业态的技术基础，促使服务行业利用科技力量提升服务水平与竞争力。

同样，互联网对服务业企业选址影响也很大，弱化了选址在服务业企业运营中的作用，改变了选址强调位置的惯性思维。

例如，餐饮业的无店铺经营就是一种新的业态，无店铺经营意味着餐饮企业不再需要为商业铺面支付昂贵的租金，从而大大节约了经营成本。餐饮业的无店铺经营包括个人化的餐饮企业和厨师上门服务等形式。个人化的餐饮企业包括私家餐馆、咖啡厅、面包房等各种类型。互联网时代，只要能做得一手好菜，就可以借助互联网，低门槛地开私人餐馆。开店时可以利用自家房屋，也可以租赁房租相对便宜的公寓或写字楼。当人们想在家里招待亲朋好友而又苦于自己不会做菜时，可以请厨师上门提供烹饪服务。现在互联网为供需双方（厨师和消费者）架起了一座联系的桥梁，厨师可以通过互联网进行自我推介，而消费者也可以很方便地找到自己需要的厨师或是糕点师。

电子商务的网上开店也是无店铺经营的一种方式，只要有一台可上网的计算机，就可以解决开店的大部分问题了。

基于互联网的个人自助服务在给消费者提供便捷的服务的同时，也减少了对一些服务人员及服务设施的需求，如银行、电信等服务企业为此就撤并了一些服务网点，或者减少了服务岗位。

请扫描以下二维码学习本章“案例研究”内容。

第3章案例研究

请扫描以下二维码完成本章习题。

第3章习题

第 4 章

第 4 章引例

设 施 布 局

4.1 设施布局概述

4.1.1 设施布局的目标与决策标准

设施布局是指在已确定的空间范围内，对所属工作单元进行合理的位置安排，同时确定物料流程、运输方式和运输路线等，以便经济高效地为企业的运营活动服务。

已确定的空间范围，可以是一个工厂、一个车间、一个超级市场、一个医院、一个餐馆或一个写字楼等。

工作单元，这里主要是指需要占用空间的实体。例如机床、操作台、通道、工具架、休息室等，当然也包括操作者。

设施布局的目标，就是要将企业内的各种设施进行合理布置，使其相互配合、相互协调，从而有效地为企业的生产经营服务，以实现理想的经济效益。具体而言，应实现以下几个方面。

（1）合理的物料流动。

（2）工作的有效性和高效率。

（3）环境美观清洁。

（4）满足容积和空间的限制。

设施布局是在企业选址之后进行的，是决定长期作业效率的决策。因此其决策应审慎，决策标准主要包括以下两个方面。

（1）定量标准：物料的运输成本，客户的通过时间或距离。

（2）定性标准：对象之间的关系。

4.1.2 影响企业工作单元构成的因素

1．企业的产品或服务

不管企业的经营目标是什么，最终都是要通过向社会提供一定的产品或服务来实现的。企业的工作单元构成，取决于其提供的产品或服务的性质和特点。

对于制造业企业，产品的品种决定着其要配置的工作单元。例如电冰箱制造厂需有冲压车间、电镀车间，而制糖、造纸企业则不需要。

对于服务业企业也同样如此，因其所提供的服务内容不同，工作单元的构成也不尽相同。例如一个小快餐店，常常是前店后场，消费者坐在前面就餐，一墙之隔就是煮饭、炒菜的工作场所。而一个大型的酒楼，除了大堂，还有多层楼房包厢，餐饮工作房一般安排在消费者看不到的位置，里面还分有熟菜、冷菜等不同的加工场地。

2. 企业规模

企业工作单元的构成与企业规模的关系也是非常紧密的。企业规模的大小对工作单元种类的划分、数量的确定、位置的安排都有着最直接的影响。企业规模越大，所需要的工作单元数量越多，工作单元的构成越复杂。

3. 企业的专业化水平与协作水平

企业的专业化水平影响工作单元的设置。一般来讲，企业的专业化主要有以下三种形式。

（1）产品专业化。

产品专业化，指构成产品的全部或绝大部分零部件生产及产品装配过程都由企业独立完成。采用产品专业化的企业，工作单元多而齐全，不仅有零件加工环节，还有产品装配环节，导致企业的规模比较大。如果产品产量不足够大，就难以达到经济规模，预期的经济效益会比较差。

（2）零部件专业化。

零部件专业化，指企业的产品是最终产品的零部件。例如为汽车主机厂配套的零部件供应商，其产品是汽车产品中的一个零件。一般来说，零部件专业化的企业没有装配环节。

（3）工艺阶段专业化。

工艺阶段专业化，指企业只完成最终产品或零部件生产的一个阶段。例如铸造厂、锻造厂或装配厂等。铸造厂或锻造厂的最终产品是零件的毛坯，只完成零件生产过程中的热加工部分，还需要后续的企业完成其他的工艺环节。工艺阶段专业化的企业工作单元构成简单，易于形成较大的产量规模。

企业的协作水平也影响工作单元的构成。协作水平越高，企业需要设置的工作单元就越少。反之，协作水平越低，企业需要设置的工作单元就越多。例如，汽车主机厂将大部分汽车零部件的生产交由供应商或协作单位完成，此部分的生产单元就不需要构建了。甚至很多辅助性工作也可以交由相应的服务机构去完成，从而减少企业机构设置，如将企业的物流交由专业的第三方物流公司去完成。

4. 企业的生产技术与装备水平

生产技术，指将科学发现应用到产品生产或服务中，对产品的生产和服务技术进行开发与改进。这里主要是指加工技术或工艺方法，即生产产品和提供服务的方法、程序和设备。

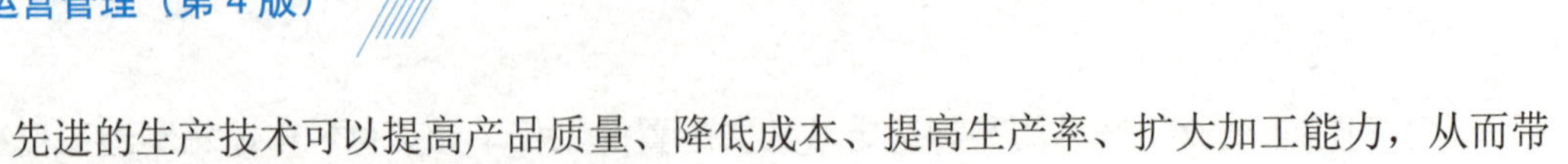

先进的生产技术可以提高产品质量、降低成本、提高生产率、扩大加工能力，从而带来竞争优势。

生产技术的选择需要考虑以下几个主要问题。

（1）产品或服务的品种数量。

（2）设备的柔性程度，即加工不同产品的适应程度。

（3）预期的产量，即生产规模。

生产技术不同，要求与之配套的装备水平也不同。

装备水平，主要是指企业拥有工装设备的整体技术水平。这直接影响着企业工作单元的构成。拥有大量数控机床、加工中心等高技术设备的企业，其工作单元的构成会比较简洁明了；反之，则会非常复杂。

4.1.3 设施布局决策的必要性

设施布局是运营管理工作当中一个非常重要的问题，也可以说是一个非常经典的问题。早期工业工程师的一项主要工作，就是帮助企业解决设施的布置和优化的各种难题。随着社会经济的快速发展，企业的生产经营水平也发生了翻天覆地的变化，但是设施布局问题依然是企业生产组织管理的一个主要工作。设施布局对于企业运营的影响是持续永久的，在确定设施布局并投入生产运营后，再发现问题，想要重新设计、修改布局是非常困难的，成本支出也是非常惊人的。所以，为了保证生产运营工作顺利进行，在设施布局工作开始时，就必须科学运用各种技术手段，做好一系列的规划和设计。

运营实例 4-1

匹兹堡国际机场

机场设施布局的重要标准包括拥挤程度、距离及延误的可能性。这些标准已经成功地运用于匹兹堡国际机场，既为乘客提供了更方便的出行体验，同时成本、可扩建性及传统的生产作业操作效率的标准也得到了满足。设计者独具匠心地将候机楼设计成X形状，该候机楼包括一个中心购物商厦、各种不同的自动扶梯和一个耗资3400万美元的行李运送系统。这种X形状设计明显地影响着乘客和飞机。

自动扶梯、移动人行道、短程穿梭火车，这些设施可以在11分钟内将乘客送达75个登机门中的任何一个。这种X形状的候机楼就作业效率而言也是非常出色的，设计者在设计的早期阶段就对其进行了精细的模拟，用以评价航空活动及其对飞机跑道、出租车道和登机门的影响。这种设计为喷气机登机门提供了双重的停机坪跑道，使得飞机在所有位置的起飞和降落变得高效有序。此外，附加的双向出租车道往返于现有的飞机跑道。这些设计减少了飞机的延误，并使得起飞更加迅速。效率的提高意味着匹兹堡国际机场的航线每年能够节约1500万美元的运行费用。

设施布局为匹兹堡国际机场提供了竞争优势。

资料来源：海泽，雷德，1999. 生产与作业管理教程[M]. 潘洁夫，余远征，刘知颖，译. 北京：华夏出版社.

4.2 设施布局的主要形式

4.2.1 工艺原则布局

工艺原则布局，是指按照产品生产的工艺流程对设施进行布局，将同类型的设施设置在同一生产工作单位的布局方式。它又被称为工艺专业化原则布局、工艺导向布局、车间布局或功能布置。

按工艺原则布局的生产工作单位，集中了同类型的机器设备和同工种的工人。所有被加工的零部件，根据预先设定的工艺流程，按顺序从一个生产工作单位加工完成后，会被统一转移到下一个生产工作单位。每一个生产工作单位只完成产品生产过程中的部分加工任务。

例如机械制造企业设置的铸造车间、机械加工车间、装配车间等。机械加工车间还可按设备、工种分别设立车工组、铣工组、磨工组、钻工组等，如图 4.1 所示。服务业中的超级市场、迪士尼游乐场、图书馆、医院（如图 4.2 所示）等也都是采用工艺原则布局的典型例子。

工艺原则布局的优点如下。

（1）适应市场需求变化的能力强，有利于产品品种更新换代。

（2）设备可以替代使用，生产面积利用充分，负荷系数高。

（3）个别设备故障时，生产系统所受影响较小。

（4）采用通用设备，投资和维护费用较低。

（5）有利于设备维修和工具供应等工艺管理。

（6）有利于工人技术熟练程度的提高。

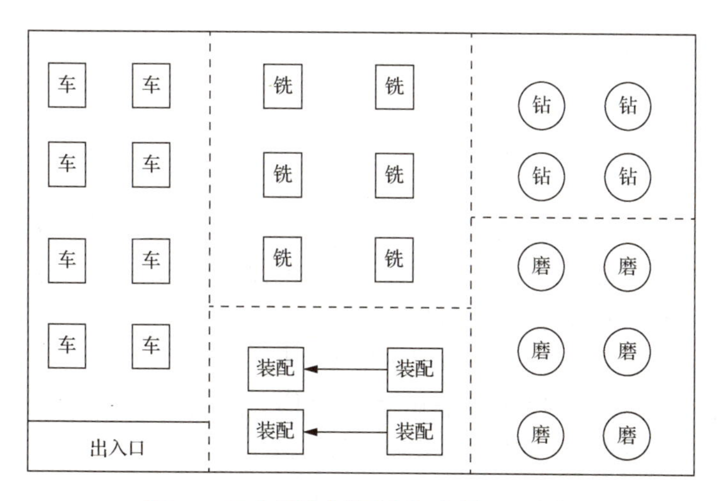

图 4.1 工艺原则布局实例：机械加工车间

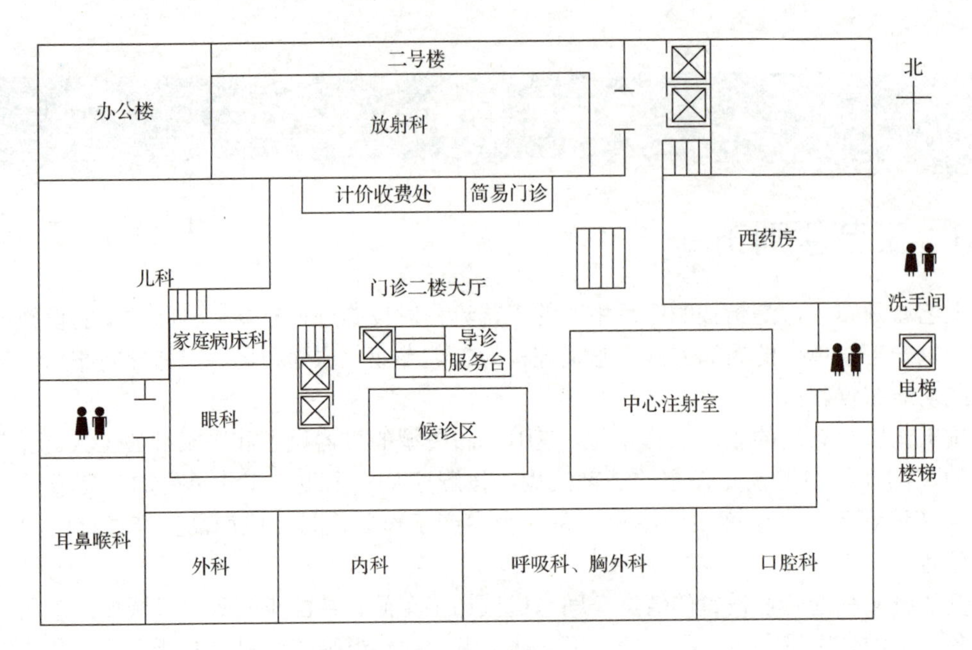

图 4.2　工艺原则布局实例：医院

工艺原则布局的缺点如下。

（1）产品加工路线长，生产环节多，生产周期长。

（2）运输投入和中间仓库增多，使厂内运输费用增加。

（3）在制品数量多，资金占用量较大。

（4）生产工作单位之间的联系与协作关系复杂。

（5）计划管理、在制品管理、质量管理等工作难度大。

工艺原则布局一般适合于多品种、单件小批量生产。

4.2.2　对象原则布局

对象原则布局，是指按照生产的产品特点对设施进行布局，将不同类型的设施设置在同一生产工作单位的布局方式，又称产品对象专业化原则布局、产品导向布局、产品布局或生产线布局。

按对象原则布局的生产工作单位，集中了为生产某种产品所需要的各种机器设备和各工种的工人，基本上能独立完成某几种产品（或零部件）的全部或大部分工艺过程。所以，这种生产工作单位也称为封闭式车间（或工段）。

工艺原则布局与对象原则布局的比较如图 4.3 所示。

与工艺原则布局类似，对象原则布局也不局限于制造业，服务业也存在这种形式，自助餐馆服务线就是其中的一个实例，如图 4.4 所示。

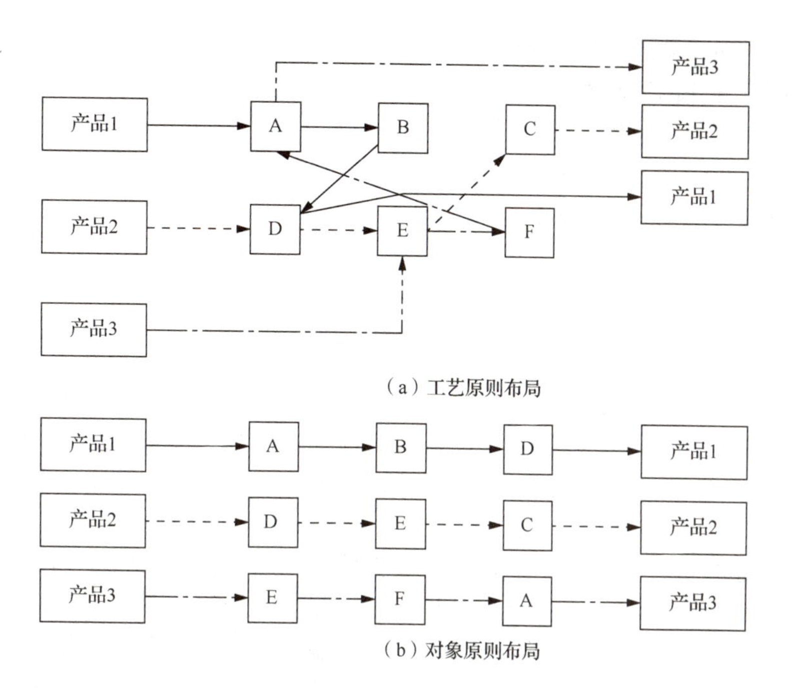

图 4.3 工艺原则布局与对象原则布局的比较

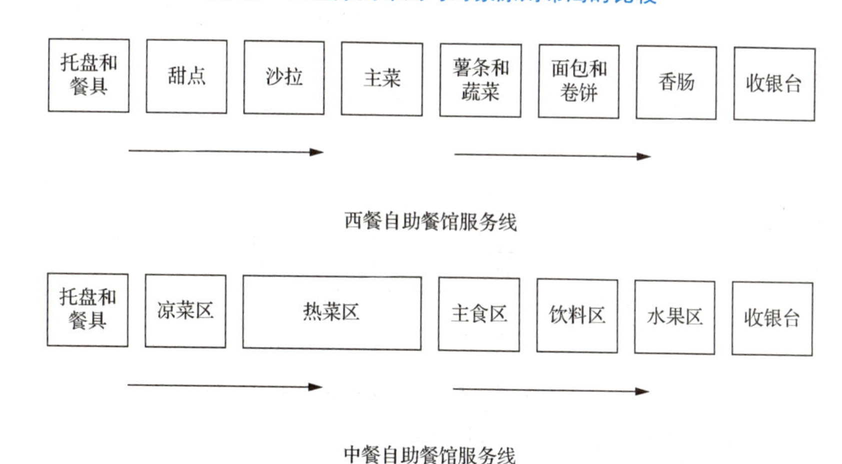

图 4.4 对象原则布局实例：自助餐馆服务线

对象原则布局的优点如下。

（1）有利于缩短产品加工路线，节约运输能力，减少仓库等辅助面积。

（2）有利于减少产品的生产时间，缩短生产周期，减少在制品占用量和资金占用量。

（3）有利于减少生产工作单位之间的联系，简化计划与核算工作，建立健全生产责任制。

（4）有利于按计划完成生产任务，提高劳动生产率和降低成本。

（5）有利于采用先进的生产组织形式。

对象原则布局的缺点如下。

（1）不利于充分利用设备和生产面积。

（2）不利于对工艺进行专业化管理。

（3）对产品变化的适应性差。

（4）不利于工作单位的工艺管理。

（5）不利于工人技术熟练程度的提高。

对象原则布局一般适用于大批量、相似程度高、变化少的产品生产。例如，汽车、家电等产品的生产。

4.2.3 混合布局

混合布局，是指综合利用工艺原则和对象原则建立生产工作单位的布局方式。

混合布局是一种常用的设施布局方法。这种布局方法的主要目的是：在产品产量不足以大到使用生产线的情况下，尽量根据工艺原则使产品生产有一定顺序，以达到减少在制品库存、缩短生产周期的目的。

按混合布局的生产工作单位，一般具备工艺原则布局和对象原则布局的优点，因而较为灵活。混合布局一般采用两种形式。一种是在对象原则的基础上，采用工艺原则建立生产工作单位。例如，按对象原则组建的齿轮车间，又根据加工工艺的不同，组成插齿和滚齿的工作单元。另一种是在工艺原则的基础上，采用对象原则建立生产工作单位。例如，按工艺原则组建的铸造车间，又按其铸造对象的不同，分为黑色金属（如钢和铁等）铸造和有色金属（如铝和铜等）铸造的工作单元。

成组技术布局是一种常用而有效的混合布局方法，如图 4.5 所示。

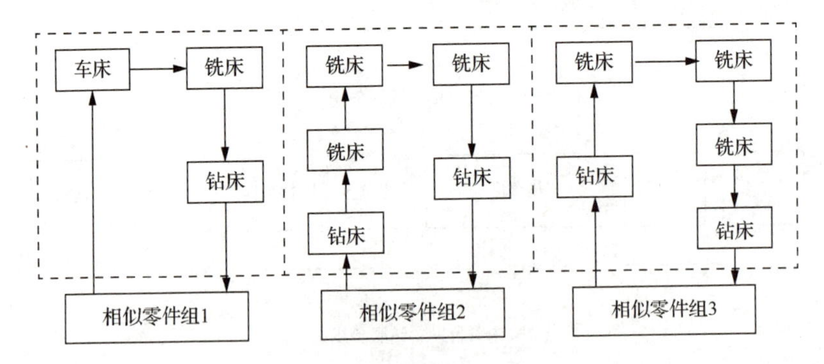

图 4.5 成组技术布局

4.2.4 固定位置布局

固定位置布局，是指由于加工对象体积庞大或质量巨大，不易移动，从而移动设施到加工对象处生产，而不是移动加工对象到设施处生产的布局方式。造船厂、建筑工地和电影外景场地等都采用这种布局方式。图 4.6 是建造中的轮船。

固定位置布局常常遇到很多难题。第一，在建设过程中，不同阶段需要不同的材料，随着时间的推移，对于不同材料的安排就变得很关键。第二，材料所需的空间大小是不断变化的。例如，建造一艘船的外壳所使用的钢板量，在不同阶段是不断变化的。这些致使固定位置布局的技术发展缓慢。

图 4.6 建造中的轮船

不同的企业在处理遇到的难题时，会采用不同的方法。由于固定位置布局问题在现场很难解决，一个替代策略就是让尽量多的问题在远离现场的地方得到解决。例如，住宅的建造者们，可以通过在远离建筑现场的地方建造更多的建筑构件，来提高生产效率。

企业具体采用哪一种设施布局方式，应从企业的具体条件出发，全面分析、比较各种形式的利弊和经济效益，并考虑企业当前和长远发展的需要，最后做出决定。

4.3 设施布局的方法

4.3.1 基于工艺原则的布局方法

基于工艺原则的布局方法最为常用，常用的方法有物料运量图法、作业相关图法、线性规划法和计算机辅助布置法。本节主要介绍物料运量图法和作业相关图法。

1. 物料运量图法

物料运量图法，是根据生产过程中各生产工作单位之间的物料运输量大小，确定各生产工作单位之间的相互位置的布局方法。它的宗旨是将相互间物料运输量较大的生产工作单位尽量靠近布置。

物料运量图法的具体步骤如下。

（1）初步布置各生产工作单位的位置，用运量图表示各单位间的物料运输量。

（2）统计各生产工作单位间的物料运输量。

（3）把相互间物料运输量大的生产工作单位尽量靠近布置。

【范例 4-1】某制造企业的生产工作单位主要由 5 个车间组成。

（1）初步对车间的位置进行安排，运量图如图 4.7 所示，其中，每条粗线表示 2 吨的运输量，每条细线表示 1 吨的运输量。

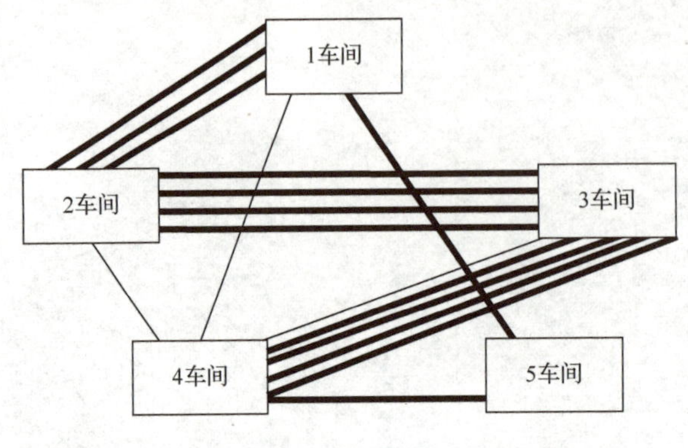

图 4.7 运量图

（2）统计各车间之间的物料运输量，见表 4-1。

表 4-1 各车间之间的物料运输量

（单位：吨）

	1 车间	2 车间	3 车间	4 车间	5 车间	总 计
1 车间		6	—	1	2	9
2 车间	—		5	1	—	6
3 车间	—	3		4	—	7
4 车间	—	—	5		1	6
5 车间	—	—	—	1		1
总 计	—	9	10	7	3	

（3）把相互间物料运输量大的生产工作单位尽量靠近布置，各生产工作单位最终布局如图 4.8 所示。

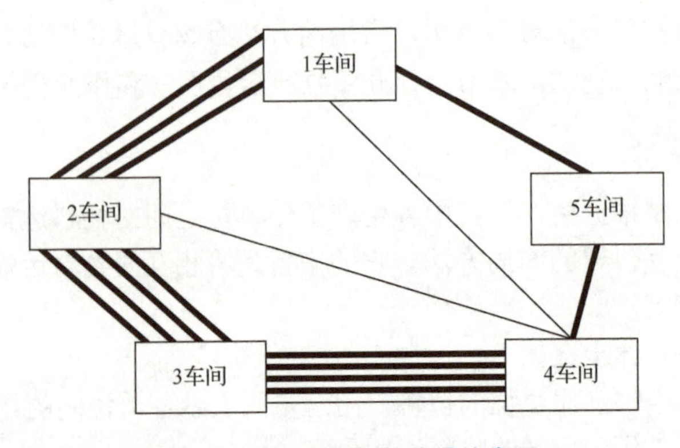

图 4.8 各生产工作单位最终布局

2. 作业相关图法

作业相关图法，是通过图解，判明各生产工作单位之间的关系，然后根据关系的密切程度加以布置，从而得出较优的设施布局方案。

作业相关图法的具体步骤如下。

（1）将关系密切程度划分为A、E、I、O、U、X这6个等级，见表4-2。

表4-2 关系密切程度表

代　号	关系密切程度	分　值
A	绝对密切	6
E	特别密切	5
I	密切	4
O	一般	3
U	不密切	2
X	不能靠近	1

（2）列出导致关系密切程度不同的原因，见表4-3。

表4-3 关系密切原因表

代　号	关系密切原因
1	使用共同的原始记录
2	共用人员
3	共用场地
4	人员接触频繁
5	文件交换频繁
6	工作流程连续
7	做类似的工作
8	共用设备
9	其他

（3）使用这两种资料，将待布置的生产工作单位一一确定出相互关系，根据关系密切程度，安排出最合理的设施布局方案。

【范例4-2】一个快餐店计划将其生产与服务设施布置在一个如图4.9（a）所示的待布局区域内。该快餐店共分成6个部门，部门间的作业关系密切程度如图4.9（b）所示。请安排出一个合理的布局方案。

（1）列出关系密切程度（只考虑A和X）。

A：部门1-部门2；部门1-部门3；部门2-部门6；部门3-部门5；部门4-部门6；部门5-部门6。

X：部门1-部门4；部门3-部门4；部门3-部门6。

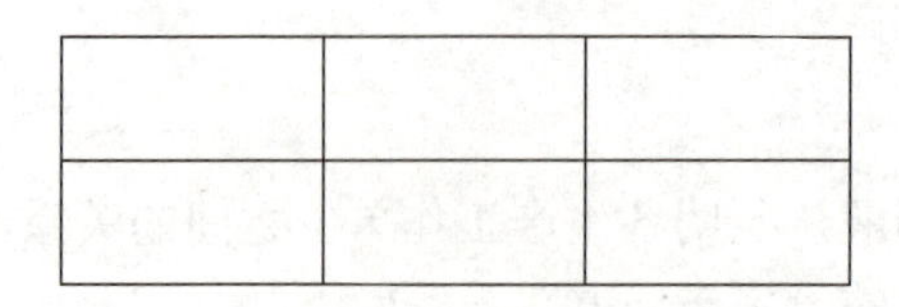

（a）待布局区域

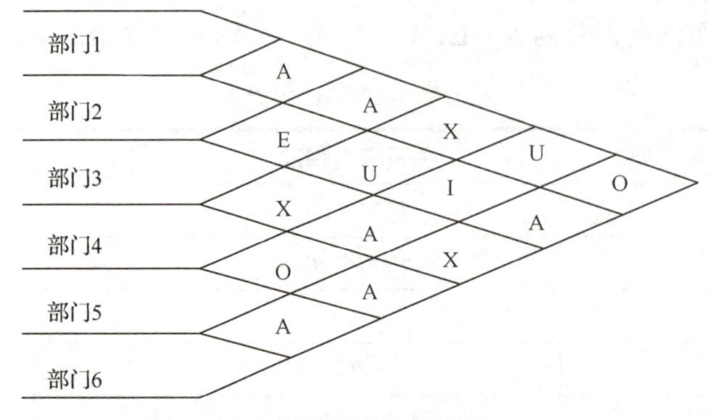

（b）部门间的作业密切程度

图 4.9　快餐店的待布局区域和部门间的作业密切程度

（2）根据关系密切程度编制主联系族。原则是：从关系 A 出现最多的部门开始，如本例的部门 6 出现 3 次。首先确定部门 6，然后将与部门 6 的关系密切程度为 A 的一一联系在一起，如图 4.10 所示。

（3）考虑其他关系 A 的部门，如能加在主联系族上就尽量加上去，否则画不出分离的子联系族。本例中，所有的部门都能加到主联系族上去，如图 4.11 所示。

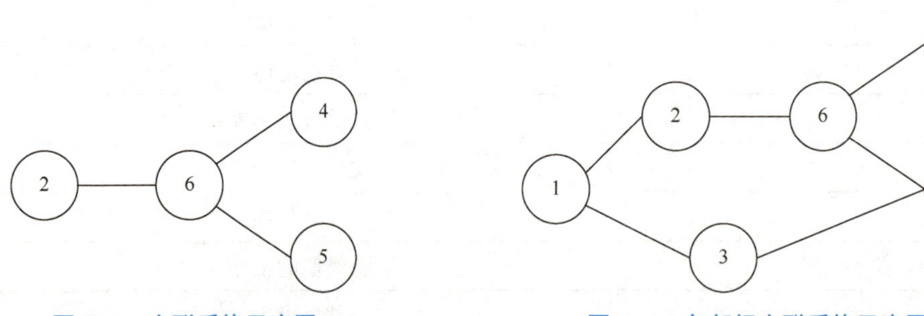

图 4.10　主联系族示意图　　　　图 4.11　各部门主联系族示意图

（4）画出 X 关系联系图，如图 4.12 所示。

（5）根据联系族示意图和待布局区域，用实验法安置所有部门，如图 4.13 所示。

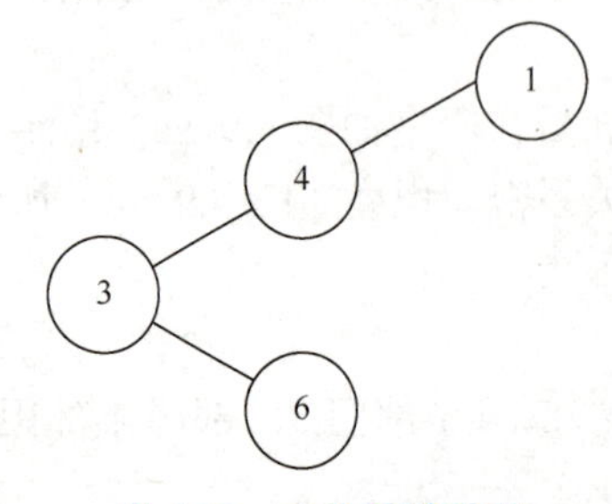

图 4.12　X 关系联系图

1	2	6
3	5	4

图 4.13　快餐店各部门布局示意图

4.3.2 基于对象原则的布局方法

基于对象原则的布局方法不存在对于设施相对位置的布局，一切都由产品的工艺流程决定，其重点是生产线或流水线的平衡问题。

制造业中的生产线或流水线分为加工线和装配线。加工线的平衡常常由专用设备决定，而装配线的平衡则用分解再组合的方式确定。

进行装配线平衡的步骤如下。

（1）计算节拍：

$$r = \frac{F_e}{N}$$

式中　r——节拍；

F_e——计划期的有效工作时间；

N——计划期的计划产量。

（2）计算最小工位数：

$$S_{\min} = \left[\frac{\sum t_i}{r}\right]$$

式中　$S_{\min}$——最小工位数；

t_i——第 i 个工序的作业时间。

中括号表示向上取整。

（3）组织工位。组织工位的原则如下。

① 保持工序的先后顺序。

② 工位综合作业时间不大于节拍，尽可能接近或等于节拍。

③ 工位数目尽可能少，但是不能小于最小工位数。

（4）计算装配线效率：

$$\eta = \frac{\sum_{i=1}^{S} T_{ei}}{Sr} \times 100\%$$

式中　η——装配线效率；

S——工位数；

T_{ei}——第 i 个工位实际的作业时间。

【范例 4-3】 一个装配线由 A 至 J 共 10 个工序组成，各工序的作业时间和作业的先后次序如图 4.14 所示。如果节拍为 15 分钟/件，试进行装配线的平衡。

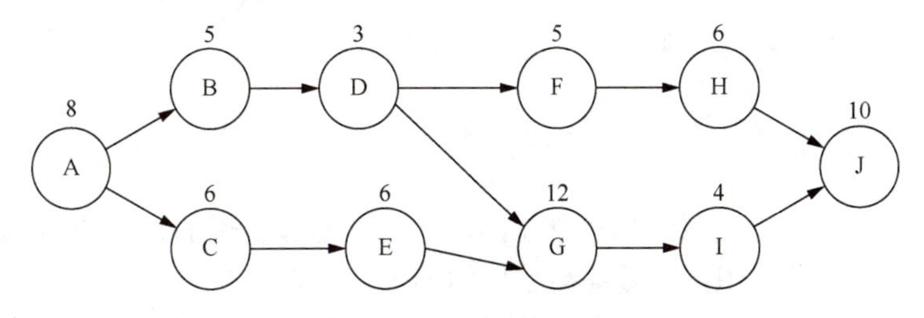

图 4.14　装配线工序关系图

解：本例节拍直接给出，故从步骤二开始计算。

（1）计算最小工位数：

$$S_{\min}=\left[\frac{\sum t_i}{r}\right]=\left[\frac{8+5+6+3+6+5+12+6+4+10}{15}\right]=5$$

（2）组织工位，如图 4.15 所示。

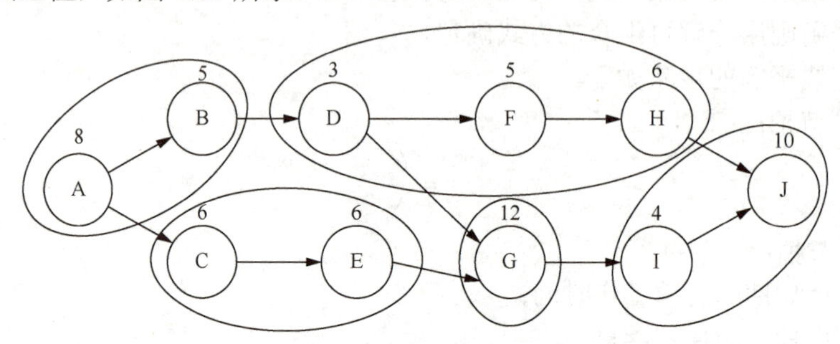

图 4.15　装配线工位分配图

（3）计算装配线效率：

$$\eta=\frac{\sum_{i=1}^{S}T_{ei}}{Sr}\times 100\%=\frac{13+14+12+12+14}{5\times 15}\times 100\%\approx 87\%$$

在企业实际生产过程中，当流水线各工位的生产时间（工位节拍）不等时，可以用山积图进行改进或优化，如图 4.16 和图 4.17 所示。

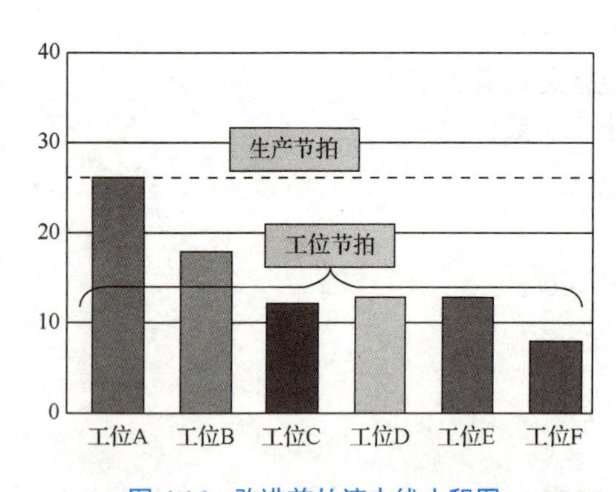

图 4.16　改进前的流水线山积图

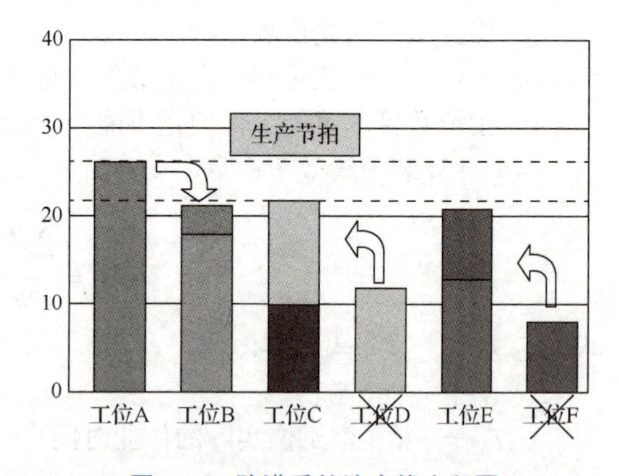

图 4.17　改进后的流水线山积图

从图 4.17 可以看出，改进后的流水线不仅生产节拍降低，生产速度加快，而且工位由 6 个减至 4 个，生产效率大幅度提高，人力成本降低。

4.3.3　基于成组技术的布局方法

成组技术充分利用工艺原则和对象原则的优点，通过合理的设备布局、对零件科学的分类分组，以及有效的组织，有效提高零件的加工效率。

基于成组技术的布局方法，也称为单元式布局，是指将不同的机器组成生产工作单位来对形状和工艺相似的零件进行加工。成组技术布局方法现在被广泛地应用于金属加工、计算机芯片制造和装配作业。

成组技术布局和工艺原则布局的相似点是：各生产工作单位可以完成特定的工艺过程，但生产的产品种类有限。

成组技术布局在工艺原则的基础上，吸收了对象原则布局的优点，包括以下几个方面。

（1）改善人际关系，由工人组成团队来完成整个任务。

（2）提高操作技能，在一个生产周期内，工人只能加工有限数量的零件种类，重复程度高，有利于工人快速学习和熟练掌握生产技能。

（3）减少在制品和物料的搬运，在一个生产工作单位完成几个生产步骤，可以减少零件在生产工作单位之间的移动。

（4）缩短生产准备时间，加工种类的减少意味着模具的减少，因而可提高模具的更换速度。

要将工艺原则布局方法转换为成组技术布局方法，可通过以下3个步骤来实现。

（1）将零件分类、编码，建立并维护计算机化的零件分类与编码系统。目前零件编码系统有百种以上，比较典型的是奥匹兹分类编码系统。

（2）识别零件组的物流类型，以此作为工艺布置和再布置的基础。

（3）对机器和工艺分组，组成生产工作单位。

在分组过程中经常会发现，有一些零件由于与其他零件联系不明显而无法分组，还有一些设备由于会被各生产工作单位普遍使用而无法分组。这些无法分组的零件和设备属于“公用单元”。

4.4 服务业布局

随着经济的发展，各国服务业发展飞速。

服务业由传统的生活消费领域，扩张到社会生产、生活服务的各个领域。提起传统的服务业，人们一般会想到百货、餐饮、旅馆、理发等。但时至今日，服务业已经从这些传统的行业发展到金融、保险、通信、运输、租赁、咨询、维修等众多行业。

随着服务业的发展，知识密集型行业的地位日显重要，其产出占服务业全部产出的比重也越来越大。同时，技术密集程度也在不断提高，各种先进的工作方式涌现得越来越多。新形势下，服务业的生产组织日益复杂，其工作方式、组织结构和管理方式必然也要进行相应的进步和提升。

服务业包含了众多运营过程差异很大的行业，因此，服务业中的各细分行业布局也不尽相同，其中，零售服务业布局是比较具有代表性的。

零售服务业布局的目的就是要使零售店铺的面积净收益最大。在实际布局中，面积净收益最大一般表现为：搬运费用最少、产品摆放最多、空间利用率最大等，同时还需要考虑到许多其他的人性化因素。

一般而言，零售服务场所有3个组成部分：环境条件；空间布置及设施功能；徽牌、标志和装饰品。

4.4.1 环境条件

环境条件是指零售服务场所的背景特征，涉及光线、颜色、空气、声音、音乐等要素。环境条件会直接影响工作人员的业务表现和工作士气，同时也会极大地影响消费者的满意程度、逗留时间及消费态度。虽然环境条件的许多特征主要是受建筑设计的影响，例如照明布置、吸音板和排风扇的布置等，但建筑内的布置也对其有影响。例如，食品柜台附近的地方常可以闻到食物的气味，剧院外走廊里的灯光必须是暗淡的，靠近舞台处会比较嘈杂，而入口处的位置往往通风良好。

环境条件必须经过科学的设计。环境条件所涉及的要素之间具有较强的联系，不能分开单独设计。例如，颜色与光线有关，也与商品的布置有关。

（1）光线。

光线是零售服务场所环境条件的重要要素。只有光线充足、舒适，才能够使工作人员减少疲劳、提高效率、保持充沛的精力。合适的光线设置，也有助于使消费者情绪兴奋，增加购买欲，刺激消费。

（2）颜色。

颜色会影响人们的情绪、意识及思维。有的颜色使人舒适，而有的颜色却使人难受；有的颜色使人心情愉快，而有的颜色则令人压抑；有的颜色能加速心智活动，而有的颜色则减缓心智活动。零售服务场所的颜色一般是丰富多彩的，这是与成千上万的商品相适应的。

（3）空气。

空气调节即控制空气的温度、湿度、流通等要素。

空气温度会影响人的舒适度与效率，也会影响消费者的购买情绪，零售服务场所理想的温度是 20～25℃。

空气湿度对人的影响也很大。潮湿的空气令人感觉热，而干燥的空气则令人感觉冷。特别潮湿的空气，会引起呼吸器官的不舒适并引起沉闷、疲倦的感觉。同样，特别干燥的空气则经常引起焦虑与精神急躁的感觉。零售服务场所理想的湿度是 40%～60%。

空气流通差容易使人感到疲劳。正常来说，每个人每小时需要约 $20m^3$ 的空气。

（4）声音。

在零售服务场所里，由于人来人往，一般比较嘈杂。噪声会令人感到不愉快、分散注意力、增加工作成本。

因此，在设施布局上，零售服务场所应考虑减少或尽可能消除噪声。例如，要求工作人员减少不必要的谈话，养成工作人员相互低声交谈的习惯；将发出声音的设备与机器，置于一个独立的场所；地板、天花板与墙壁采用防音板或吸音的物质；窗户宜用隔音玻璃，当街市声音太嘈杂时，将窗户关闭；按照购买流程布置位置，减少消费者往返走动。

（5）音乐。

在零售服务场所里，适当播放轻柔、抒情、适应节庆的音乐有利于减轻疲劳，缓解精神紧张，提高工作人员、消费者的愉悦感。

音乐一般选播轻柔的古典音乐与节奏轻快的音乐。令人分散注意力或过分引起注意力的音乐，如沉闷的管乐、高昂的独奏曲等应予排除。音乐选播应配合特别的时段，早晨宜选用轻松愉快的音乐，上午及下午宜选用有活力的音乐，节假日可以播放一些人们喜闻乐见的富有特色的音乐。

4.4.2 空间布置及设施功能

空间布置是指科学设计、合理安排商品的空间位置和消费者的行走路径。零售服务场所的空间布置应结合场所内的设施功能进行设计。

对于空间位置的设计而言，最好将消费者认为相关的商品放在一起，而不是按照商品的物理特性、货架大小或服务条件来摆放。这种空间位置设计思路比较符合人性需求，应用较为普遍。例如百货商店的精品服务柜台、专卖店、超市的美食柜台、日用品柜台等。

在空间位置的设计中，有以下4点需要注意。

（1）人们在购物中倾向于以一种环型的行走路径购物。将利润高的物品沿墙壁摆放可以提高他们的购买可能性。

（2）摆放在通道尽头的减价商品总是要比存放在通道里面的相同商品卖得快。

（3）需要消费者排队等候服务的区域，应当布置在上层或死角等不影响销售的地方。

（4）在百货商店中，接近入口和前窗展台的位置最有销售潜力。

对于行走路径的设计而言，其目的是给消费者提供一条线路，使他们沿着这条路线，能够尽可能多地看到商品，并按需要程度接受各项服务。在行走路径的设计中，通道非常重要，除了确定通道的数目，还要决定通道的宽度。

在行走路径的设计中，可以布置一些吸引消费者注意力的标记，主动引导消费者沿着设想的路线行进。同时，为了扩大消费者的视野，沿主通道分布的分支通道可以按照一定的角度布置。

图4.18给出了家乐福超市的部分布局。

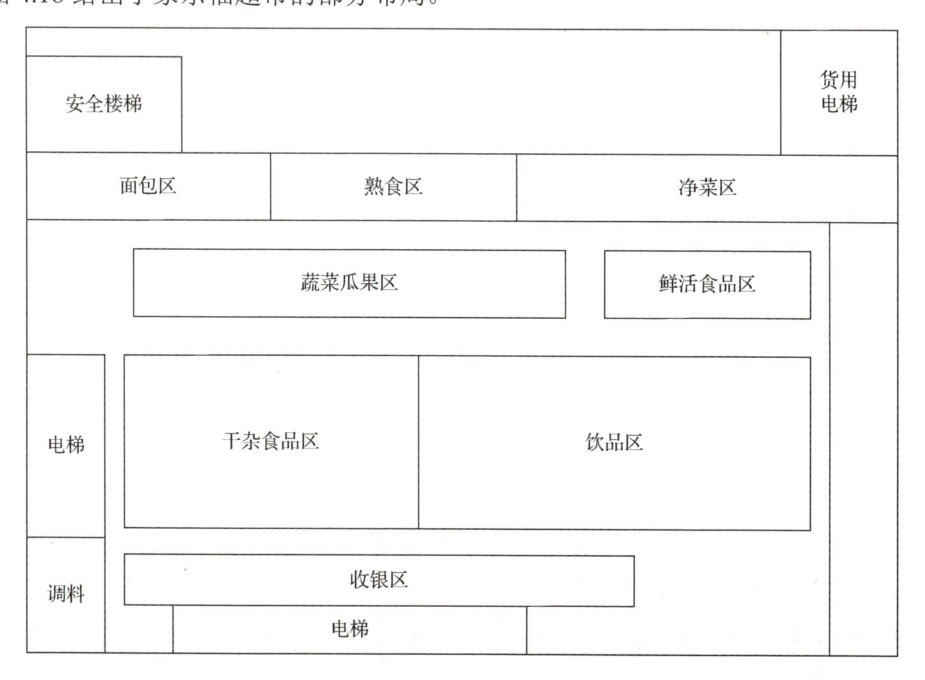

图4.18 家乐福超市的部分布局

4.4.3 徽牌、标志和装饰品

徽牌、标志和装饰品是服务场所中具有极其重要社会意义的标志物，常常体现了零售服务场所的建筑风格和价值取向。例如，华为、肯德基、必胜客、宝马的标志都很容易识别。

4.5 办公室布局

在设施布局中，还有一种经常遇到的布局问题：办公室布局问题。不论是制造业还是服务业，都会涉及办公室布局的问题。因此，怎样通过科学合理的布局，让工作人员在舒适、和谐的办公环境中工作，也是一个值得研究的课题。

4.5.1 办公室布局中的主要考虑因素

在对办公室的设施布局中，通常要考虑的因素有很多，但综合分析，一般要重点考虑以下 2 个因素。

1. 信息交流的及时性

信息交流包括办公室内部各种文件资料、电子信息的传递，以及办公室成员之间的信息沟通。对于需要流经多个部门才能完成的信息交流工作，部门之间的空间位置也应是要考虑的重要因素。工作设计、方法研究中的“工作流程”思想对于办公室布局是很有帮助的，其中的各种图表分析技术也同样适用于办公室布局。

2. 工作人员的工作效率

办公室布局中要考虑的另一个重要因素是工作人员的工作效率。办公室布局的好坏，会在很大程度上影响工作人员的工作效率，但也必须根据工作性质的不同、工作目标的不同来考虑什么样的布置更有利于生产效率的提高。例如，对于银行营业部、贸易公司、行政审批大厅等办公场地，开放式的大办公室布局有利于人们的交流沟通，能够促进工作效率的提高。而对于出版社、医院诊室等办公场地，开放式办公室布局却容易使员工相互干扰，无法专心工作。

4.5.2 办公室布局的主要步骤

在对办公室进行布局时，首先，要了解办公室的工作性质与内容，内部组织和人员分工，以及办公室之间的联系。

其次，要了解办公室所涉及的工作人员，以及根据工作需要应配备的家具、通信工具、主要办公用品等。

最后，在掌握全面信息的基础上，按办公室位置、面积进行合理布置，并绘制布局的平面图。经科学比较、有效修改后，即可按图进行正式布局。

根据经验，在办公室布局中，要注意以下 5 个问题。

（1）力求使办公室有一个安静的工作环境。嘈杂的声音容易使人紧张，注意力分散，从而造成工作失误。如果办公室容易被外界干扰，则应尽量通过安装隔音器械、设置单独会客室等具体措施，排除杂音。

（2）有办公大楼时，办公室布局可以集中布置，这样便于工作上相互联系，可以减少人员的移动；如果没有办公大楼，办公室布局可以分散布置，这样可以接近生产现场，便于为生产服务。

（3）办公室应有良好的照明采光条件。光线过强或过弱，都会加速人的疲劳，降低工作效率。一般来说，自然光优于人造光，间接光优于直射光，匀散光优于聚焦光。在光线不足时，可以适当补充人造光。布置办公室的座位时，应尽量使自然光来自办公桌的左上方或斜后上方。

（4）充分利用办公室面积，合理布置工作人员的座位。安排座位时首先要考虑业务流程，其次要考虑同一部门的工作需要。工作人员所占的办公室空间通常因人、工作性质而异，一般来说，每个工作人员占用的面积约为 1.5～8m^2。

（5）办公室布置应力求整齐、清洁。室内用品应摆放整齐，使用方便；文件箱、文件柜的大小、高度最好一致，并尽量靠墙放置或背对背放置；常用的文件箱尽量布置在使用者附近。

4.5.3　办公室布局的主要模式

根据行业的不同、工作任务的不同，办公室布局模式有很多种，归纳起来，大致可以分为以下 3 种。

1．封闭式办公室布局

这是比较传统的布局方式。在封闭式办公室布局中，一层办公楼被分割为多个房间，以门和走廊连接，如图 4.19 所示。这种布局方式可以使工作人员有足够的独立性，但是却无形中妨碍了人与人之间的交流，使人产生疏远感，不利于上下级之间的沟通，且一旦形成，几乎没有调整和改变布局的余地。

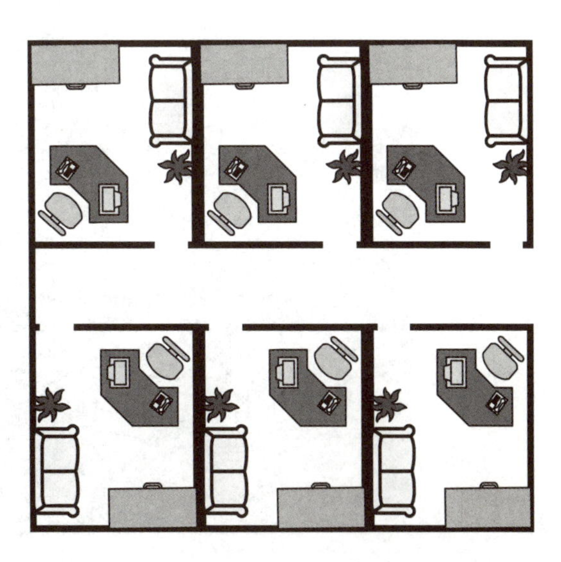

图 4.19　封闭式办公室布局示意图

2．开放式办公室布局

开放式的办公室可同时容纳一个或若干部门的十几人、几十人甚至上百人共同工作，如图 4.20 所示。这种布局方式，不仅方便了同事之间的及时交流，也方便了部门领导与一般职员的沟通，在一定程度上起到了消除等级隔阂的作用。但这种布局方式有一个突出的弊端，就是工作人员之间容易互相干扰。

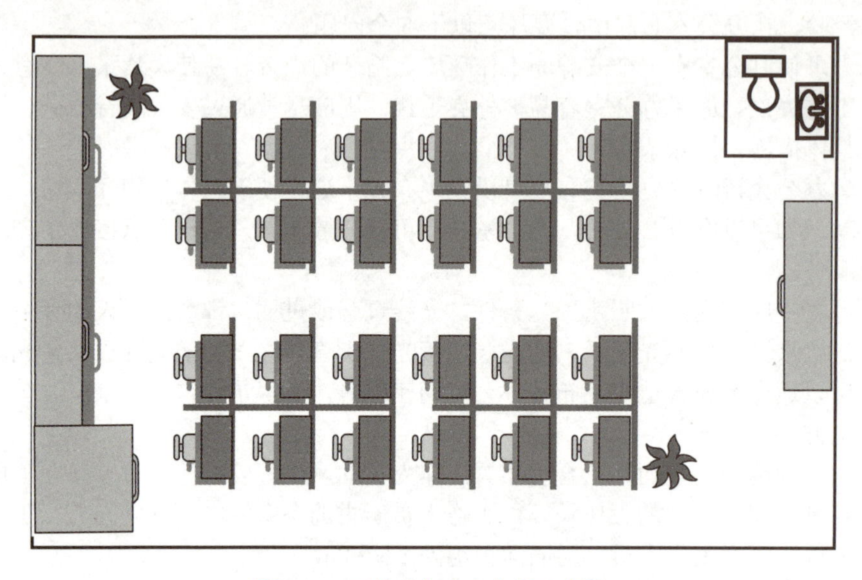

图 4.20　开放式办公室布局示意图

3．半开放式办公室布局

半开放式办公室布局是在开放式办公室布局的基础上，进一步发展起来的，用半截屏风将人和人适当隔离开的一种组合式布局方式，如图 4.21 所示。这种布局方式既吸收了开放式办公室布局的优点，又在一定程度上避免了其弊病。而且，它还有很大的柔性，可随时根据情况的变化重新调整。据统计，采用这种模式布局，建筑费用比传统的封闭式办公室布局模式节省 40%，同时，改变布局的成本也较低。

图 4.21　半开放式办公室布局实景图

实际上，很多企业或组织，都是综合使用各种布局模式的。

20 世纪 80 年代，在西方发达国家又出现了一种新型办公室布局模式——活动中心。每一个活动中心，都有会议室、讨论室、视频室、接待室、文印室、资料室等进行一项完整工作所需的各种设施场所。办公楼内设有若干个这样的活动中心，每一项独立的工作都集中在一个活动中心里进行，工作人员根据不同的工作任务在不同的活动中心之间移动。但每人仍保留一间传统的办公室。这是一种比较特殊的布局模式，一般针对项目型的工作。

20 世纪 90 年代后，随着信息技术的迅猛发展，远程办公出现了。所谓远程办公，是指利用信息技术和手段，将处于不同地点的工作人员联系在一起，共同完成工作的安排方式。还有一种更为形象的描述就是“在家办公”。随着技术的发展，越来越多非生产现场工作部门的人员选择在家完成公司布置的相关工作。

信息技术的普及和进一步发展，使人们的工作方式和对办公室的需求，都发生了变化，而办公室布局等工作，也在随之调整。

4.6 工业 4.0 及设施布局

4.6.1 工业技术的变革历程简介

1. 工业 1.0：机械化

18 世纪从英国发起的技术革命是技术发展史上的一次巨大革命，它开创了以机器代替手工工具的时代。这不仅是一次技术革命，更是一场深刻的社会变革。这场技术革命是以“珍妮纺织机”的诞生为标志开始的，这期间，改良蒸汽机的投入使用使人类社会步入了“蒸汽时代”。这一次技术革命和与之相关的社会关系变革，被称为第一次工业革命。从生产技术方面来说，第一次工业革命使工厂制代替了手工工场，机器代替了手工劳动，人类社会进入了机械化时代。

2. 工业 2.0：电气化

19 世纪 70 年代至 20 世纪初，发电机、电动机相继被发明，远距离输电技术出现，电气工业迅速发展起来，电力在生产和生活中得到广泛应用。这一时期科学技术的进步和工业生产的高涨，被称为近代历史上的第二次工业革命。世界由“蒸汽时代”进入“电气时代”。这一时期，一些发达资本主义国家的工业总产值超过了农业总产值；工业重心由轻纺工业转为重工业，出现了电气、化学、石油等新兴工业部门。

3. 工业 3.0：信息化

从 20 世纪 40、50 年代以来，原子能、电子计算机、微电子技术、航天技术、分子生物学和遗传工程等领域相继取得重大突破，标志着新的科学技术革命的到来。这次科学技术革命被称为第三次科技革命。它产生了一大批新型工业部门，第三产业迅速发展。其中最具划时代意义的是电子计算机的迅速发展和广泛运用，开辟了信息时代，使制造过程的自动化控制程度大幅度提高。

4. 工业4.0：智能化

工业 4.0 是德国政府提出的十大未来项目之一。该项目由德国联邦教育局及研究部和联邦经济技术部联合资助，投资预计达 2 亿欧元。项目旨在提升制造业的数据化和智慧化水平，在商业流程及价值流程中整合客户及商业伙伴。其技术基础是信息物理系统。

工业 4.0 已经进入中德合作的新时代，中德双方签署的《中德合作行动纲要：共塑创新》中，有关工业 4.0 合作的内容共有 4 条，明确提出工业生产的数字化（工业 4.0）对于未来中德经济发展具有重大意义。党的二十大报告中强调推动制造业高端化、智能化、绿色化发展，工业 4.0 无疑是实现工业生产的智能化的必经之路。

业界已普遍认为，工业 4.0 是以智能制造为主导的第四次工业革命，是革命性的生产方式。

4.6.2 工业 4.0 的含义

工业 4.0 是指利用信息物理系统将生产中的供应、制造和销售信息数据化、智慧化，达到快速、有效、个人化的产品供应。工业 4.0 的本质是基于信息物理系统实现智能工厂，核心是通过动态配置的生产方式实现柔性生产。党的二十大报告中提出，加快数字经济发展，将推动数字经济发展作为提升经济竞争力的重要途径。工业 4.0 可以帮助企业在基础设施布局中实现数字化转型，进一步提高生产与管理效率。

工业 4.0 主要包括两大主题、三个重点和八个关键。

两大主题是智能工厂和智能制造。智能工厂重点研究智能化生产系统及过程，以及网络化分布式生产设施的实现。智能制造主要涉及整个企业的生产物流管理、人机互动及 3D 技术在工业生产过程中的应用等。工业 4.0 特别注重吸引中小企业参与，力图使中小企业成为新一代智能化生产技术的使用者和受益者，同时也成为先进工业生产技术的创造者和供应者。

三个重点为：①通过价值网络实现横向集成；②工程端到端数字集成横跨整个价值链；③网络化的制造系统实现垂直集成。

八个关键包括：标准化参考架构、管理复杂系统、建设综合的工业宽带基础设施、建立安全和保障系统、工作的组织和设计、培训和持续的职业发展规划、设立监管框架、提高资源利用效率。

1. 工业 4.0 的本质是基于信息物理系统实现智能工厂

工业 4.0 将在前三次工业革命的基础上进一步进化，基于信息物理系统实现新的制造方式。信息物理系统通过传感网紧密连接现实世界，将网络空间的高级计算能力有效运用于现实世界中，从而在生产制造过程中，通过传感器采集并分析与设计、开发、生产有关的所有数据，形成可自律操作的智能生产系统。

2. 工业 4.0 的核心是通过动态配置的生产方式实现柔性生产

动态配置的生产方式主要是指从事作业的机器人（工作站）能够通过网络实时访问所

有有关信息，并根据信息内容，自主切换生产方式、更换生产材料，从而调整为最匹配的生产方式。与传统生产方式不同，动态配置的生产方式在生产之前或者生产过程中，都能够随时变更设计方案。

例如，传统的汽车生产主要是按照事先设计好的工艺流程进行的生产线生产方式。尽管也存在一些混流生产方式，但是生产过程一定要在由众多机械组成的生产线上进行，所以不会实现产品设计的多样化。管理这些生产线的制造执行系统原本应该给生产线带来更多的灵活性，但是由于受到构成生产线的众多机械的硬件制约，无法发挥出更多的功能，作用极为有限。同时，在不同生产线上操作的工人分布于各个车间，并未掌握整个生产流程，只能发挥在某项固定工作上的作用。这样一来，很难实时满足消费者的需求。

工业 4.0 描绘的智能工厂，用动态配置的生产方式取代了生产线生产方式。

例如，正在进行装配的汽车能够自律在生产模块间穿梭，接受所需的装配作业。其中，如果生产资源、零部件供给环节出现瓶颈，动态配置的生产方式能够及时调度其他车型的生产资源或者零部件，继续进行生产。这种动态配置的生产方式，可以发挥制造执行系统的综合管理功能，动态管理设计、装配、测试等整个生产流程，既保证了生产设备的运转效率，又可以使生产种类实现多样化。

4.6.3 工业 4.0 背景下的设施布局

在工业 4.0 的背景下，设施布局的形式取决于两大基本要素：需求和技术。

从需求来看，工业 4.0 面临的需求是个性化的、多种多样的，满足这样的需求只能采用多品种、小批量的方式。在传统设施布局方法中，基于工艺原则的布局方法可以满足这样的需求，但这种布局方法的生产效率低、经济性差。当然，条件具备时，也可以采用基于成组技术的布局方法。

从技术来看，工业 4.0 采用高度自动化和智能化的技术，设备主要是加工中心、数控机床和数控改造的传统设备。在这种技术下，一台设备能完成多种产品的多道加工工序，具备一定的柔性，在满足需求个性化的前提下，还能有较高的生产效率和较好的经济性。因此，在工业 4.0 的背景下，设施布局可以采用类似于成组技术的布局方法，我们称之为智造单元。

智造单元是实现智能工厂的基本工作单元。智造单元通过对一组能力相近的设备进行模块化、集成化、一体化，实现对智能工厂各项能力的综合运用，具备多品种、小批量的产品生产能力。

智造单元形成后，再将其集成为一条智能生产线，甚至可以将若干智造单元、智能生产线一体化，从而形成智能工厂。

从软件运行体系看，智造单元以制造执行系统为核心，既可以独立运行，又可以自由兼容原有的软件。向下可以与元数据控制器、分布式数控等连接，或者通过物联网直接与设备相连；向上可以连接至产品生命周期管理、计算机辅助工艺过程设计、企业资源计划；横向可以与仓储管理系统连接；在生产任务执行上，则可以连接高级计划与排产系统，实现自动优化排产和高效生产。

请扫描以下二维码学习本章“案例研究”内容。

第4章案例研究

请扫描以下二维码完成本章习题。

第4章习题

第5章

产品和服务设计

第5章引例

5.1 研究与开发概述

5.1.1 研究与开发的概念

研究与开发（research and development，R&D）的含义广泛，涉及的群体、机构众多，如国家的科学研究机构、大学、企业等，不同群体和机构从事研究与开发的动机和目的不尽相同。这里主要是探讨企业的研究与开发。所谓企业的研究与开发，是指企业的新产品或新技术的研究与开发。

从宏观上讲，科技的研发是推动生产力发展的主要因素。纵观世界发达国家的经济发展史，尤其是从20世纪50年代以来，现代经济的成长以及工业的发展越来越多地依赖于科技的进步。据统计，20世纪60年代，美国取得显著发展的电气机械设备、通信、电子仪器、飞机制造业等10个行业，用于研究与开发的平均费用达到行业年销售总额的4%以上，其中飞机制造业、通信和电子仪器行业超过了10%。目前美国所投入的科技预算占其GDP的0.91%，德国占0.95%，日本占1%，法国占1.1%。可见，发达的科学技术已成为国家经济增长和工业发展的先决条件。

研究与开发在企业的生产经营中同样有着越来越重要的作用。在科学技术飞速发展、市场变化十分迅速、需求日益多样化的今天，企业为了生存与发展，必须能够创造性地、有机地适应未来的变化。研究与开发作为一种“对企业未来的投保”，是左右企业未来的重要企业活动之一。研究与开发从以下几个方面直接影响企业的竞争力。

（1）研究与开发的质量直接影响产品的质量。例如，当装配的质量提高之后，影响产品质量的主要因素可能会变成零部件的加工质量；而当零部件的加工质量也提高之后，影响产品质量的主要因素就会变为产品的研究与开发质量。

（2）研究与开发的效率直接影响产品的投放时间。随着市场需求的多样化和产品生命周期的缩短，新产品研究与开发的效率对产品投放时间的影响越来越大，也对企业快速占领市场从而获取竞争优势越来越重要。例如，欧美国家的汽车厂家推出一款全新的汽车需要3～5年的时间，而日本仅需要2年，显然日本的汽车厂家更具竞争优势，近些年的汽车市场也验证了这一规律。

（3）研究与开发直接影响产品的成本。同样的产品，采用的研究与开发的原理和方法不同，会使得产品的成本差异巨大。

总之，企业研究与开发的成功与否会在一定程度上影响企业的竞争力和经营业绩。

5.1.2 研究与开发的分类方法

关于研究与开发的分类方法，目前尚未有统一的标准。但一般来讲，可以将研究与开发分为以下 3 类。

1. 基础研究

根据研究对象的差异，基础研究可进一步分为纯基础研究和目的基础研究。

纯基础研究，以探索新的自然规律、创造学术性新知识为使命，与特定的应用、用途无关。纯基础研究通常在大学、国家的研究机构中进行。

目的基础研究，是为了取得特定的应用、用途所需的新知识或新规律，使用基础研究的方法进行的研究。目的基础研究通常在企业中进行。

无论是纯基础研究还是目的基础研究，都是非经济性的。也就是说，这类研究只是探索科学规律，不考虑其成果未来的经济效益。

2. 应用研究

应用研究，是为了将基础研究所得到的新知识、新规律应用于产业而进行的研究，也就是研究如何将实验室的产品或技术变为可工业化生产的产品或技术。因此，有时也将应用研究称为产业化研究。应用研究通常在产品孵化中心、中试基地等地方进行。

3. 开发研究

开发研究，是利用基础研究或应用研究的结果，为创造新产品或改进现有产品的技术、材料和工艺而进行的研究。开发研究具有明确的生产目的和明显的经济性特征，追求研究与开发的投入产出比，也被称为企业化研究。

随着市场竞争的日益激化，新产品和新技术在竞争中的地位越来越重要。因此，研究与开发在企业中的地位也越来越重要。研究与开发在企业中的发展，一般从开发研究阶段开始，经过应用研究和目的基础研究，达到纯基础研究。现在国际级的大企业在纯基础研究和目的基础研究领域的投资越来越多。

5.1.3 研究与开发领域的选择

选择研究与开发的领域，其目的是发现最能够提高企业资本收益和企业竞争力的事业领域。如图 5.1 所示，从企业的现有技术和现有市场向新技术和新市场的探索可以划分为 4 个研究与开发领域类型。

从图 5.1 的两个坐标轴来看，产品研究与开发的动力有两种：市场驱动型和技术驱动型。

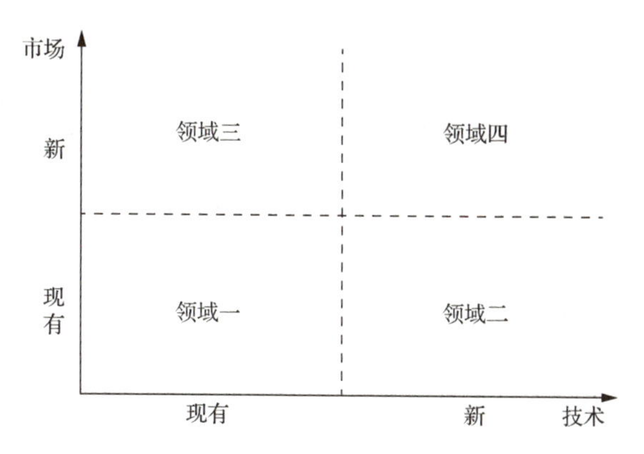

图 5.1　研究与开发领域类型示意图

市场驱动型是根据市场的需求研发新产品，即通过调查了解市场需要的新产品，按照新产品的要求，对其所需要的生产技术、性能等方面的特性进行研究，再通过对该新产品的销售预测决定如何研发。其前提是新产品所需的技术是成熟的。市场驱动型的产品也称为销售导向型产品。

技术驱动型是根据新发现的科学原理研发新产品。当然，这种方式的研发也不是盲目的，必须具备一定的现实或长远的市场基础。否则，研发工作就不是企业行为，而仅仅是科学探索了。技术驱动型的产品也称为生产导向型产品。

1. 领域一

领域一是依靠现有的技术研发多种类型或规格的产品，扩大现有的市场。该领域类型的特点是市场和技术都是成熟的，不成功的风险最低。

智能电视不同规格（通常指屏幕的大小）的研发就属于领域一，但这样的研发对提高企业产品的竞争力也是有限的。

领域一内系列产品的研发，一般采用两种常用的设计方法，即内插式设计和外推式设计。

新产品规格处于既有产品规格之间时，多采用内插式设计。采用内插式设计时，不必进行大量的科研和技术研发工作，只需依照相邻产品的原理、结构乃至计算公式等进行产品设计，根据需要进行少量的研究试验。内插式设计实际上是一种生产经验与试验研究相结合的半经验性的设计方法。采用这种设计方法的关键是选择适当的相邻产品。如果可以充分利用相邻产品的结果及长处，就可以取得事半功倍的效果，在短期内设计出成功的产品。

新产品规格比既有产品规格更大或者更小时，多采用外推式设计。外推式设计是利用现有产品的设计和生产经验，将实践和技术知识外推，设计出比现有规格更大或更小的类似产品。

从表面上看，外推式设计与内插式设计相似，但实际上二者之间有本质的不同。内插式设计是在已知领域内设计新产品，而外推式设计是在未知领域内设计新产品。在现有设计基础上做外推时，需运用基础理论和技术知识，对过去的实践经验进行分析。对关系质量及可靠性等重要环节，应进行试验，把经验与试验研究成果结合起来进行新产品设计。设计外推量越大，技术研发的工作量也越大。

另外，成组技术在系列产品研发中的应用也越来越广泛，它可以大大减少设计工作量，缩短设计周期，节省设计费用，使设计人员摆脱大量的一般性重复劳动，集中力量进行关键性的零部件设计，提高设计工作的质量。

2．领域二

领域二是向现有市场推出用新技术研发的新产品。例如，智能电视市场出现了新的产品，如激光电视、搭载鸿蒙系统的华为智慧屏。华为智慧屏的问世颠覆了人们对电视的认知，其具备智慧交互中心、跨屏体验中心、物联网控制中心、影音娱乐中心等功能。无论是激光电视还是华为智慧屏都是依托新技术研发的新产品，拓展了现有的市场。

3．领域三

领域三是利用现有技术的产品，打入新市场。企业依托核心技术进行关联发展就属于该领域范畴。例如，生产摩托车的企业利用其微型发动机的核心技术，拓展新的产品线，如割草机、微型发电机、摩托艇、机动雪橇等产品。这种所谓的新市场对该企业是新的，而对于社会而言并非新的，至于企业能否真正进入这样的新市场，还要看其新产品的竞争能力。基于核心技术的关联产品研发见图 5.2。

图 5.2　基于核心技术的关联产品研发

4．领域四

领域四是用新技术开发新产品，并开辟新的市场。这种领域类型的技术和市场都是新的，因此研发的成功率较小，或者说风险很大。但是一旦成功，就会在技术和市场两个方面形成暂时的垄断，从而获取高额利润。例如，iPhone 的研发成功，开辟了智能手机的新时代，引领了高端手机的消费，也为苹果公司赚取了高额的利润；支付宝和微信的支付功能也让中国成为世界电子支付的领先者，带来了无尽的便利，改变了消费支付的习惯。

5.1.4　研究与开发方式的选择

选择何种研究与开发方式，主要应考虑以下 2 个方面。

(1) 资源因素。为了保证研发工作的进行，研发人员和资金这两个要素是必须具备的，缺一不可。

（2）研究与开发的预期效果，主要包括研发周期、研发风险和研发收益等因素。

不同的研发项目，其影响因素是不同的，采用的方式也就不尽相同，一般来说，研究与开发方式主要有以下 3 种。

1．独立研发方式

根据研发项目的要求，完全依托企业自身的技术和经济实力就能实现研发目标时，应选择独立研发方式。该方式的有利方面是企业可以完全独立地对研究与开发活动进行管理，避免了大量的协调工作，且保密性强，可以独享研究与开发成果及其带来的全部经济利益；不利方面是研发周期较长，需独自承担全部的费用和风险。在市场竞争日趋激烈的环境下，多数大企业，甚至一些中型企业都采取这种方式，以保持在新产品、新技术研发上的主动权。当然，独立研发方式是以雄厚的资金和强大的研发人员队伍为后盾的。

2．委托研发方式

当企业缺乏资金或研发人员这些资源因素时，需要通过部分或全部借助外部的技术力量来进行研究与开发，这种方式被称为委托研发方式。委托研发方式通常发生在中小企业。很多中小企业自身没有足够的技术力量，但却对市场需求变化敏感，对新产品有基本的构想，因此往往会借助外部的技术力量来实现自己的目标，完成产品的研发工作。采用这种方式的有利方面是研发周期较短、风险小、效率高；不利方面是没有主动权，易受制于他人，且从长远的利益考虑，对企业的可持续发展不利。

3．共同研发方式

企业通过与其他企业或研究机构合作，利用各自的优势进行研究与开发的方式，被称为共同研发方式。这种方式的成因可以归纳为以下 3 种。一是为了达到研发目标，仅仅依靠本企业的力量有困难，只有依靠外部合作者的专长才有可能实现；二是为了缩短研发周期，快速推出产品，以抢占市场；三是除了研发成果，还能获得其他的经营利益，如合作营业、建立承包关系、特许经营、共享销售网络、人才培养等。

共同研发方式存在多种形态：基于产业链或供应链的纵向合作，如主机厂和配套厂的零部件和生产技术的研发；共同承担风险的同行业横向合作；产学研合作；政府协调下的多方合作，如载人航天工程等的研制和生产；等等。

采取共同研发方式要解决的关键问题是如何根据各个企业、机构所入的资源和分担的责任来分配应得的利益。

5.1.5　研究与开发项目的评价

对研究与开发项目进行评价时，需要先明确评价标准和评价方法。

1．评价标准

对研究与开发项目进行评价时，首先要明确评价标准。评价标准不同，结论也会存在差异。

研究与开发项目可以从企业效益和技术储备这两个方面去评价，即经济性评价和技术性评价。技术储备不同于企业效益，虽然它能够促进企业的发展，但其作用是潜在的，只有在未来发挥作用时才能用企业效益这个标准去衡量。

同时，研究与开发项目的评价标准难以量化。如果某种新产品的问世完全可以归功于某项研究与开发项目，那么由此带来的利润即可代表这项研究与开发项目的贡献程度。但许多产品是靠以往的种种研究和技术的积累才得以形成和存在，在产品化的过程中，还有工艺部门和制造部门的大量努力。因此，即使通过某个研究与开发项目开发了新产品，创立了新技术，实现了某种改进或提高了某种性能，也难以量化其贡献程度。可见对研究与开发项目的评价，有时只能用定性的方式来表示。

总之，对研究与开发项目进行评价是一个复杂的问题，企业首先要明确评价标准，随着企业指导思想和经营方针的变化，评价标准也需要不断调整。在确定研究与开发项目之后，应从企业效益和技术储备两个方面考虑，综合运用定性方式和定量方式，制订出具体的评价标准，一般可以从表 5-1 所示的几种评价标准考虑。

表 5-1 研究与开发项目的评价标准

标准类别	具体内容
技术评价标准	成功的可能性，可靠性，操作性能，结构的新颖性和可继承性，技术的前向联系和后向联系，等等
生产评价标准	合理的制造工艺、材料的有效利用、大规模生产的可能性、标准化的可能和程度等
财务评价标准	研发和生产成本，潜在发展的可能性，与研究与开发项目相关的投入资本、经济效益，等等
市场评价标准	产品的独创性和新颖性、价格、质量、性能，预期的市场规模与市场竞争，市场需求的稳定性等
管理评价标准	产品的预期市场寿命，对企业经营目标的贡献度，对企业声誉的贡献，所需的人才、设备及其他资源，整个研究与开发项目战略计划的平衡等

2. 评价方法

按照顺序，对研究与开发项目的评价可分为以下 4 个阶段。

（1）研究与开发项目开始前的评价。

这种事前评价也可以称作预测，即对研究与开发可能的贡献度和成功率进行预测，以此为依据判断是否有投入的价值及如何投入。事前评价一般是在方案提出后进行，可以由提案者和项目承担者进行，也可以由企业的研究与开发项目管理部门或有关机构进行。每个项目方案的内容和对它的评价都应记录在案，以作为之后预测的参考。

（2）研究与开发项目过程中的评价。

这种中间评价是在开发与研究的过程中，对研究与开发项目所做的评价。中间评价的内容主要有两个：评价实际成绩；进行预测或新的安排。中间评价要检验研发过程中研究与开发项目是否与最初的事前评价有差距。特别是在外部环境发生重大变化的情况下，中间评价要对研究与开发计划是否需要变更、研究人员是否应该增减、研究时间是否可以延长或缩短、经费预算是否应该变更等事项做出判断。当一个研究与开发项目存在有几个可替代方案时，在初始阶段很难选出最优方案。因此，在几个方案并行开展的情况下，可通过中间评价加以淘汰，从而缩短研发时间，节约研发资源，提高研发成功率。

（3）研究与开发项目结束时的评价。

这种事后评价是为了检验和预测研究与开发的效果。对研究人员而言，研究成功就等于取得了研究成果。但从企业的角度来看，研究成功只是取得了预期的结果，只有为企业带来真正的效益之后，才能称为成果。这实际上是对研究与开发项目从技术性和经济性两方面进行评价的结果。研究与开发项目结束时的评价是具有重要意义的，是企业宝贵的知识财富。其评价的内容应包括研究与开发项目的完成情况、经费使用情况、目标实现的程度、研究报告书、取得的专利和新技术等。

（4）跟踪评价。

跟踪评价是在研究与开发项目结束一段时间后进行的评价，主要评价研究与开发项目对企业生产经营的发展、经济效益的创造和研究人员的成长等方面所起的作用。其目的是更有效地考察研究与开发过程中资源配置的合理性、研究机构规模的适度性，以及研究成果对企业产品和生产工艺技术的影响程度等。另外，还要评价研究与开发项目的投入产出的情况、给企业带来的利润等经济效益指标。

5.2 产品设计

新产品研究与开发有规范的流程或工作细则，本节不对此进行介绍，而是从产品设计的角度进行阐述。

5.2.1 产品生命周期

产品生命周期，也称产品寿命周期，泛指产品在某种特征状态下经历的时间长度。按特征状态的不同，产品生命周期可分为以下 3 种类型。

1．自然寿命

自然寿命，指产品从用户购买开始，到丧失使用功能所经历的时间长度。自然寿命长度与产品的有形磨损程度有关。所谓有形磨损，是指产品在使用过程中，产生摩擦、振动、疲劳、锈蚀、老化等现象，致使产品的实体受到磨损，包括物理磨损和化学磨损。

2．技术寿命

技术寿命，指产品从用户购买开始，到功能落伍或贬值而被淘汰所经历的时间长度。技术寿命长度与产品的无形磨损程度有关。所谓无形磨损，是指由于科技进步而不断出现新的、性能更加完善、效率更高的产品，使原产品价值不断降低而被淘汰的现象。

3．市场寿命

市场寿命，指产品从投放市场开始，到逐步被淘汰出市场的整个过程所经历的时间。

本节谈及的产品生产周期就是指市场寿命。市场寿命通常分为 4 个阶段：投入期、成长期、成熟期和衰退期，如图 5.3 所示。

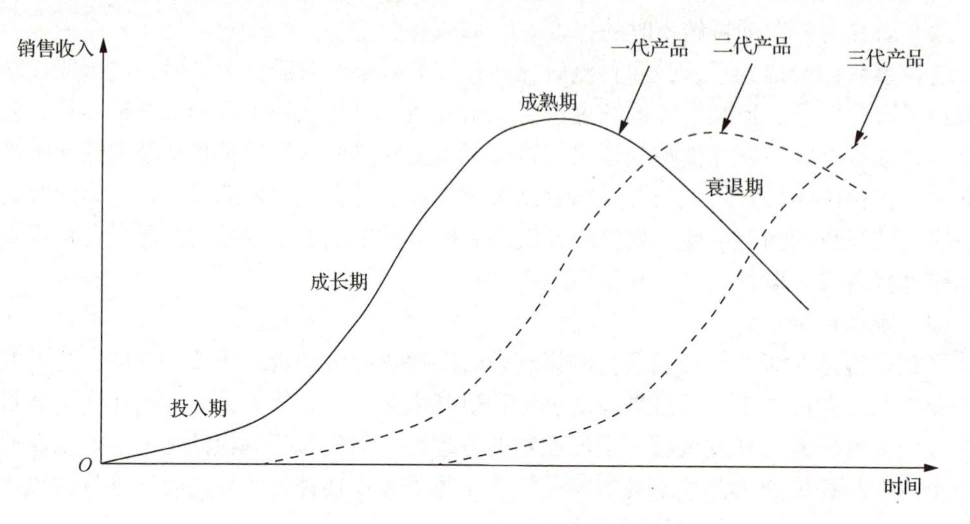

图 5.3　市场寿命阶段示意图

与产品的研究与开发有关的活动，如新产品设计、老产品改进设计等均与市场寿命有密切的关系。当然，在不同的阶段，研发活动的重点也不同。

（1）投入期。

在投入期阶段，市场需求不明显，消费者在考察新产品。该阶段研发活动的重点为：

① 对产品进行创新设计，确定最有竞争力的型号；

② 减少设计中的缺陷；

③ 缩短生产周期；

④ 完善产品性能。

（2）成长期。

在成长期阶段，用户需求增长迅速，产品产量大幅增加。该阶段研发活动的重点为：

① 对产品工艺进行改进；

② 降低产品生产成本；

③ 标准化与合理化产品结构；

④ 稳定产品质量。

（3）成熟期。

在成熟期阶段，销售和利润达到最高水平，成本竞争是关键。该阶段研发活动的重点为：

① 系列化与标准化产品；

② 提高工艺稳定性；

③ 创新服务与提高质量；

④ 改革产品局部。

（4）衰退期。

在衰退期阶段，销量下降，利润降低，预示着更新换代的开始。进入该阶段，企业应放弃那些生命周期即将结束的产品，因此，其研发活动的重点为：

① 不进行或很少进行产品细分；

② 精减产品系列；

③ 淘汰旧产品。

通过图 5.3 还可以看出企业新产品推出的时机。虚线表示的曲线展示了后续产品进入市场的时间及销售收入变化情况。并非老产品离开市场，新产品才开始进入。企业的研发工作通常是生产一代、储备一代、研制一代、构思一代的阶梯式研发计划。

5.2.2　工业设计

工业设计通常指的是面向消费者的产品设计和面向制造的产品设计。

面向消费者的产品设计强调消费者的使用性，即消费者使用产品时的方便性、安全性、维护性，不要多余的、无用的功能等。

面向制造的产品设计强调产品的工艺性，即产品加工和拆装的简易性，目的是降低制造成本。

作为新产品的研发和设计者必须具备这样的理念：企业设计的产品是要满足消费者的使用要求的，消费者的要求就是设计的依据，即要做到“物美”，具体案例见运营实例 5-1；另外，设计的产品还要便于制造，或者说具有较低的生产成本，也就是说，不仅要“物美”，还要“价廉”。只有这样设计和制造出来的产品，在市场上才具有竞争优势。

运营实例 5-1

雷克萨斯汽车的质量改进

此消费者服务案例发生在路易斯安那州的雷克萨斯汽车行。

某位女士在一周前购买了一辆新车，现在却苦恼地回到了汽车行。她开车时穿着某种定制品牌的鞋，右脚的鞋跟被卡在加速器踏板下，加速很困难，最后鞋跟折断了。汽车行服务经理记下了这一问题，并提出赔偿这双鞋。

该女士说，这将是她最后一次与雷克萨斯汽车行打交道。然而一周后，一名雷克萨斯的设计工程师出现在她的家门口。他察看了那双鞋，并做了测量，画下草图，之后他便告辞了。

一个月后，雷克萨斯汽车行联系到该女士，并请她将车带入汽车行。工程师重新设计了加速器，确保不会再卡住鞋跟，他们更换了她汽车上的加速器踏板。现在图 5.4 所示的落地式油门踏板已成为雷克萨斯汽车的生产标准之一。

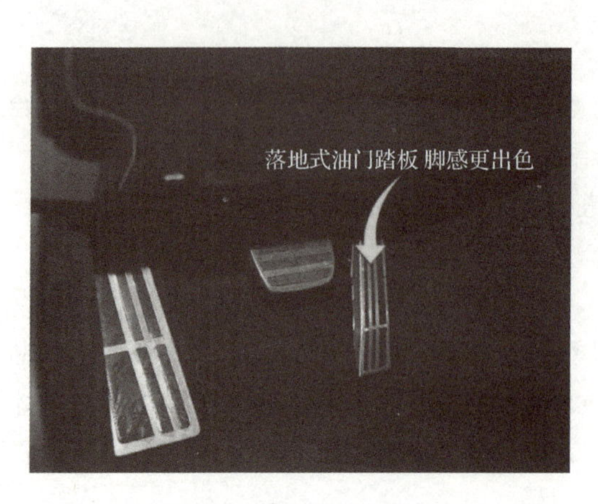

图 5.4 落地式油门踏板

资料来源：TAORMINA T, 1996. Virtual leadership and the ISO 9000 imperative[M]. Upper Saddle River: Prentice Hall: 158.

5.2.3 标准化设计与大规模定制设计

1. 标准化设计

产品设计中的一个重要问题就是标准化程度。标准化是指产品或零件的互换性、通用性。

由于产需量大，标准化的产品可以采用高效的专用设备生产，这可以极大地提高生产能力和生产效率，同时极大地降低生产成本。与定制的产品或零件相比，标准化的产品或零件的设计成本低，更换和维修也便捷。例如，丰田汽车公司为降低汽车成本，将丰田汽车车门扶手的型号，由原来的 35 种减少至 3 种。由于减少了产品零件的多样性，丰田汽车在降低产品成本的同时，也提高了产品的质量和可靠性。

标准化的另一个优点是减少了培训员工的时间和成本，也减少了设计工作岗位的时间。

缺乏标准化经常会带来困难和不便，如计算机中不同的操作系统的文档不能互换，电视机和手机的制式不同而不能通用等。

当然，任何事情有利必有弊。标准化的不利之处主要是产品多样性的减少，这会降低产品吸引消费者的程度。如果竞争对手推出更好或更多样的产品，就会在竞争中取得优势。另外一个不利之处是如果在产品设计不成熟时就进行标准化，就会有种种强制因素使设计难以修改。例如，某种零件存在设计缺陷，但是生产该零件的昂贵的专用设备已经到位，更改设计就意味着专用设备的报废，代价太大。另一个熟悉的例子就是计算机键盘的排列顺序，研究表明，另一种按键排列顺序更有效，但更换现有的键盘并培训人们使用新的键盘的成本会远远大于其带来的收益。

因此，设计者在进行选择时，必须考虑与标准化相关的重要问题。表 5-2 归纳了标准化的主要优、缺点。

表 5-2　标准化的主要优、缺点

标准化的优点	在存货和制造中需要处理的零件更少； 减少培训成本和时间； 采购、处理及检查程序更加常规化； 可按照清单订购产品； 产品能长期并自动化生产； 有利于简化产品设计和质量控制； 生产与服务的成本低、经济性好
标准化的缺点	可能在设计仍有许多缺陷时就固定设计； 变动设计的高成本增加了改善设计的难度； 产品缺乏多样性，导致对消费者的吸引力降低

尽管标准化的经济性好，也有一定的客户群体，但在市场被逐步细分的今天，其所占份额会逐步受到限制。因此，需要在保留其优势的基础上，对其进行改进，大规模定制设计就是对标准化设计的改进。

2. 大规模定制设计

大规模定制设计是在标准化的基础上实现产品的个性化、多样性的设计。

大规模定制设计的主要方法是延迟差异化和模块化设计。

（1）延迟差异化。

延迟差异化是一种延迟策略。采用延迟差异化策略时，整个产品的生产过程分为两个阶段：第一个阶段是产品的共性部分的生产过程，第二个阶段是产品的个性部分的生产过程，实际上是把与产品个性化有关的生产过程延迟到最后进行。例如，羊毛衫的生产，有染色和编织两个环节。在款式一定的前提下，颜色即为个性化的需求。传统的羊毛衫生产方法是先染色，再编织，这种方法将个性化的环节前置了，降低了企业满足消费者个性化需求的能力和对市场的快速应变能力。按照延迟差异化的策略，羊毛衫的生产应是先编织，出厂前再按订单的具体要求染色，这就提高了企业满足消费者个性化需求的能力和对市场的快速应变能力。类似的例子还很多，如家具的延迟上色、裤子的裤腿口延迟缝边等。

（2）模块化设计。

模块化设计是对标准化设计的变形，类似于堆积木的游戏，即在标准化零部件的基础上，通过不同的组合方式，使之形成多种性能有一定差异的个性化的产品。

模块化设计分为两个层次。第一个层次为系列模块化产品的研制，需要根据市场调研结果对整个系列进行模块化设计，本质上是系列产品研制过程，如图 5.5 所示。第二个层次为单个模块化产品的设计，需要根据用户需求对模块进行选择和组合，有时需要必要的分析计算，本质上是选择及组合过程，如图 5.6 所示。通常的模块化设计是指第二个层次。

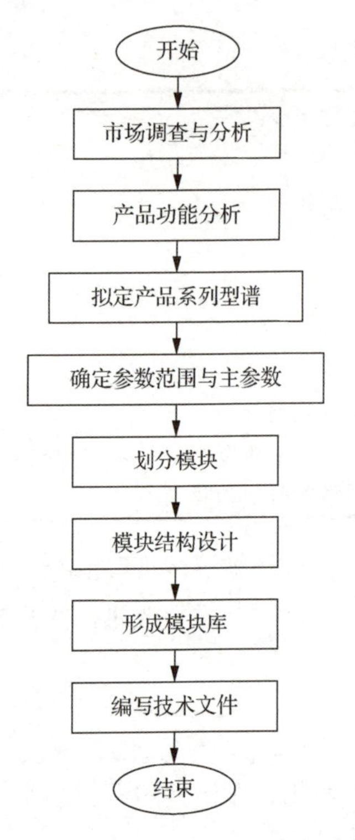

图 5.5　系列模块化产品研制流程

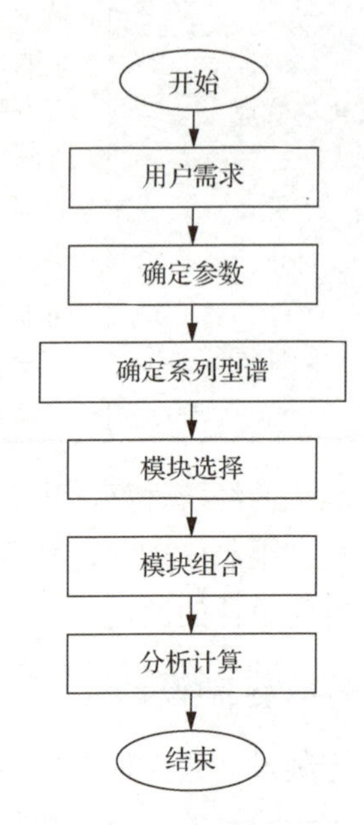

图 5.6　单个模块化产品设计流程

模块化设计的关键是模块标准化和模块的划分。

① 模块标准化。模块标准化即模块结构标准化，尤其是模块接口标准化。模块化设计所依赖的是模块的组合，即连接或啮合，又称接口。显然，为了保证不同功能模块的组合和相同功能模块的互换，模块应具有可组合性和可互换性两个特征，而这两个特征主要体现在接口上，因此必须提高接口的标准化、通用化、规格化程度。例如，在计算机行业中，由于采用了标准的总线结构，来自不同国家和地区厂家的模块均能组成计算机系统并协调工作。这有利于这些厂家集中精力，大量生产某些特定的模块，并不断进行改进和研究，促使计算机技术达到空前的发展。相比之下，机械行业针对模块化设计所做的标准化工作就逊色一些。

② 模块的划分。模块化设计的原则是力求以尽可能少的模块组成尽可能多的产品，并在满足要求的基础上使产品精度高、性能稳定、结构简单、成本低廉，且模块结构和模块间的联系应尽量简单、规范。因此，如何科学、有节制地划分模块，是模块化设计中很具有艺术性的一项工作，既要便于制造管理，又要考虑到该模块系列将来的扩展。模块划分的好坏直接影响模块系列设计的成功与否。总的说来，划分前必须对系统进行仔细的功能分析和结构分析，并要注意以下几点。

a．模块在整个系统中的作用及其更换的可能性和必要性。

b．保持模块在功能及结构方面有一定的独立性和完整性。

c．模块间的接合要素要便于连接与分离。

d．模块的划分不能影响系统的主要功能。

运营实例 5-2 给出了一汽大众高尔夫轿车的模块化设计的实际做法。

运营实例 5-2

一汽大众高尔夫轿车的模块化设计

高尔夫轿车是大众的经典车型，性能稳定、耐用，有“小钢炮”之称。该车可按用户的个性化需求组装产品，提供性能和价格有一定差异的轿车。一汽大众第八代高尔夫轿车提供的可选择的主要模块有以下 5 个。

（1）发动机：1.2T、1.4T 等。

（2）变速箱：5 挡手动、7 速 DSG 等。

（3）内饰与附加功能：标准型、舒适性、豪华型等。

（4）天窗：可选。

（5）车体颜色：蓝系列、红系列、灰系列、白系列等。

用户可按自己的喜好在上述模块中选择，确定自己个性化需求的轿车。

资料来源：根据网络资料整理。

5.2.4 稳健设计

稳健设计，是在三次设计法基础上发展起来的低成本、高稳定性的产品设计方法。

一般来讲，产品的质量会受到各种设计、工艺、环境等因素的综合影响，具有一定的分散性。而这些因素可以分为两种：可控因素和不可控因素。可控因素，例如零件的几何尺寸、材料性能、加工精度等，可以通过合理设计来保证其质量。不可控因素，例如加工机器误差、工人操作熟练度、使用环境影响、材料老化等，只能通过提高设计安全裕度、缩小容差来提高可靠性，但这会大幅提高制造成本。设计安全裕度是指设计中允许超越额定参数的程度，如汽车油箱额定的容积为 100 升，实际可以达到 110 升，则设计安全裕度为 10%。

有些产品只有在严格的制造和使用条件下才能实现设计功能，而另一些产品则能在较宽松的条件下实现设计功能，那么我们就称后者的稳健性更高。

一种产品或服务的稳健性越高，因环境变化发生故障的可能性就越低。因此，设计者在产品中引入的稳健性越多，产品的耐久性就越好，消费者的满意度就越高。

稳健设计包括产品设计和工艺设计两个方面。通过稳健设计，可以使产品的性能具有很强的抗干扰能力，产品性能将更加稳定、质量将更加可靠。

5.2.5 并行工程

时间竞争是当代市场竞争的焦点之一，快速地将产品投放市场是企业获取竞争优势的主要手段。时间竞争包括两个方面：一是缩短产品开发周期，二是缩短制造销售周期。而缩短产品开发周期的主要方法是并行工程。

并行工程是对产品及其相关的各种过程，包括制造过程、服务过程、维修过程等，进行并行设计和集成设计的一种系统工程。

当然，对于研究与开发工作而言，并行工程是指在产品设计的早期，工艺人员就介入进来，与设计人员共同进行产品的设计与工艺准备工作。

相对传统的串行工作而言，并行工作更有利于缩短产品开发周期。图 5.7 为并行工程工作示意图。

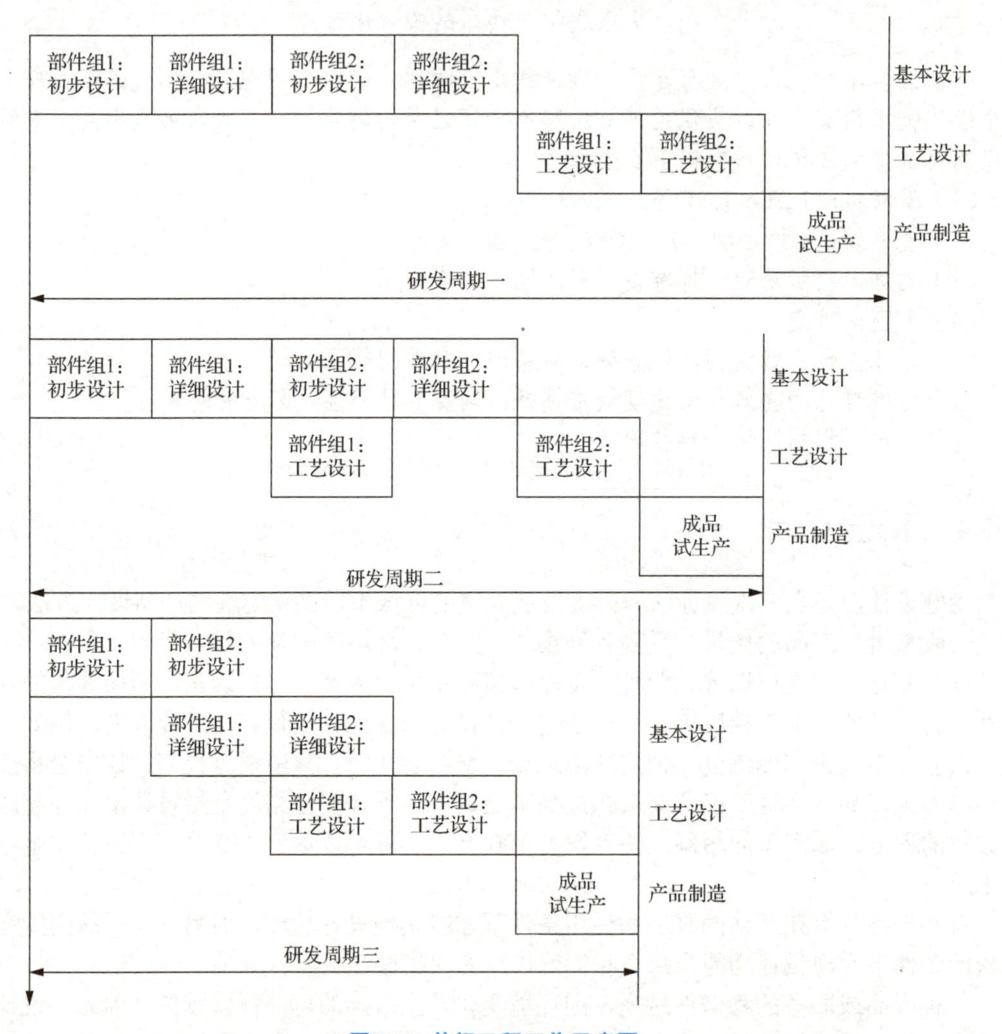

图 5.7　并行工程工作示意图

在图 5.7 中，新产品的研究与开发工作分为 3 个阶段：基本设计、工艺设计和产品制造。基本设计完成产品的设计工作；工艺设计完成产品的制造工艺方案设计，即生产技术准备工作；产品制造则是完成新产品的试生产工作。再进一步假设产品由两个部件组成，基本设计分为初步设计和详细设计，工艺设计按部件组进行。

传统的研发过程按图 5.7 中研发周期一所示的串行进行，可以理解为基本设计和工艺设计分别由一组设计人员和一组工艺人员完成，他们采用串行的工作方式进行，显然这种形式的研发周期很长。

基于并行工程的思想，工艺人员在设计人员完成部件组 1 的基本设计后就开始部件组 1 的工艺设计，如图 5.7 的研发周期二所示，此种形式下的研发周期较第一种方式有所缩短。

如果在基本设计阶段再投入较多的人力，可分为两个设计小组，分别负责两个部件组的初步设计和详细设计。这两个小组也可以采用并行的工作方式，整个研发周期可以进一步缩短，如图 5.7 的研发周期三所示。

除了可以缩短产品开发周期，并行工程还有其他的优点，例如：工艺人员可以帮助设计人员全面了解企业的生产能力；能够较早地设计或采购关键的设备或工具；能够较早地考虑特殊设计或设计中某些部分的技术可行性；等等。

当然，并行工程的实施也存在难点，如基本设计和工艺设计属于不同的部门，不同部门之间存在的界限很难马上消除，将他们组织在一起有效合作，必须有充分的沟通和灵活性，这会有一定的难度。

5.2.6　计算机辅助设计

计算机辅助设计（computer aided design，CAD）是指设计人员借助计算机，来实现高效率、高精度的产品设计的方法。其特点是将人的创造能力和计算机的高速运算能力、巨大存储能力和逻辑判断能力很好地结合起来。在产品设计中，许多繁重的工作，例如非常复杂的数学和力学计算，多种设计方案的综合分析比较与优化，工程图样及生产管理信息的输出，等等，均可由计算机完成。设计人员则可对计算、处理的中间结果做判断、修改，以便更有效地完成设计工作。计算机辅助设计能极大地提高设计质量，减少设计人员的劳动量，缩短设计周期，降低产品成本，为开发新产品和新工艺创造有利条件。

计算机辅助设计系统由硬件系统和软件系统构成。

硬件系统在近几十年发生了很大的变化。20 世纪 60 年代，硬件系统以大型机系统为主，即以大型机为主机，配以图形终端、字符终端、绘图机的主从式系统；20 世纪 70 年代，发展为以小型机为主机，配以机械、电子或建筑业通用软件的小型成套系统；20 世纪 80 年代以来，则以工作站及网络构成的分布式系统为主流；目前，随着 CPU 性能的飞速提高，微型计算机在逐渐挤占市场的份额。

软件系统有以下 4 大类型。

（1）检索型系统：只能从计算机内已存储的图形信息中检索出符合订货要求的最佳图样。

（2）试行型系统：针对具体设计对象编制并调试、修改程序，直到输出满意的设计图样为止。

（3）自动设计型系统：按照产品设计要求，抽象出设计对象的目标函数、约束条件及设计变量，通过优化程序计算出最优设计结果。

（4）交互式系统：设计人员直接与计算机对话，调用计算机内已有的产品信息、设计资料和软件功能进行设计，对于以图形显示的设计结果，可以进行反复修改，直到取得满意的结果为止。交互式系统能实时、灵活地将人与计算机结合起来，易于被人们所接受和掌握，近年来发展比较迅速。

计算机辅助设计系统可以实现交互式图形设计、几何造型、工程分析与优化设计等功能。随着计算机辅助设计系统在企业的推广应用，人们日益重视它与计算机辅助制造系统之间的信息集成。这种信息集成避免了产品信息的重复输入，可以提高产品质量、缩短产

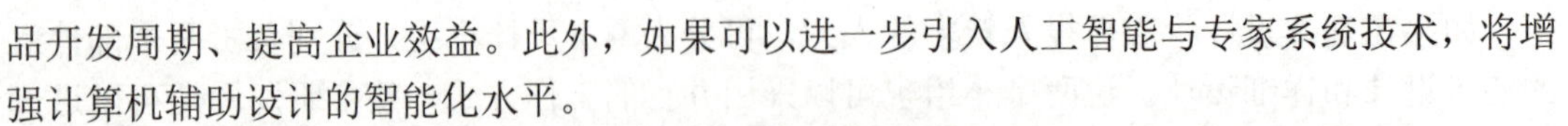

品开发周期、提高企业效益。此外，如果可以进一步引入人工智能与专家系统技术，将增强计算机辅助设计的智能化水平。

总之，计算机辅助设计系统向设计人员提供了崭新的技术手段，不但改善了设计人员的工作条件，而且可以帮助设计人员思考、改进、完善设计方案。许多利用传统方法难以解决的工程问题，通过计算机辅助设计获得了满意的解决方案，更好地实现了设计人员的设计意图，从而提高了设计质量、缩短了设计试制周期、降低了设计试制费用、增强了产品在市场中的竞争能力。

计算机辅助设计技术进一步发展的领域主要有以下3个。

（1）基于互联网的计算机辅助设计集成，可以实现异地联动的产品设计。这种集成可以充分整合和利用世界各地的设计资源，提高产品设计的效率，大大缩短产品开发的周期。运营实例5-3介绍的波音777的无纸化设计就是一个成功的案例。

运营实例 5-3

波音777的无纸化设计

世界上最大的双引擎客机之一、波音公司21世纪的主力产品——波音777型飞机的设计，从头到尾没有图纸，是全部在计算机网络平台上完成的。波音公司在美国和日本等国设立了1700个计算机辅助设计工作站，把用户、原材料和零部件供应商的意见都收集起来，有关设计和生产部门通过网络交流反馈合作完成各项设计，形成整体设计方案。波音公司还改变了整个设计流程，打破以往各部门单独设计的传统，把各部门的专家组合成一个综合设计组，不再画图样，而是直接在计算机上完成各种部件的设计、修改、组装、模拟操作试验等工作。相关部门可以通过网络在1700个工作站之间及时传递进展情况，反馈意见，既保证了设计的合理性和可靠性，也大大加快了设计进程。波音777成为波音公司历史上从设计到生产用时最短的飞机，设计制造周期由原计划的8年缩短到5年。整个设计、生产过程基本实现了无纸化，就连最后交给客户的3万多页的飞机操作保养手册，也存在一张光盘里。无纸化设计和计算机模拟调试还大大节省了设计费用，仅计算机模拟调试就节省了2000多万美元的常规测试费用，也提高了部件的安全性和可靠性。据估计，如果采用传统绘图方法，光纸张就要消耗上百吨，相当于地球上又少了数百棵大树。

资料来源：根据网络资料整理。

（2）计算机辅助设计与3D技术的集成。这种集成主要有两种形式。一种形式是3D实物造型，适用于小产品的原型开发。该技术可以通过使用一些薄的合成材料快速建立产品的实物模型来评估设计和生产方案，降低试验成本，加速产品开发的过程。另一种形式就是3D虚拟技术，即利用计算机辅助设计的三维图像替代实物，实现与用户的互动。例如，通用汽车公司的欧宝汽车，在设计时就是利用投影机投射出立体图像，设计者和用户戴上特殊的眼镜就可以看到汽车的三维模型，模型会显示汽车设计的内部结构，以便直观地发现设计的缺陷或问题。在设计阶段，对设计缺陷进行改动所花费的成本，比以后再改动的成本要低得多。

（3）计算机辅助设计与供应链管理的集成。基于互联网平台，计算机辅助设计软件可以将设计与采购、外包、生产及维修保养联系起来，为产品实现快速开发和大规模定制提供支持。企业可以进入供应商的设计信息库并改变原有的设计，供应商则根据改动的设计及时完成自动制图、物料清单更新和相关的生产流程，实现定制产品设计的快速变更和更低成本的生产。

5.3 质量功能配置

5.3.1 质量功能配置的概念

质量功能配置（quality functional deployment，QFD），又称为质量功能展开，是将消费者需求融入产品开发流程的一种设计方法。质量功能配置从质量保证的角度出发，通过一定的市场调查方法获取消费者需求，并采用矩阵图解法将消费者需求分解到产品开发的各个阶段和各职能部门中，通过协调各部门的工作以保证最终产品质量，使得设计和制造的产品能真正地满足消费者的需求。因此，质量功能配置是一种消费者驱动的产品开发方法，是一种在产品设计阶段进行质量保证的方法，也是使产品开发各职能部门协调工作的方法。其目的是使产品以最快的速度、最低的成本和最优的质量占领市场。

质量功能配置包括如下 2 个基本阶段。

1. 调查和分析消费者需求

消费者需求是质量功能配置的出发点。消费者需求的获取是质量功能配置过程中最为关键，也是最为困难的一步。应通过各种市场调查方法和渠道准确而全面地搜集消费者需求，并对其进行汇集、分类和整理，确定消费者需求的相对重要度。

2. 对消费者需求的分解

采用矩阵组（也称质量屋）的形式，对消费者需求进行逐步分析，分层转换为产品功能特性、零部件特性、工艺流程特性和工艺/质量控制特性，如图 5.8 所示。

（1）产品功能规划矩阵。通过产品功能规划矩阵，将消费者需求转换为产品技术特征，并根据消费者竞争性评估（从消费者的角度对市场上同类产品进行的评估）和技术竞争性评估（从技术的角度对市场上同类产品的评估）结果确定产品各个技术需求的目标值。

（2）零部件规划矩阵。根据产品技术特征，从多个产品设计方案中选择最佳方案，并通过零部件规划矩阵将产品技术特征转换为关键产品特征和关键零部件特征。

（3）工艺流程规划矩阵。通过工艺流程规划矩阵，确定为实现关键产品特征和关键零部件特征所必须达到的关键工艺参数。

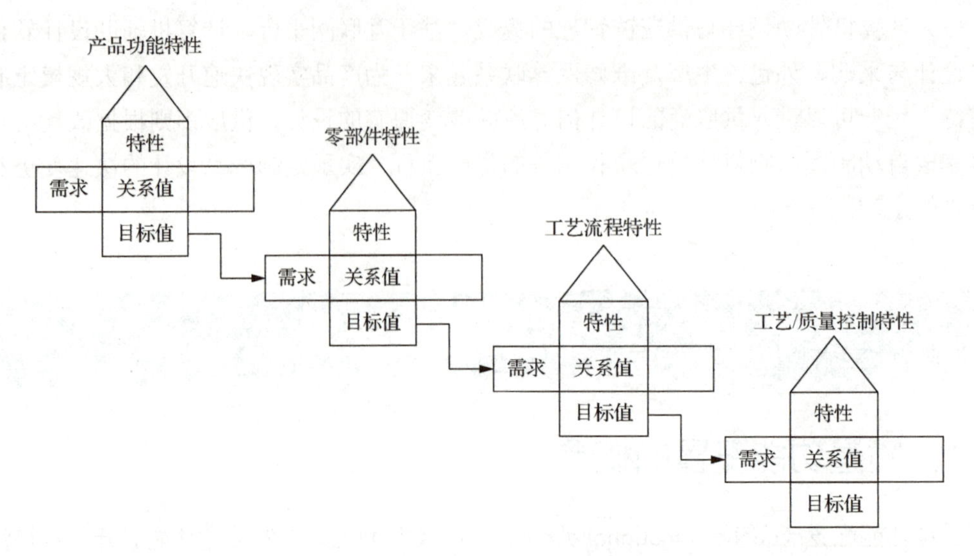

图 5.8　消费者需求分解过程图

（4）工艺/质量控制规划矩阵。通过工艺/质量控制规划矩阵，将关键工艺参数转换为具体的质量控制方法。

质量功能配置的作用主要有以下 3 点。

（1）产品整个开发过程以消费者需求为驱动，有利于增加消费者对产品的满意度。

（2）质量功能配置强调在产品的早期概念设计阶段进行有效规划，产品设计和工艺设计交叉并行，促使产品开发人员在产品设计阶段考虑制造问题，可使工程设计更改次数减少 40%～60%，产品开发周期缩短 30%～60%，产品开发和试制成本降低 20%～40%。

（3）质量功能配置提供了系统的、层次化的消费者需求分析手段，把消费者的诉求转变为消费者所需要的质量特征，是支持并行工程的重要技术和方法，为企业实施并行工程提供了有力的支持。

质量功能配置的核心思想是以消费者的需求为驱动，将消费者需求转变为产品研究与开发的有关人员（包括管理者、设计者、制造工艺部门及生产计划部门等）均能理解、执行的具体信息，从而保证企业最终生产出符合消费者需求的产品。

5.3.2　质量屋的构成

每个阶段的矩阵组的结构，类似于一个小屋，所以又被称为质量屋。质量屋由 8 个部分组成，如图 5.9 所示。

1．用户需求

用户需求为多行单列矩阵，其所反映的内容是消费者对产品的各种需求。消费者的需求是各种各样的，因此，矩阵的建立应尽量充分、准确和合理，否则后续的所有需求变换将会失真。

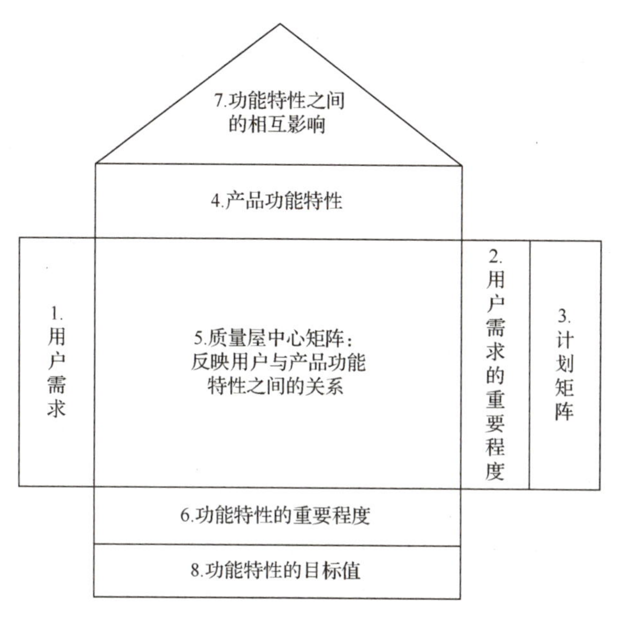

图 5.9　质量屋结构示意图

2. 用户需求的重要程度

消费者的需求亦有主次、轻重之分，质量功能配置将消费者的各项需求赋予权重因子，以便进行排序，也可以用打分的方法来实现。需要注意的是，这里对不同的消费者也有权重区分，例如有主要消费者和一般消费者，显然不同消费者需求的重要程度是不同的。

3. 计划矩阵

计划矩阵，又被称为市场评估矩阵，其行数与用户需求矩阵相同，列数取决于本企业与竞争对手产品的数量。计划矩阵通过比较待开发的产品和竞争对手的同类产品，判断待开发产品的市场竞争力，并据此调整产品的设计定位，即对消费者功能需求权重进行重新分配。

4. 产品功能特性

该矩阵是单行多列的行矩阵，用来描述对应消费者需求的功能特性要求。这种对应是多相关性的，消费者的某种需求可能对应着若干项功能特性要求，或者说，将若干项功能特性要求有机结合，才能满足消费者的某种需求。反过来讲，某种功能特性要求也可以同时满足消费者的若干种需求。功能特性要求是消费者需求的映射变换结果。

5. 质量屋中心矩阵

该矩阵是一个关系矩阵，其行数与用户需求矩阵相同，列数与产品功能特性矩阵相同。它表示各功能特性项与各消费者需求项的相互关系，各项之间的关系紧密程度可以定量地用分值来表示，一般可分为以下 3 种。

（1）强相关，用⊙表示，分值为 9，表示满足某项消费者需求必须具备某项功能特性要求。

（2）一般相关，用○表示，分值为 3，表示满足某项消费者需求可以采用不同的功能特性要求与之对应。

（3）弱相关，用□表示，分值为 1，表示两项之间的关联关系很弱。

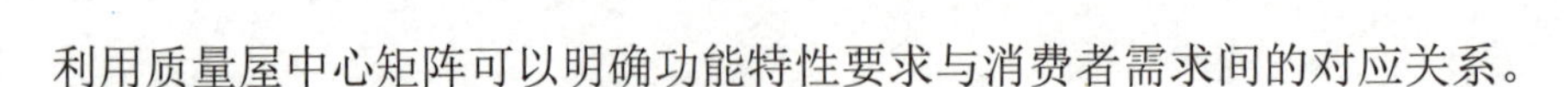

利用质量屋中心矩阵可以明确功能特性要求与消费者需求间的对应关系。

6．功能特性的重要程度

该矩阵是产品规划阶段的技术和成本评估矩阵，其列数与产品功能特性矩阵相对应。该矩阵建立的内容是各项功能特性的技术和成本评价数据，以及若干个同类产品相对应的数据信息，以此来进行对比分析，找出不足之处，为确定最后的功能特性提供依据。

7．功能特性之间的相互影响

该矩阵位于质量屋的屋顶，在数学上是一个三角形矩阵，它表示的是功能特性之间的相互关系。从辩证法的观点来看，一个产品的质量功能需求对应着诸多功能特性要求，各项消费者需求之间有着相关性，从而各种功能特性之间也有着相关性，某一项功能特性的改变会引起其他功能特性的联动变化。为简化问题，以 3 种形式来定性地描述功能特性之间的相关性，即正相关、不相关和负相关。相关程度还可以进一步地细分为强相关、一般相关和弱相关，并以标度值来表达相关程度。据此可以对功能特性进行分析研究，发现各种功能特性之间可能存在的矛盾，并重新进行设计，避免矛盾的产生。

8．功能特性的目标值

该矩阵在技术特性的重要程度矩阵的基础上，确定产品的各项功能特性的具体技术指标。这也是质量功能配置的输出结果。

以上 8 个部分的矩阵构造形成了产品规划阶段的质量屋，这个质量屋的基本输入是消费者需求，通过变换将消费者对产品的相对离散和模糊的需求变换为明确的功能特性需求。

当然，在变换的过程中，会不可避免地产生各种矛盾和冲突。例如，消费者对产品的各项需求的冲突；质量和成本的冲突；功能特性之间的冲突；与同类产品对比而产生的竞争力和技术成本的不协调问题；等等。这些矛盾和冲突是需要解决的，质量屋可以通过迭代分析来解决上述的矛盾和冲突，对复杂的问题可以利用计算机辅助质量功能配置过程。

5.3.3　应用实例

下面通过铅笔的质量屋（图 5.10）来说明质量功能配置方法。

从图 5.10 可以看出，质量屋大体分为以下几个矩阵。

（1）用户需求矩阵：在质量屋的左上方，主要涉及 4 项内容，即容易握住、不易涂污、笔尖耐磨性、不易翻滚。

（2）用户需求的重要程度矩阵：在质量屋的右侧，其分值为用户需求的重要性程度，可以通过市场调研获取。

（3）计划矩阵：包括用户需求满意程度评价、新产品目标值、新产品改进率、市场竞争程度和用户需求权重。通过比较用户对竞争对手 X 和 Y 的产品、本企业现有产品的用户需求满意程度，提出新产品质量改进目标（新产品目标值），并根据企业的产品质量现状与目标值之间的差距（新产品改进率）和市场竞争程度，重新计算用户需求的各项权重。

本例中，笔尖耐磨性的新产品改进率（新产品改进率=目标值/现值）为 1.25，市场竞争程度为 1.4，其用户需求权重（用户需求权重=用户需求的重要程度×新产品改进率×市场竞争程度）为 8.8（保留一位小数）。

		功能特性					用户需求满意程度评价						用户需求权重	
		切削间隔（行）	石墨数量（粒/行）	铅笔长度（英寸）	铅笔形状	用户需求的重要程度（最高=5）	竞争对手X产品	竞争对手Y产品	本企业现有产品	新产品目标值	新产品改进率	市场竞争程度	分值	比重（%）
用户需求	容易握住			○	○	3	3	3	4	4	1	1	3	15.5
	不易涂污	○	⊙			4	4	5	5	5	1	1.2	4.8	24.9
	笔尖耐磨性	⊙	○	□		5	5	3	4	6	1.25	1.4	8.8	45.6
	不易翻滚			□	⊙	2	3	3	3	4	1.33	1	2.7	14
功能特性重要程度	分值	485.1	360.9	106.1	172.5	∑=1124.6							∑=19.3	∑=100
	比重（%）	43.1	32.2	9.4	15.3	∑=100								
竞争对手X产品		84	12	5	80%									
竞争对手Y产品		41	10	4	60%									
本企业现有产品		56	10	5	70%									
新产品目标值		100	6	5.5	80%									

⊙ 9
○ 3
□ 1
空格 0

图 5.10 铅笔的质量屋

同理可以分别计算其他用户需求权重，用户需求权重的总分值为 19.3。据此再分别计算各项用户需求权重所占的比重。例如，笔尖耐磨性所占的比重为 45.6%。

（4）产品功能特性矩阵：主要涉及 4 项内容，即切削间隔、石墨数量、铅笔长度和铅笔形状。

（5）质量屋中心矩阵：在该矩阵中，分别用⊙、○、□和空格表示功能特性与用户需求的相关程度，其分值分别为 9、3、1 和 0。

（6）功能特性之间的相互影响矩阵：质量屋顶部呈三角形的部分表示功能特性之间的相互影响。例如，切削间隔和石墨数量是强的负相关关系。

（7）功能特性的重要程度矩阵：下一步将功能特性的定性描述转换为定量的分值和相对权重。功能特性的重要程度分值=∑关系相关程度×用户需求权重的比重。

以石墨数量为例，石墨数量的功能特性的重要程度分值=∑关系相关程度×用户需求权重的比重=9×24.9+3×45.6=360.9。其他功能特性的重要程度分值计算依此类推。

功能特性的重要程度比重为各自的分值与总分值之比。由图可以看出，切削间隔和石墨数量的比重很大，也就是说石墨的成分应是关注的重点。

（8）功能特性的目标值矩阵：根据竞争对手 X 和 Y，及本企业现有产品的功能特性现状，并考虑各功能特性的重要程度，确定出新产品的功能特性目标值。

本例的产品结构简单，各项功能特性不必进一步展开。对于复杂的产品而言，可以采用多阶段的质量屋设计。在第一阶段的质量屋完成后，得到产品的功能特性目标值。之后，再进行第二阶段的质量屋（如零部件质量屋），将第一阶段的产品各项功能特性的目标值，变为第二阶段的用户需求，并确定出第二阶段的功能特性目标值。依此类推，可以确定后续各阶段的质量屋，直至完成全过程。

5.4 服务设计

5.4.1 产品设计与服务设计的比较

产品设计与服务设计有许多相似之处，但由于服务的本质与产品存在差异，这就导致二者在设计上存在很大的差别。产品设计和服务设计的区别主要有以下几个方面。

1. 消费者对产品仅仅强调结果，对服务既强调结果也重视过程

消费者购买产品通常只关注其功能和价格等因素，即表现在产品实体上的特征，至于产品是如何生产出来的，消费者一般不会关注。

然而，大多数服务的形成和提供在时间上是同步的，地点也基本上相同，也就是说，消费者是参与到服务过程中去的，服务对消费者而言是高度可见的，因此消费者不仅关注服务的结果，也关注服务的过程。例如，消费者去饭店就餐，多数人不仅关注是否吃饱和吃好，也关注就餐的环境、服务员的服务态度和服务质量等服务过程中的问题。另外，由于服务的形成和提供是同步的，在消费者察觉之前发现和改正错误的可能性很小，因此，员工培训、流程设计及与消费者的关系就显得非常重要。

2. 产品质量的评价标准较为客观，而服务质量的评价标准较为主观，常常难以统一

产品是有形的，反映其质量特征的标志是实实在在存在的，评价标准也是较为客观的。例如一个水杯，它的容积、材质、形状和款式等特征是可以客观度量的，不可能因人而异。

但是，服务的对象不同，往往会使得服务的质量和被服务对象的满意度差异很大。因为服务质量的评价标准除少部分是客观的以外，多数是主观的。因此，就会出现同一个服务项目，除了服务对象不同，其他的因素都相同，但评价结果却差异很大的现象。

3. 产品可以有库存，而服务不能有库存

产品的生产和销售是分离的，一般来讲，生产能力是均衡的，销售则随需求的变化而变化，是波动的，这可以通过库存来调节，不会因为需求的小幅变化而影响生产的进行。也就是说，当产大于销时，生产能力可以转化为库存。

服务业则不能有库存，这就限制了其柔性，其闲置的能力不能追加到后续的服务过程中去。例如，一个宾馆有200个床位，某天的入住率为50%，100个床位闲置，但第二天的床位数量不能因为前一天床位的闲置而增加到300个。也就是说，服务能力，或服务资源是不能在不同的时间段之间互相转移的。因此，提高服务资源的利用率是服务设计的重要策略之一。

4. 相对制造业而言，服务业进入、退出的阻碍很小

与制造业相比，服务业在资金投入、人才和技术等方面要求较低。也就是说，服务业企业开办很容易，门槛较低，其竞争也就很激烈，所以服务业很难有暴利行业。因此，服务创新和降低服务成本是服务设计的关键。

5．相对产品设计而言，便利性设计是服务设计的主要方面之一

遍布城市居民区各个角落的便民店，在购物环境和提供的商品种类、质量、价格等方面与大商场、大超市相比，均处于劣势。这些便民店之所以能生存，就是因为其便利性。因此，服务设计的选址非常重要。

5.4.2　对服务设计的要求

服务设计涉及 4 个要素。

（1）目标市场。即服务的对象或群体的定位，例如，服务是面向高收入阶层还是大众，男性还是女性，等等。

（2）服务概念或服务创新。即如何使服务在市场中与众不同。

（3）服务策略或服务内容。即确定服务运作的着眼点及全部服务内容。

（4）服务过程。即确定应采用什么样的服务过程，配置什么样的服务人员和服务设施。

在服务设计的过程中，要注意的两个关键点是消费者接触的程度及服务要求变化的程度，这影响到服务的标准化或服务定制的程度。一般来讲，消费者接触的程度和服务要求变化的程度越低，服务能达到的标准化程度越高。相反，若消费者接触程度和服务要求变化的程度很高，则表明服务必须是高度定制的。

另外，服务设计还需注意以下的几个原则。

（1）服务系统对用户是友好的。

（2）服务系统具有稳定性和标准化的特点，保证服务人员和服务系统提供一致的服务。

（3）服务系统可以为后台和前台之间提供有效的联系方式。

（4）强调服务质量证据的管理，使消费者了解系统所提供服务的价值。

（5）服务系统耗费的都是有效成本。

5.4.3　服务设计的步骤

产品设计的结果是形成全套的产品与零部件的图样，或者完成样机。服务设计则要形成服务蓝图或服务流程图。

绘制服务蓝图的主要步骤有以下几个。

（1）划分各服务环节的分界线。

（2）确定和描绘各服务环节所包括的步骤。

（3）准备主要环节各步骤的流程图。

（4）指出可能出现故障的步骤及避免的措施。

（5）建立执行服务的时间框架，估计各服务环节所需时间的可变性。

（6）分析盈利能力。

【范例 5-1】汽车修理企业的服务蓝图设计。

随着我国轿车进入家庭的速度加快，汽车维修保养业也发展迅速。但目前汽车修理企业在规模、服务设施、技术水平和服务质量等方面参差不齐。一个规范的汽车修理的服务蓝图如图 5.11 所示。

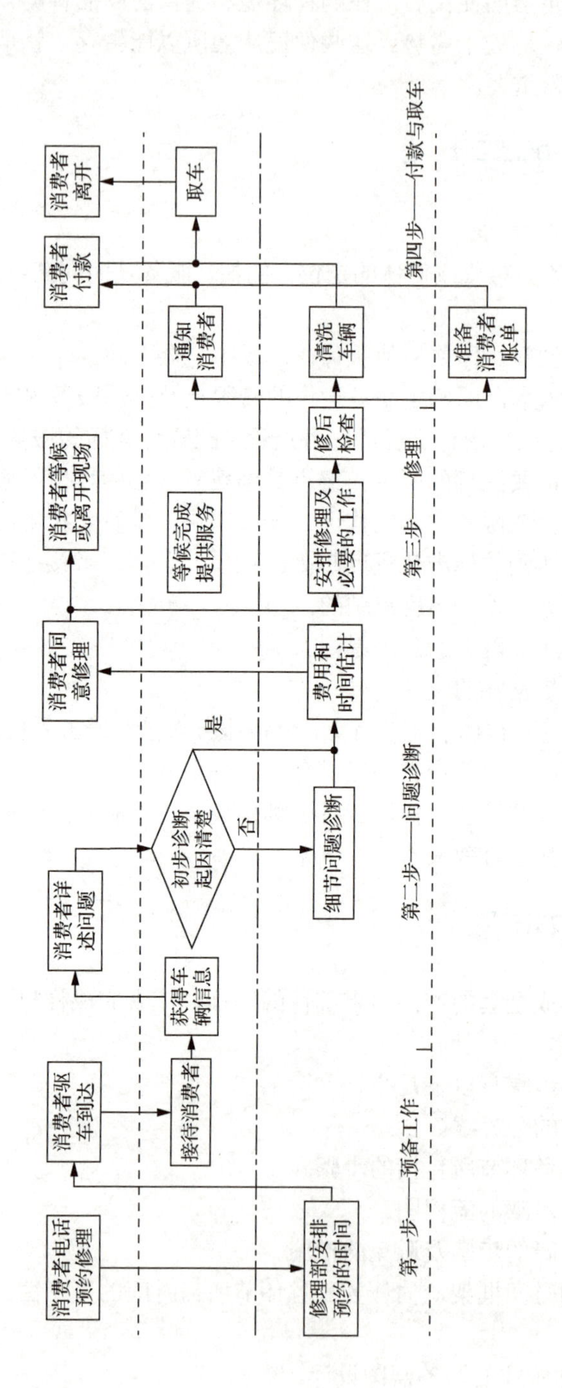

图 5.11 汽车修理的服务蓝图

本服务蓝图分为 4 个层面，用虚线和点划线分开，对应于服务系统中的 4 个群体或人员，分别是消费者、服务前台、服务后台和财务人员。服务蓝图由 4 个环节组成，即预备工作、问题诊断、修理、付款与取车。每个环节包含若干个步骤。

服务蓝图设计的一个重要的内容是找出可能出现的问题并制订相应的避免措施，也被称为防误防错设计。

图 5.11 所示的服务蓝图中可能出现问题的有以下 11 处。

（1）消费者电话预约修理。

问题：消费者忘了修理的要求；忘了电话号码；要去其他的修理店。

防误设计：给消费者发送打折的自动服务卡。

（2）修理部安排预约的时间。

问题：未接消费者的预约电话；未注意到消费者的到来。

防误设计：与前台明确电话预约的接待者；设置提示音提示消费者的到来。

（3）消费者驱车到达。

问题：消费者找不到修理地点。

防误设计：用简洁的标志引导消费者。

（4）接待消费者。

问题：消费者未按到达的顺序得到服务。

防误设计：当消费者到达时给消费者进行排号。

（5）获得车辆信息。

问题：车辆信息不准；处理太费时间。

防误设计：保存消费者数据和历史信息表。

（6）消费者详述问题。

问题：消费者难以将问题讲清楚。

防误设计：设检修顾问，帮助消费者描述问题。

（7）细节问题诊断。

问题：问题诊断错误。

防误设计：配备高科技检测设备，如专家系统和诊断仪。

（8）费用和时间估计。

问题：费用和时间估计错误。

防误设计：在核对表上根据普通的修理类型开列各类费用。

（9）消费者同意修理。

问题：消费者不明白修理的必要性。

防误设计：预先准备包含多数服务项目、工作细节的资料，尽可能使用图文信息。

（10）安排修理及必要的工作。

问题：配件库里没有所需的零件。

防误设计：当零件存量低于定购点时，限量开关打开信号灯。

（11）消费者离开。

问题：没有得到消费者的反馈信息。

防误设计：将车钥匙和调查问卷表一同交给消费者。

5.5 “互联网+”与产品设计

在互联网时代，随着科学技术的迅猛发展，产品生产和更新周期大幅度缩短。生产环节的简化，消费需求的多样性，加强了企业快速迭代的紧迫性。互联网的 9 大思维、20 项法则中的一些思维、法则与产品设计的理念和方法直接相关。

5.5.1 用户思维

用户思维即在价值链各个环节中都要“以用户为中心”去考虑问题，是互联网思维的核心。其他思维都是围绕它在不同层面的展开。没有用户思维，也就谈不上其他思维。为什么在互联网蓬勃发展的今天，用户思维格外重要？

互联网减少了信息不对称，使得消费者掌握了更多的产品、价格、品牌方面的信息，市场竞争更为充分，市场由厂商主导转变为消费者主导。作为厂商，必须从整个价值链的各个环节，建立起“以用户为中心”的企业文化，只有深度理解用户才能生存。

法则 1：聚焦大众需求

从市场定位及目标人群选择来看，成功的互联网产品大多抓住了大众的需求。

大众喜欢什么、需要什么，是互联网行业必须重点关注的。在中国，只有深耕最广大的大众群体，才可能做得出伟大的企业。

法则 2：提高用户参与感

在产品设计时，要注意提升用户的参与感。让用户参与产品开发。

提高用户参与感有两种形式：第一种形式是按需定制，厂商提供满足用户个性化需求的产品即可，如海尔的定制化冰箱；第二种形式是通过用户的参与优化产品，让用户决定最终的潮流趋势。

法则 3：用户体验至上

用户体验是用户接触产品过程中建立起来的一种感受。好的用户体验，依赖于产品的细节设计，这种细节能够让用户有所感知，并且这种感知要超出用户预期，给用户带来惊喜。

5.5.2 简约思维

简约思维，是指在产品规划和品牌定位上，力求专注；在产品设计上，力求简洁。在互联网时代，信息爆炸，用户的选择太多，时间太少，耐心越来越不足，所以，必须注重简约思维。

法则 4：专注，少即是多

产品规划和品牌定位要力求专注。专注是指为了做成一件事，在一定时期集中力量实现突破。表 5-3 所示的苹果公司的“四格战略”就是典型代表。

表 5-3　苹果公司的“四格战略”

用户	台式计算机	便携式计算机
专业人士	专业人士+台式计算机	专业人士+便携式计算机
大众消费者	大众消费者+台式计算机	大众消费者+便携式计算机

法则 5：简约即是美

在产品设计方面，要做减法。外观要简洁，内在的操作流程要简化。

例如，谷歌首页的设计、苹果的外观、特斯拉汽车的外观，都坚持了这样的设计理念。

5.5.3　极致思维

极致思维，就是把产品和服务做到极致，把用户体验做到极致，超越用户预期。互联网时代的竞争，只有将产品和服务做到极致，才能够真正赢得用户。

法则 6：打造让用户尖叫的产品

用极致思维打造极致的产品。方法论有三条：第一，需求要抓得准，包括用户的痛点、痒点或兴奋点；第二，自己要逼得狠，要做到自己能力的极限；第三，管理要盯得紧。

好产品是会说话的，是能够自传播起来的，在这个社会化媒体时代，好产品自然会形成口碑传播。

法则 7：提升服务体验

除了产品本身，服务及其他产品周边的体验，也同等重要。服务环节也要做到极致。

5.5.4　迭代思维

迭代思维是一种循序渐进的开发思维，允许有所不足，不断试错，在持续迭代中完善产品。

互联网产品能够不断迭代主要有两个原因：①从产品供应到消费的环节非常短；②消费者意见反馈成本非常低。

迭代思维要注重以下两个法则。

法则 8：以小处着眼，微创新

要从细微的用户需求入手，贴近用户心理，在用户参与和反馈中逐步改进。可能一个不起眼的点，用户却觉得很重要。

360 安全卫士正是利用了这一点，从一个安全防护产品，成长为一个新兴的互联网巨头。

法则 9：精益创业，快速迭代

只有快速地对消费者需求做出反应，产品才更容易贴近消费者。

例如，Zynga 游戏公司坚持每周对游戏进行数次更新，小米 MIUI 系统坚持每周迭代。

好产品是运营出来的。一次微创新是改变不了世界的，需要持续不断地进行微创新。

请扫描以下二维码学习本章“案例研究”内容。

第5章案例研究

请扫描以下二维码完成本章习题。

第5章习题

第6章

工作设计

第6章引例

6.1 工作设计概述

6.1.1 工作设计的含义

1. 生产率及其影响因素

运营管理的目标之一，就是在满足市场需求的前提下提高生产系统的生产率。所谓生产率，是指生产系统输出的产品或服务与生产这些产品或服务所消耗的资源之比，也就是产出与资源消耗量之比，即

$$生产率=\frac{产出}{资源消耗量}$$

从上式看出，要想提高生产率，就必须尽可能提高产出或减少资源消耗量。可能的组合方案有以下几种。

（1）在资源消耗量一定或减少的情况下，增加产出。

（2）在产出一定或增加的情况下，减少资源消耗量。

（3）资源消耗量小幅增加，但产出大幅度增加。

（4）产出小幅减少，但资源消耗量大幅度减少。

要把握提高生产率的要点，必须了解影响生产率的因素。从企业内部环境来说，影响生产率的因素有两大类：技术因素和行为因素。

技术因素是指企业生产产品或提供服务所必需的生产设施和生产装备的技术水平，如新设备、新工艺、新材料的采用可以大大提高生产率。由于技术因素与生产设施和生产装备等有密切关系，因此有人将其称为“硬因素”。

行为因素是指职工的心理需求和感情变化对生产率的影响。由于职工的行为因素是易变的，因此有人将其称为“软因素”。新技术的应用必须通过职工的劳动才能落到实处，而人们的受教育程度也在不断提高，因此行为因素也越来越重要。

影响生产率的主要因素如图6.1所示。

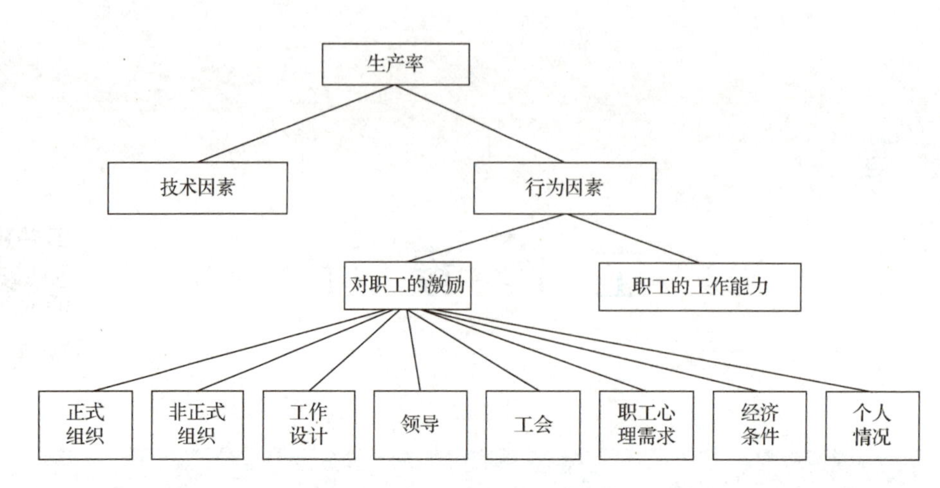

图 6.1 影响生产率的主要因素

2. 行为因素与工作设计

为达到提高生产率的目的，人们除了考虑技术因素，还必须考虑行为因素。在人类目前所能掌握的生产技术水平条件下，任何设备的使用和维护都离不开人。除了职工的技能等技术因素，其心理活动、情绪等也会影响到生产率的提高。

传统的运营管理在考虑行为因素对生产率的影响时，主要关注的是职工的工作环境，如工作地的布置、照明强度、通风、温度、劳动场所的色彩等方面的因素，而对职工的心理需求关注较少。随着社会经济的发展，人们在解决基本生存问题之后，越来越注重心理上的需求。单调乏味的流水作业渐渐为职工所厌倦，经过精确设计的操作动作并没有给企业带来期望中的高效率。经过研究发现，一个人长期从事一种简单劳动会使他丧失对工作的热情。为了保持职工对工作的热情，应该不断变化工作内容，增加对职工的吸引力。因此，现代运营管理非常强调工作内容的扩大化、多样化和丰富化，以此来保持职工对工作的兴趣和热情。这些措施，都是为了满足职工的心理需求，通过强化其行为因素保持和提高生产率。经过不断的实践和理论探索，运营管理系统逐渐形成了工作设计和工作测量学说，在生产系统设计时同时考虑技术和行为两个方面的因素，争取为职工提供一个理想的劳动场所。

3. 工作设计的目标

构建运营系统的任务之一就是工作设计。所谓工作，是指一个职工承担的一组任务或活动的总称。工作设计则是确定具体的任务、责任、工作环境，以及实现运营管理目标的方法。工作设计有两个目标：一是满足生产率和质量的目标；二是使工作安全、有激励性、能让职工有满意感。一个经过良好设计的工作，既可以达到提高生产率和质量、降低成本、缩短生产周期的目的，又可以使职工在工作中心情愉快、疲劳感下降、自我实现感得到满足，对实现企业总体目标很有帮助。

运营实例 6-1

阿拉斯加航空公司的工作设计

工作设计为提高人类活动的生产率水平提供了机会，这种机会存在于各种应用之中，包括商业飞机。在商业飞机事故中，有 2/3 是由人为错误造成的，而一种新驾驶舱显示设备能减少人为错误。

改进驾驶舱显示设备的方法之一是简化仪表板。新一代驾驶舱内安装了显示屏，它比传统的圆形刻度盘能更准确地显示信息，显示屏使飞行员能更迅速地获取各种控制参数，包括空气速度、海拔和拔高率。针对人体系统的需要，运用人力因素的知识，飞机控制台将 19 项重要控制直接与示警显示相连，飞行员可以在头盔护目镜或挡风玻璃上看到示警显示。阿拉斯加航空公司已将这种简化仪表板投入使用。

华盛顿至西雅图的航线所经过的地区经常多雾，能见度较低，但这种新的示警显示，改善了飞机的飞行能力。这种工作设计能减少飞行员的错误，提高飞行员的反应能力，使阿拉斯加航空公司的飞行更加安全，更具有竞争力。

资料来源：海泽，雷德，1999. 生产与作业管理教程[M]. 潘洁夫，余远征，刘知颖，译. 北京：华夏出版社：237.

6.1.2 工作设计的发展过程

在 20 世纪初，泰勒首创了时间研究和动作研究。与泰勒同时代的吉尔布雷思夫妇、甘特等人，发展了泰勒的科学管理思想，使之发展成为工作研究体系。一个世纪过去了，社会生产已进入了自动化和计算机控制的时代，就业结构已从以制造业为主转向了以服务业为主。面对如此巨大的变革，科学管理的思想和方法仍然有效。

泰勒在倡导科学管理运动时，提出过一些重要的思想。在泰勒看来，管理技术就是“确切知道要别人干什么，并注意让他们用最好、最经济的方法去干”。他认为整个作业管理制度应当是“建立在对单位工时精确和科学的研究上，这是科学管理中最重要的因素”。倘若工作的性质要求多次重复去做，则时间研究应当做得更仔细、更精确。应当将每项工作妥善地分成若干基本动作，对每个单位工时加以最细致的时间研究，而不是笼统地对整项工作定出一个工时和工资数额。

泰勒提出，高工资和低劳动成本相结合是可能的，这种可能性“主要在于一个第一流的工人，在有利环境下所能做的工作量和普通水准的工人实际做的工作量之间的巨大差距”。而使这种可能性变为现实的途径就是：基于方法研究和时间研究基础上的科学管理。事实表明，泰勒的这种预言已经被当代一些发达国家和许多世界级企业实现了。

任何组织和作业几乎都可以应用工作设计的原理和方法，来寻求一种更好的作业程序和作业方法。无论是制造业还是服务业，无论是企业、政府还是其他组织，都面临着改进作业方法与提高生产率的问题。而且过去如此，现在如此，将来也是如此，提高生产率是一个永恒的主题。现代社会中的各种服务性作业，如商店的售货作业、餐馆的烹调作业、银行的出纳作业、邮局的打包作业、医院的门诊作业、电话局的维修作业、政府部门的审批作业，以及办公室的收发作业等，如果设计者都能像吉尔布雷思研究砌砖那样加以细致分析，使之简化和标准化，整个社会的效率将会大大提高，人们的生活也将会更加舒适愉快。

6.1.3 工作设计的重要性

运营系统是人和技术构成的有机体系，是一个复杂的社会技术系统。人是运营系统中最主要的生产要素，运营系统的功能和效率的高低，最终取决于人的因素，即取决于人的工作态度和工作方式。特别是现代运营的新特征和发展趋势，使工作设计变得越来越重要。工作设计在运营管理中起着重要的作用，合理的工作设计可以起到以下作用。

1. 提高职工的工作积极性

随着大多数职工文化水平的提高，人们期望从工作中得到的东西和实际得到的东西的差距越来越大。许多人能够忍受工作带来的牺牲和挫折是由于他们认为工作能提供一定价值的报酬（例如现金、有价证券、高水平生活和资料信息）。然而现在越来越多的人难以忍受工作带来的牺牲和挫折，成千上万的人寻求的是能够实现自我满意的工作形式。合理的工作设计可以提高职工的工作积极性，有利于实现企业目标。

2. 提高企业的生产率

一个人长期从事一种简单的劳动会使他丧失对工作的热情，为了保持职工对工作的热情，应该通过工作设计，不断变化工作内容，增加对职工的吸引力。通过工作的内容扩大化、丰富化和工作职务轮换等多种劳动组织形式，保持职工的兴趣和对工作的热情，满足职工的心理需求以提高生产率。

3. 改善企业的管理

通过工作设计，将决策的权力和责任层层下放。传统的任务分配方式、工作进度计划、人员雇用计划等是由不同层次、不同部门的管理人员来决定的。现在将这些权力下放，可以调动每个人的积极性和创造性，使工作效果更好，同时，可以使整个企业组织的层次变少，使企业的管理得到改善。

6.1.4 工作设计的内容

工作设计的内容包括：明确生产任务的作业过程；通过分工确定工作内容；明确每个职工的工作责任；以组织形式规定分工后的协调工作，保证任务的完成。

图 6.2 列出了工作设计决策的主要内容。

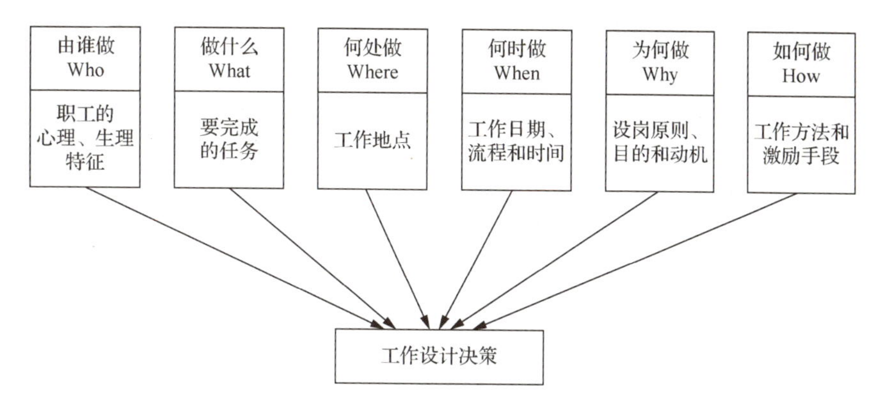

图 6.2 工作设计决策的主要内容

工作设计决策受到以下几个因素的影响。

（1）职工工作组成部分的质量控制。

（2）适应多种工作技能要求的交叉培训。

（3）团队工作方式。

（4）自动化程度。

（5）对职工提供有意义的工作，并对工作出色的职工进行奖励。

（6）远程通信网络和计算机系统的使用。

工作设计只有从以技术为中心转变到以人为中心，才能真正达到提高生产率的目的。

6.2 工 作 方 式

工作方式是指企业员工工作组织的形式和方法。管理学派和行为学派关于工作设计的争论焦点也主要体现在工作方式上。管理学派的泰勒制强调工作专业化，提高工作效率；而行为学派则强调满足人的工作动机，认为人的工作动机对工作的形式和工作的结果有很大的影响。但不论是基于何种理论的工作方式，均有相应的群体与之相适应，均有其存在的价值。

6.2.1 工作专业化

工作专业化是指将工作任务分为若干细小的单元，每人只完成其中一个单元的工作。工作专业化模式下，职工所需的工作技能单一，工作内容重复，因此，职工的熟练程度高，可大大提高工作效率，降低成本。

工作专业化程度的高低应当因地制宜。因为工作专业化不仅仅有优点，也有缺点。

1. 工作专业化的优点

对企业而言，工作专业化的优点有：①能迅速培训劳动力；②使招聘新职工变得容易；

③更换劳动力比较容易，可降低职工工资；④工作单一重复，故生产率高；⑤对工作流程和工作负荷可以严密控制。

对职工而言，工作专业化的优点有：①为了获取工作只需很少的教育或不需接受教育；②能比较容易地学会干一项工作。

2．工作专业化的缺点

对企业而言，工作专业化的缺点有：①工作任务的细分化，会导致作业不平衡，作业人员忙闲不均；②由于工作环节增多，不同环节之间要求有更多的协作，物流、信息流都较复杂；③分工过细导致无人对整个生产负有责任，质量控制比较困难；④由于职工的期望有限，从而降低了改善制造过程的可能性；⑤改变生产过程以适应生产新产品或改进产品的灵活性有限。

对职工而言，工作专业化的缺点有：①重复同一性质的工作容易产生疲劳和厌烦感；②由于对每一项任务的贡献很小，从而难以产生满足感；③由于技能有限，很少有机会获得更好的工作。

一般来讲，对于主要进行单一品种、大批量生产的企业来说，高度工作专业化可取得较好的效果；对于主要进行多品种、小批量生产的企业来说，工作专业化程度应低一些才能有较强的适应性。

前述的工作专业化的缺点，没有考虑到人工作动机层面的精神因素。由上文可知，当工作专业化程度较高时，人往往难以从工作中感受到成就感、满足感。此外，与他人的交往、沟通较少，升迁的机会小。因此，像这样专业化程度高、重复性很强的工作往往容易导致人对工作变得淡漠，从而影响到工作结果。西方的一些研究表明，这种状况给“蓝领”职工带来的结果是：职工变换工作频繁，缺勤率高，不满情绪严重，甚至故意制造生产障碍。对于“白领”职工，也有类似的情况。由于这些问题直接影响着一个运营系统产出的好坏，因此，需要在工作设计中考虑一些新的工作方式来解决这些问题。

6.2.2　工作扩大化与工作职务轮换

工作扩大化是指工作的横向扩大，即增加每个人工作任务的种类，从而使他们能够完成一项完整工作（例如，一个产品或一项服务）的大部分程序。通过这种方式，职工可以看到他们的工作对消费者的意义，从而提高工作积极性。进一步，如果消费者对这个产品或这项服务表示十分满意并加以称赞，还会使该职工感受到一种成功的喜悦感和满足感。同时，工作扩大化通常需要职工有较多的技能和技艺，这也有利于提高职工钻研业务的积极性。

工作职务轮换是指允许职工定期轮换所做的工作。这种方法可以给职工提供更丰富、更多样化的工作内容。当不同工作任务的单调性和乏味性不同时，采用这种定期轮换方式很有效。采用这种方式需要职工掌握多种技能，可以通过“在岗培训”来实现。这种方法还增加了工作任务分配的灵活性，例如，派人顶替缺勤的职工；往瓶颈环节多派人手；等等。此外，由于职工互相交换工作岗位，可以体会到每一岗位工作的难易，这样比较容易使职工理解他人的不易之处，互相体谅，使整个运营系统得到改善。

很多国家的企业都在使用工作职务轮换的方法，但各企业的具体实施方法和实施内容则多种多样。

工作扩大化与工作职务轮换尽管在形式上有一定的差别，但其本质是相同的，即对工作内容横向的扩大化，工作内容有变化而工作的性质没有变化。

6.2.3 工作丰富化

1959年，赫茨伯格和他的助手发表了一项著名的研究成果，指出内在工作因素（如成就感、责任感、工作本身）是潜在的满足因素，而外在工作因素（如监督、工资、工作条件等）是潜在的不满足因素。赫茨伯格指出满足感和不满足感不是一条直线上的对立面，而是两个范围。根据这个原理，改进外在工作因素，如增加工资，可能降低不满足感，但不会产生满足感。根据赫茨伯格的理论，能使职工产生满足感的是内在工作因素。赫茨伯格将对工作的满足感与激励联系起来，提出了强化内在工作因素，使工作丰富化的观点，认为工作丰富化不仅可以提高职工的满足感，而且可以提高生产率。

工作丰富化是指工作的纵向扩大，即给予职工更多的责任，以及更多地参与决策和管理的机会。例如，一个生产第一线的职工，可以让他负责若干台机器的操作，产品的概念，还负责设备的维护与保养，包括一些故障的排除等。工作丰富化在所需技能要求高的同时，可以给人带来成就感、责任心和得到认可的满足感。当职工通过学习，掌握了丰富化的工作内容之后，会感到取得了成就；当职工从消费者那里得到了关于他们工作成果——产品或服务的反馈信息时，会感受到被认可；当他们自己安排设备的操作、制订保养计划、制订所需资源的计划时，他们的责任心也就会大为增强。

运营实例6-2描述了在服务行业中应用工作丰富化的实例。

运营实例 6-2

保险公司的工作丰富化

保险公司团体保险服务部门的主要工作是对事件进行分类拆封，归入相应的客户卷宗，检查团体保险单，以及为需要保密的保险单设置密码。一名经理和一名监督员领导这个部门。职工被分成办事员、密码设置者、高级技术人员和专业职员。

这种工作范围的安排导致了一些问题的发生，工作的分配和选择是随意的，职工既没有享有主权的感觉，也没有个人责任感。职工觉得工作只是不断地重复，太单调乏味，他们很少有机会改变完成任务的次序，只需接受很少的训练。

这些因素使公司无法衡量职工的成绩，所以职工很少甚至得不到任何信息反馈。

公司的结算部门的工作包括处理档案、保险账单和从团体保险服务部门收取支票。结算部门也同样设有一名经理和一名监督员，雇员被分成高级技术人员、保险费输入员和专业职员。

这种工作范围的安排带来了与前一个部门类似的问题。

为了使这两个部门的工作能很好地衔接起来，保险公司调整了部门的工作内容，通过工作丰富化来提高职工对工作的责任感。例如，调整之后，每个职工要完成 8 项任务，而以前只有 2 项。保险公司呼吁职工建立自己的工作定量配额、工作速度和工作方法，并按地域来分派每个职工的保险单。这样就可以明确每个人的工作，便于评估工作成绩和提供建议性的信息反馈。

资料来源：根据网络资料整理。

6.2.4 团队工作方式

团队工作方式是指由数人组成一个小组，共同负责并完成一项工作。在小组内，每个成员的工作任务、工作方法及产出速度等都可以自行决定，在有些情况下，小组成员的收入与小组的产出挂钩。这与每个人员负责一项完整工作的一部分的泰勒制工作方式不同，团队工作方式的基本思想是全员参与，从而调动每个人的积极性和创造性，使工作效果尽可能好。这里工作效果是指效率、质量、成本等的综合结果。

泰勒制工作方式与团队工作方式的主要区别见表 6-1。

表 6-1 泰勒制工作方式与团队工作方式的主要区别

泰勒制工作方式	团队工作方式
最大分工与简单工作	工作人员高素质、多技能
最少的智能工作内容	较多的智能工作内容
众多的从属关系	管理层较少、基层自主性强

团队工作方式也可以采取不同的形式，以下是 3 种常见的形式。

1. 解决问题式团队

解决问题式团队实际上是一种非正式组织，它通常包括 70 名左右的自愿成员，他们可以来自一个部门内的不同班组。成员每周有一次或几次碰头，用来研究和解决工作中遇到的一些问题，例如质量问题、生产率提高问题、操作方法问题、设备和工具的小改造问题等，然后提出具体的建议，提交给管理决策部门。解决问题式团队的最大特点是：他们只提出建议和方案，但并没有权力决定是否实施。这种团队在 20 世纪 70 年代首先被日本企业广泛采用，并获得了极大的成功，日本的质量控制小组就是这种团队的最典型例子。这种方法对于日本企业提高产品质量，改善生产系统，提高生产率起了极大的作用。同时，对于提高工作人员的积极性，改善职工之间、职工与经营者之间的关系也起了很大的作用。这种思想和方法后来被日本企业带到了其在美国的合资企业中，在当地的美国工人中运用，同样取得了成功，因此其他美国企业也开始效仿，进而又扩展到其他国家的企业中。因此，管理理论也开始对这种方式加以研究和总结。

解决问题式团队有很多优点，但也有其局限性。因为它只能建议，不能决策，又是一种非正式组织，所以，如果团队所提出的建议和方案被采纳的比率很低，就会自行消亡。

2. 特定目标式团队

特定目标式团队是指为了解决某个具体问题，达到某个具体目标而建立的团队，例如新产品开发、新技术的引进和评价、劳资关系等问题。在这种团队中，既有普通职工，又有与问题相关的经营管理人员。团队中的经营管理人员拥有决策权，也可以直接向最高决策层报告。因此，他们的工作结果、建议或方案更容易得到实施。也可以说，他们本身就是在实施一个方案，即进行一项实际的工作。特定目标式团队不是一个常设组织，其成立也不是为了进行日常工作，而通常只是为了一项一次性的工作，实际上类似于一个项目组。这种团队的特点是，容易使普通职工与经营管理层沟通，使普通职工的意见直接反映到决策中。

3. 自我管理式团队

自我管理式团队是最具完整意义的团队工作方式。解决问题式团队是一种非正式组织，其目标只是在原程序中改善任务，而不是建立新程序，也无权决策和实施方案；特定目标式团队主要是为了完成一些一次性的工作，类似于项目组。而自我管理式团队，是由数人组成一个小组，共同完成一项相对完整的工作，小组自己决定任务分配方式与任务轮换方式，自己承担管理责任，诸如制订工作进度计划、采购计划、工作方法等。自我管理式团队包括以下 2 个重要的新概念。

（1）员工授权，即把决策的权力和责任层层下放至每一个普通职工。

（2）组织重构，组织重构实际上是将权力交给每一个职工的必然结果。采取这种工作方式后，原先的班组长、工段长、部门负责人（科室主任、部门经理等）等中间管理层几乎就没有必要存在了，他们的角色由团队成员自行担当，因此整个企业组织的层次变少，变得更扁平。

自我管理式团队是近些年才开始出现并被采用的，在企业中取得了很大成功，在制造业和非制造业都有很多成功事例。

6.3 工作研究

6.3.1 工作研究概述

工作研究又被称为作业研究，是指运用系统的方法对人的工作进行分析、设计和管理，排除工作中不合理、不经济、混乱的因素，寻求更合理、更经济、更有序的工作方法，以提高系统的生产率。这里的工作，包括人们所进行的生产活动的全部，其中最基本、最主要的是产品的制造活动，其基本目标是要避免浪费，包括时间、人力、物料、资金等多种形式的浪费。工作研究可以帮助企业寻求最佳工作方法，使生产活动按先进的方法、规定的程序和标准的时间进行，从而提高生产率和经济效益。

提高生产率和经济效益的途径有多种，有外延式的，如通过使用更先进的设备，提高劳动强度来实现；有内涵式的，即在既定的工作条件下，不依靠增加投资和提高劳动强度等方法，只通过重新结合生产要素，优化作业过程，改进操作方法，整顿现场秩序等方法，达到减少浪费，节约时间和资源，提高产出效率的目的。同时，由于作业规范化、工作标准化，还可以使产品质量更为稳定甚至得到提高，职工积极性得到提高。因此，工作研究是企业提高生产率与经济效益的一个有效方法。

从某种意义上讲，人类在发展过程中一直都在进行工作研究，并对工作研究的更高级形式——工具的改进和发明及工作过程管理进行研究，因而人类的生产能力和生产率才会不断提高。另外，每一个人在其一生当中也都在尽力从多方面进行工作研究。但是，并不是每个人都使用了科学方法来研究和改进他的工作，这里要介绍的工作研究，给人们提供了科学的方法和步骤，这些方法被称为系统方法。

工作研究的奠基人是泰勒。他发现装卸工人劳动效率的高低与工人所使用的装卸工具有关，同一种装卸工具在装卸不同货物时效率也不相同，这促使他进一步研究用何种工具和装卸何种货物时效率最高。

工作研究的代表人物是吉尔布雷思夫妇，他们发现，运用不同的砌砖方法，工作效率也不相同，从而促使他们开始研究最佳的工作方法。他们毕生从事各种作业的分析，提出了动作分析、微动作分析、操作程序图及节约动作的原则，他们的理论和方法的要点如下。

（1）构成作业的动作要素要少。

（2）每个动作要素的动作时间要短。

（3）每个动作要素带给人的疲劳要少。

（4）改进不同作业方法的主要制约因素，如工艺装备和设备等。

在泰勒和吉尔布雷思夫妇之后，一大批学者进一步进行了工作研究，提出了疲劳理论，以及工作研究中统计方法的应用理论。到 20 世纪 50 年代，有关工作研究的理论和方法已经成熟，并得到普及和推广。

6.3.2 工作研究的内容和特点

工作研究的内容主要包括：方法研究和时间研究。这两个方面又体现在以下几个方面。

（1）寻求最经济合理的工作方法。

（2）工作标准化。

（3）制定时间标准。

（4）培训操作人员，贯彻实施新工作方法。

方法研究和时间研究作为工作研究的两大构成部分，它们的关系是既有区别又有联系的对立统一关系，如图 6.3 所示。

1. 方法研究与时间研究的区别

（1）研究的具体对象不同。

方法研究是对生产流程和工序操作进行研究，从中消除不合理、不经济的工序、操作和动作，使工作方法最经济、最合理、最有效；时间研究是对某种既定操作方法的消耗时间进行研究，从中找出最正常、最合理的标准时间。

（2）研究的理论依据不同。

方法研究所依据的理论是生产流程分析理论、操作分析理论及动作分析理论等；而时间研究所依据的理论是工作抽样法、预定动作时间标准法及测时法等。

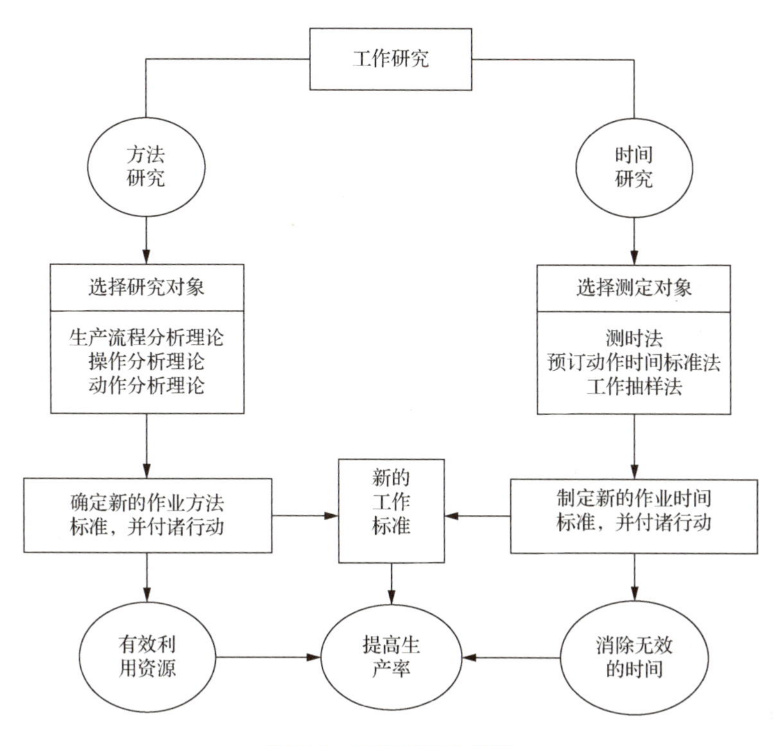

图 6.3　工作研究分类图

（3）研究的具体目的不同。

方法研究的目的是使设备布局更加合理，工作环境更加良好，工人的无效劳动更少、疲劳程度进一步降低；而时间研究的目的是寻求标准工作时间，确定经济合理的工时成本，合理使用劳动力并促进劳动生产率提高。

2. 方法研究和时间研究的联系

（1）方法研究是时间研究的前提和基础，时间研究是在一定的方法研究基础上进行的。

（2）时间研究对方法研究有促进作用，通过时间研究可以选择和比较工作方法。从这个意义上说，方法研究又离不开时间研究，最好的工作方法并不仅仅要经过方法研究，还要经过时间研究才能最终得到。

（3）方法研究和时间研究都涉及一个共同的目标，就是科学地确定最经济、最合理、最有效的工作方法，提高生产率和经济效益，这个共同的目标把两者统一起来，成为不可分割、相辅相成、相互促进的统一体。

工作研究作为一种科学的方法体系，有以下几个特点：①指导思想是创新；②采用系统分析的方法；③着眼点是挖掘企业内部潜力；④致力于工作方法的标准化；⑤是一种极为有效的管理手段和管理工具。

6.3.3 工作研究的程序

工作研究包括以下程序。

1. 选择研究对象

一般来说，工作研究的对象主要集中在系统的关键环节、薄弱环节，或是带有普遍性问题的方面，或是从实施角度容易开展、见效快的方面。因此，应该选择效率明显不高、成本耗费较大、急需改善的工作作为研究对象。研究对象可以是一个完整的运营系统，也可以是某一局部，如生产线中的某一工序、某些工作岗位，甚至是操作人员的某一具体动作、时间标准。

2. 确定研究目标

研究目标包括以下几个方面。

（1）减少作业所需时间。

（2）节约生产中的物料消耗。

（3）提高产品质量的稳定性。

（4）增强职工的工作安全性，改善工作环境与条件。

（5）改善职工的操作，减少劳动疲劳。

（6）提高职工对工作的兴趣和积极性等。

3. 记录现行方法

将现行工作方法或工作过程详细地记录下来，可以借助各类专用表格技术或录像技术。尽管方法各异，但其记录的内容都是工作研究的基础，而记录的详尽、正确程度，则直接影响着对其所做的分析效果。

4. 分析

主要是对记录的内容进行分析和研究，以寻求新的方法。

详细分析现行工作方法中的每一个步骤和每一个动作，判断其存在是否必要、顺序是否合理。这里可以运用“5W1H”分析方法来从 Why、What、How、Who、Where、When 这 6 个方面反复提出问题。因为实际上并不存在“最好”的工作方法，但却可以通过反复提出问题，不断寻求“更好”的工作方法。“5W1H”分析方法的基本内容见表 6-2，其中 Why 是最重要的。一般来说，要解决某个问题，至少问 5 个 Why 才能由现象触及本质。

表 6-2 “5W1H”分析方法的基本内容

<table>
<tr><td rowspan="5">Why</td><td>为什么这项工作是必不可少的</td><td>What</td><td>这项工作的目的何在</td></tr>
<tr><td>为什么这项工作要以这种方式、这种顺序进行</td><td>How</td><td>如何更好地完成这项工作</td></tr>
<tr><td>为什么这项工作需要制订这些标准</td><td>Who</td><td>何人开展这项工作更为恰当</td></tr>
<tr><td>为什么这项工作需要这些投入</td><td>Where</td><td>何处开展这项工作更为恰当</td></tr>
<tr><td>为什么这项工作需要这种人员素质</td><td>When</td><td>何时开展这项工作更为恰当</td></tr>
</table>

5. 设计、试用和评价新方法

设计、试用和评价新方法是工作研究的核心部分。

设计新方法可以在现有工作方法基础上，通过取消、合并、重排、简化这 4 项技术对现有方法进行改进，这 4 项技术又被称为工作研究的四巧技术（或 ECRS 技术），四巧技术的具体内容见表 6-3。

表 6-3 四巧技术的具体内容

四巧技术	具体内容
取消（Elimination）	① 取消所有不必要的工作步骤或动作； ② 减少工作中的不规则性，如确定工作、工具的固定地点，形成习惯性机械动作； ③ 除需要的休息外，取消工作中一切怠工和闲置时间
合并（Combination）	实现工具的合并、控制的合并、动作的合并
重排（Rearrangement）	对工作的顺序进行重新排列
简化（Simplification）	包括对工作内容、步骤方面的简化，也包括对动作方面的简化

经过四巧技术处理后的工作方法可能会有很多，因此需要通过对新方法进行试用，从中选择最佳工作方法。对新方法的评价，主要从经济价值、安全程度和管理方便程度等方面来考虑。

6. 方法实施

工作研究成果的实施可能比对工作的研究本身要难得多。新方法在刚开始还不被人了解，而且改变人们多年的老习惯，也会使得新方法的推广更加困难。因此，在实施过程中要认真做好宣传、试点工作，做好各类人员的培训工作，切勿急于求成。

【范例 6-1】 轴套检验方法的改进。

轴套是机械产品中常用的零件，其主要的质量控制参数是内径。原检验方案的检验工具是塞规 I 和塞规 II，其直径分别是公差的上下限，轴套原检验方案的操作说明如图 6.4 所示。

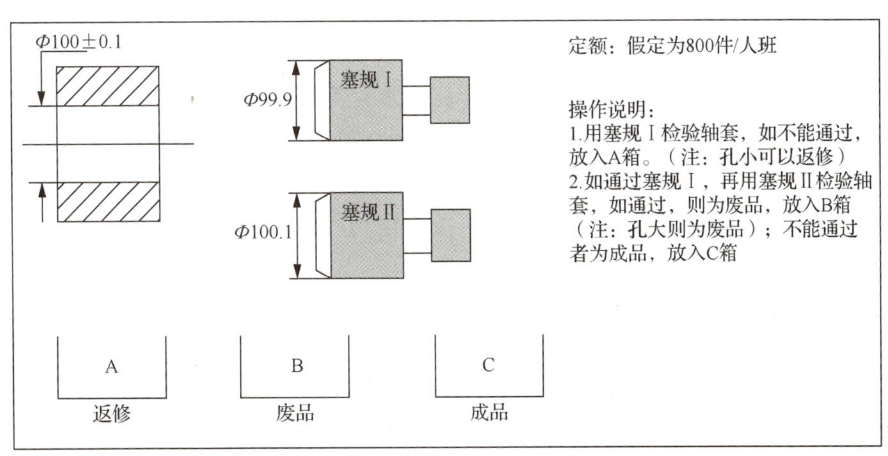

图 6.4 轴套原检验方案的操作说明

显然，原方案有改进的余地。

（1）改进方案一。

改进方案一将塞规Ⅰ和塞规Ⅱ做成一体，如图 6.5 所示。该方案一次即可完成检验工作。检验原理与原方案相同。即轴套未通过塞规Ⅰ需返修，通过塞规Ⅰ而未通过塞规Ⅱ是成品，塞规Ⅰ和塞规Ⅱ均通过则为废品。因此，该方案可提高 1 倍效率，达到 1600 件/人班。

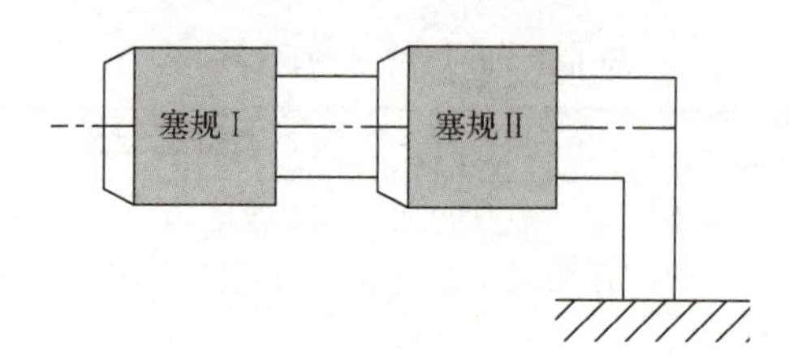

图 6.5 改进方案一

（2）改进方案二。

改进方案一提高了检验效率，是值得肯定的，但是能否进一步改进呢？答案也是肯定的。因为方案一的操作一只手就可以完成，另一只手处于闲置状态，而两只手可以同时操作。

改进方案二如图 6.6 所示。

改进方案二可再提高 1 倍效率，产量能达到 3200 件/人班。而且，根据动作经济原则，双手对称或反向运动比单手重复运动更省力。

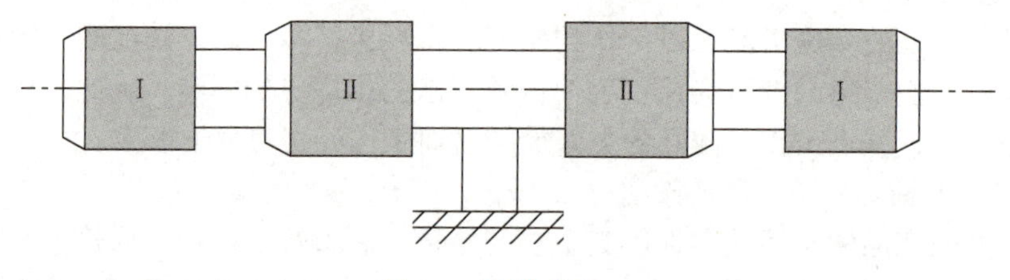

图 6.6 改进方案二

6.3.4 过程分析

过程分析是方法研究的重要内容之一，它将现行流程进行系统的记录、描述，然后对它进行分析与改进。过程分析可以用于不同的行业或场合，用于制造业被称为生产过程分析，用于服务业被称为作业过程分析，而用于信息处理业务则被称为信息处理过程分析或数据流程分析。过程分析可采用专门的图表技术绘制程序图来描述作业流程，常用的图表技术有以下几种。

1. 作业流程图

作业流程图是描述材料、表格单据（信息）或各种作业活动所经过的全部程序，包括加工、搬运、储存、检验和等待等内容，还要记录所经历的时间和距离。作业流程图常用的符号及其名称和含义见表 6-4。

表 6-4 作业流程图常用的符号及其名称和含义

符号	名称	含义
○	加工	改变加工对象物理状态或化学性质的活动
◎	加工	文字加工处理符号，表示生成一个记录、一个报告
●	加工	文字加工处理符号，表示向一个记录上添加信息
⇨	搬运	将物件从一个位置搬运到另一个位置的活动
▽	储存	物料或文件处于储存状态
□	检验	对材料或制品的质量、数量进行检查，查看仪表数据等
D	等待	在加工、运输、检验之前发生的等待

【范例 6-2】将作业流程图应用于某校学生食堂面条制作过程的改进。

改进前的面条制作流程描述见表 6-5。

表 6-5 改进前的面条制作流程

序号	步骤	符号	备注
1	面条置于储藏架上	▽	—
2	将面条拿到厨房	⇨	—
3	煮熟	○	—
4	放到盆里	⇨	—
5	送到水池边	⇨	需要搬运重物
6	过水	○	—
7	送到操作台	⇨	需要搬运重物
8	分装入盘	⇨	6个重复动作
9	加肉末和番茄酱	○	6个重复动作
10	将盘子送到加热器	⇨	—
11	保温	▽	—
12	送到出售台	⇨	6个重复动作

由表 6-5 可以看出，改进前的流程搬运环节过多，影响工作效率。可增加一个紧邻锅台的水龙头（已有水管），直接加上肉末和番茄酱，并就地在锅台保温。改进后的面条制作流程见表 6-6。

表 6-6 改进后的面条制作流程

序号	步骤	符号	备注
1	面条置于储藏架上	▽	—
2	将面条拿到厨房	⇨	—
3	煮熟	○	—
4	放到盆里	⇨	—
5	在锅台过水	○	增加一个紧邻锅台的水龙头
6	加肉末和番茄酱	○	—
7	保温	▽	—
8	分装入盘	⇨	6 个重复动作
9	送到出售台	⇨	6 个重复动作

2．人机操作程序图

人机操作程序图把一个工作周期内操作者和机器的作业活动在时间上的配合关系绘制在一张图表上，用来描述操作者和机器的交互作用过程，从而分析作业安排的合理性。该图多用于多机床看管、多工位加工等的作业安排与分析。通过对人机操作程序图的分析，可获得减少人机空闲时间、提高人机效率的新方法。

【范例 6-3】人机操作程序图的应用——立式铣床上精铣铸件的改进。

在立式铣床上精铣铸件的设备与工件加工要求如图 6.7 所示。现行方法的人机操作程序图如图 6.8 所示。在一个周程之内，铣床有 3/5 的时间空闲，工人有 2/5 的时间空闲。这是由于当工人操作时，铣床停止工作；铣床自动铣削时，工人也无事可做。分析铣床和工人的工作过程，可以看出：移开铣成品并用压缩空气清洁工件、用压缩空气清洁机器、将新件装入夹头并开动机器自动精铣等环节是必须在铣床停止时才能进行的，而其他的环节则不需要铣床停止就可进行。因此，要缩短其周程时间，应尽量利用铣床工作的时间进行手工操作。

图 6.7 在立式铣床上精铣铸件的设备与工件加工要求

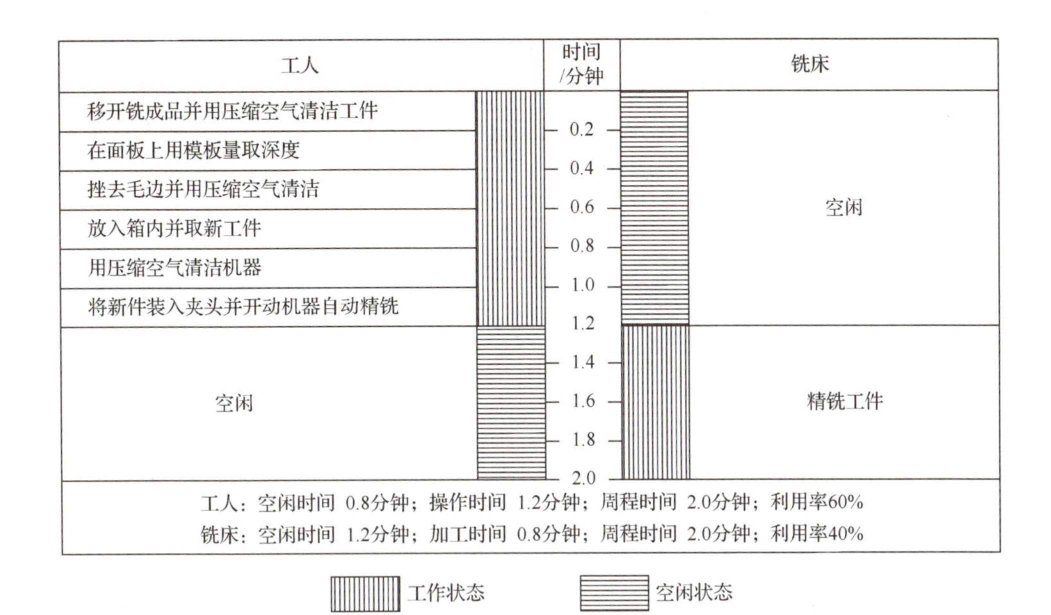

图 6.8 现行方法的人机操作程序图

图 6.9 为改进后的人机操作程序图，按新的方法，在不增加设备和工具的前提下，仅在 2 分钟内就节省了工时 0.6 分钟。

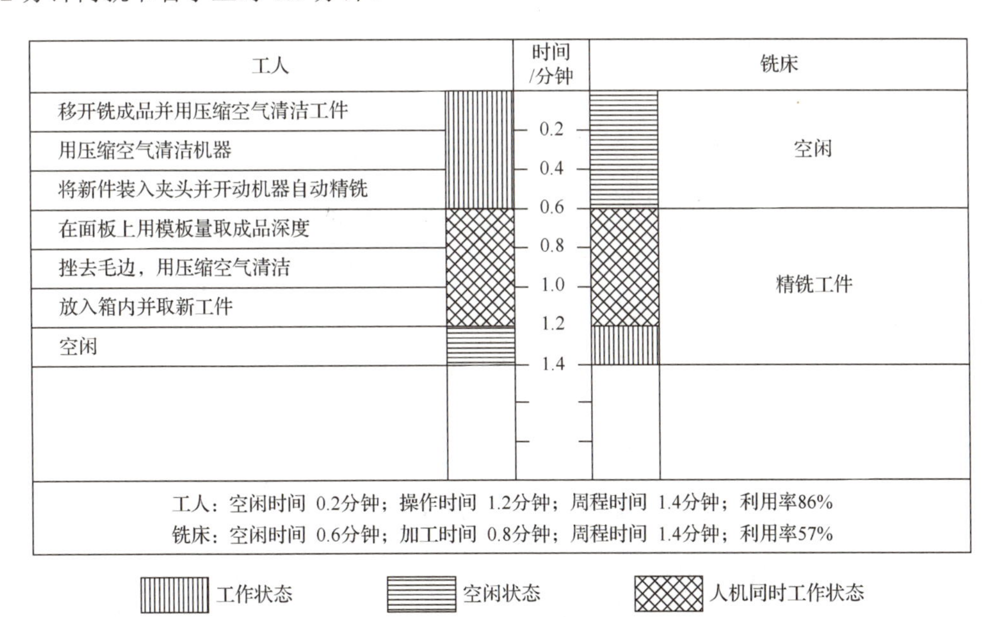

图 6.9 改进后的人机操作程序图

3．双手操作程序图

双手操作程序图是按操作者双手动作的相互关系记录其双手动作的图表。分析和研究双手操作程序图的目的在于平衡左右手的负荷，减少无效动作，减轻工人疲劳，缩短作业时间，使操作过程合理化，并据此拟定操作规程。

双手操作程序图一般被用来表示一个完整工作循环里的重复操作。它和人机操作程序图的区别在于：前者是分析操作者左右手的动作情况，着眼于工作地点布置的合理性和零件摆放位置的方便性；而后者则是分析人、机的相互协调配合关系，着眼于人如何利用机动时间来做其他工作或增加看管机器的台数，以提高人、机的利用率。

6.4 动作研究

第一章中已经介绍了动作研究的概念及吉尔布雷思夫妇在动作研究方面取得的成就。

动作研究最主要的目的就是消除无效的动作，以最省力的方法实现最高的生产率。例如，在现实生活中，为什么有的人包饺子会比一般人快很多？为什么有的人插秧会比一般人快很多？那都是因为他们掌握了一定的动作经济原则，能够用最科学的方式、最经济的动作来完成包饺子和插秧的动作。

动作经济原则主要包括以下几项。

1．双手并用原则

双手的动作尽可能同时开始、同时结束；除规定休息时间外，双手不应同时空闲。双手并用原则示意图如图6.10所示。

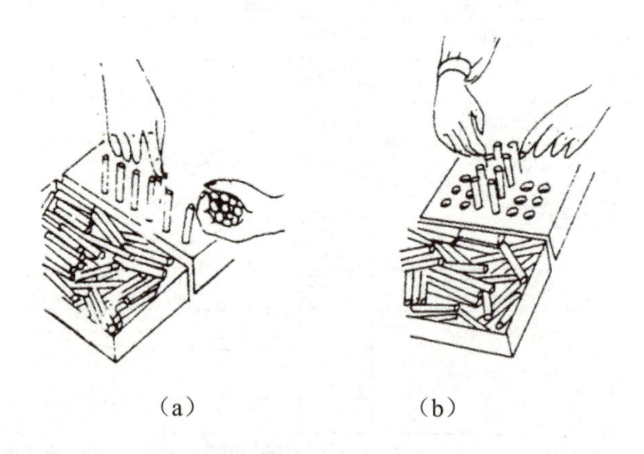

图6.10 双手并用原则示意图

2．排除合并原则

排除不必要的动作，或尽量合并动作。

3．降低动作级别原则

根据效率和省力程度的不同，可将人工作时的动作分为5级，见表6-7。级别数越小，效率越高，也越省力。

表 6-7 动作级别一览表

级别	动作枢轴	运用部位
1	手指	手指
2	手腕	手指、手腕
3	肘	手指、手腕、前臂
4	臂	手指、手腕、前臂、上臂
5	身体	手指、手腕、前臂、上臂、肩及身体其他部位

图 6.11 给出了降低动作级别的改进方法。其中，图 6.11（a）中下图的开关比上图更方便，图 6.11（b）中下图的按键式拨号比上图更快捷。

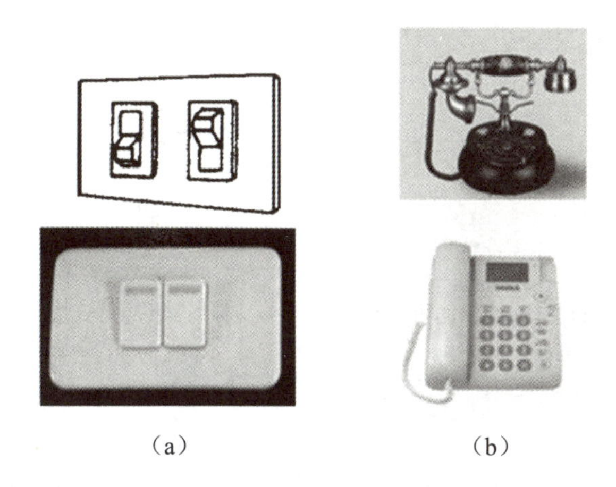

（a） （b）

图 6.11 降低动作级别的改进方法

4. 利用惯性原则

应尽可能利用物体的动量，但如需肌肉制止时，则应将对其的利用减至最小度。例如，图 6.12（a）中操作者的用力效果不及图 6.12（b）中操作者的用力效果。

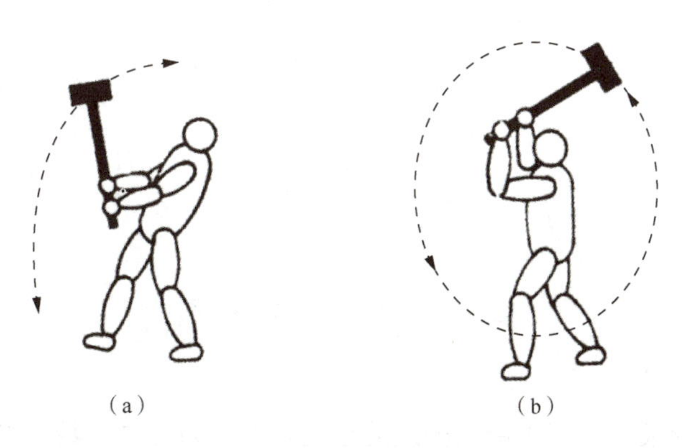

（a） （b）

图 6.12 利用惯性原则示意图

5. 手脚并用原则

通常人工作时，仅仅用手的时候居多，脚则大多数时间被闲置。如果手脚并用，解除部分手的工作，用脚踏工具代替，则可以大大提高工作效率，如图 6.13 所示。

（a）脚踏操纵的卫生设备　（b）脚踏操纵的转盘

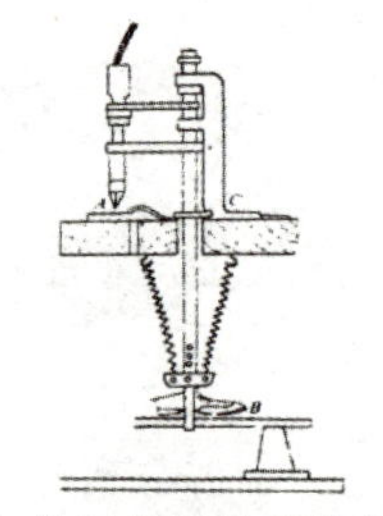

（c）脚踏操纵的焊接烙

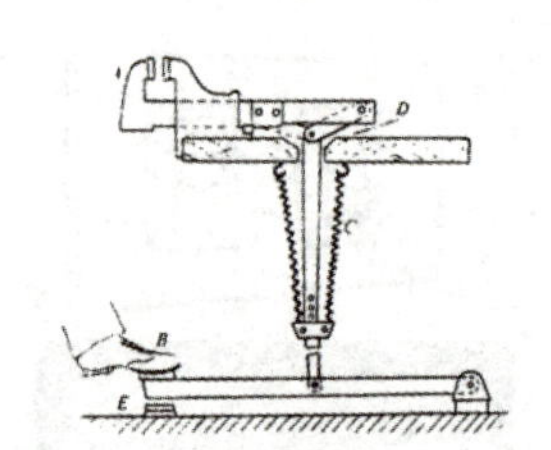

（d）脚踏操纵的台式虎钳

图 6.13　手脚并用原则示意图

6. 适当姿势原则

在垂直面上，人工作时手臂也有适宜的上下范围，操作者应使用适当姿势操作，避免疲劳及劳动伤害的动作，如图 6.14 所示。

图 6.14　适当姿势原则示意图

7. 双手可及原则

由于手臂长度的限制，双手所能触及的范围有限。因此，工具、物料应置于双手所能触及的固定位置，并依最佳的工作顺序排列，尽量靠近操作者，如图 6.15 所示。

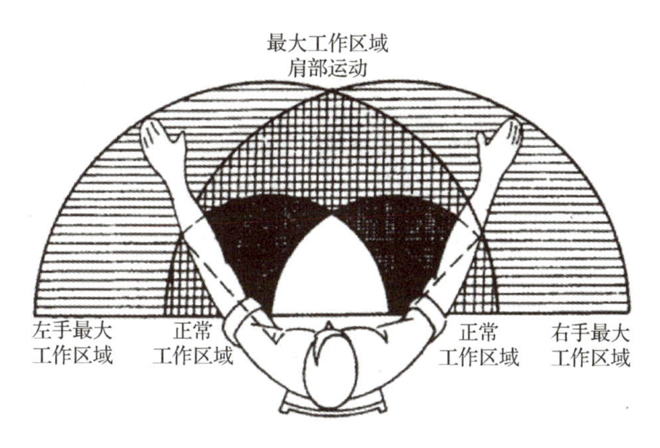

图 6.15 双手可及原则示意图

8. 使用容器原则

产品装配时，尤其是当零件是小件时，将零件放置于适当的容器中有助于查找和取用，节省时间，如图 6.16 所示，显然图 6.16（b）比图 6.16（a）更利于提高装配效率。

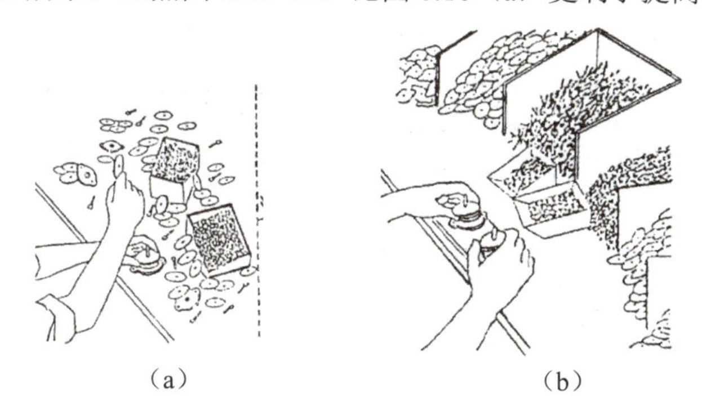

图 6.16 使用容器原则示意图

9. 重力坠送原则

当产品加工完毕，需要放置到相关的容器中时，特别是当操作台与容器有一定的高度差时，利用重力坠送原则可省力，还可以避免不必要的磕碰以防影响表面质量，如图 6.17 所示。

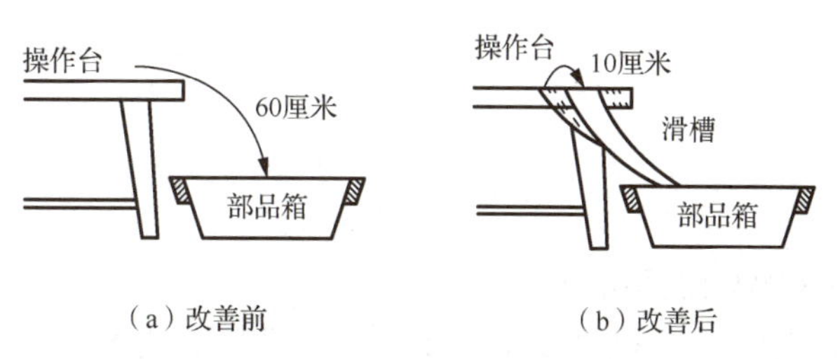

图 6.17 重力坠送原则示意图

另外，相邻工序间的在制品的传递，也可以使用重力坠送原则由前工序送至后工序的使用点，工序使用点之间的距离越近越佳，常用的重力滑道和滚道就是对这一原则的应用。

10．利用保持器具原则

要想长时间地保持物与人的良好结合状态，就必须利用保持器具。因为人体的耐久力是有限的，所以要想保持一定的工作状态，就需要一定的工具加以支持。保持器具就是人在特殊工作情况下可以利用的工具。

11．动作顺序原则

把动作的顺序确定下来，才能保证动作有节奏地、自动地进行，从而有助于提高工作的效率。

12．对称动作原则

对称动作是使双手同时朝着相反方向进行动作。研究表明，采用对称动作时，不容易疲惫，有助于提高工作效率。

根据以上12个原则全面改良动作，有利于一些以手工劳动为主体的工作提高效率。

6.5 工作测量

6.5.1 生产时间消耗及工时定额

1．生产时间消耗

产品的生产时间消耗包括：产品的基本工作时间、产品设计缺陷的工时消耗、工艺过程缺陷的工时消耗、管理不善而产生的无效时间、工人因素引起的无效时间。

（1）产品的基本工作时间。

产品的基本工作时间是指在产品设计完善、工艺过程完善的条件下，制造产品或进行作业所用的时间，也称为定额时间。

基本工作时间由作业时间与宽放时间构成。宽放时间是指劳动者在工作过程中，因作业、休息与生理等需要，对作业时间给予补偿的时间。宽放时间与作业时间的比例一般用宽放率表示。

$$\text{宽放率} = \frac{\text{宽放时间}}{\text{作业时间}}$$

宽放时间由以下3部分时间组成。

① 休息与生理需要时间。该部分时间是指劳动过程中正常的休息与生理需要所消耗的时间，包括休息饮水、上厕所的时间。

休息与生理需要时间一般可通过疲劳研究来确定，即通过研究劳动者产生疲劳的原因、精力变化的规律，测量劳动过程中的能量消耗，从而确定恢复体力所需要的时间。

一般用能量代谢率表示劳动过程中能量消耗的程度，其计算公式如下：

$$能量代谢率=\frac{劳动时能量消耗量-安静时能量消耗量}{基础代谢量}$$

式中 基础代谢量——劳动者在静卧状态下维持生命所需的最低能量消耗量；

劳动时能量消耗量——劳动者在劳动状态下的能量消耗量；

安静时能量消耗量——劳动者在非劳动状态，即安静状态的能量消耗量，按基础代谢量的 1.2 倍计算。

上述公式中每一项的取值都是在同样时间范围内的能量消耗量。

② 布置工作场地时间。该部分时间是指用于照看工作场地，使工作场地保持正常工作状态和文明生产水平所消耗的时间，例如清扫机床的时间。

③ 准备与结束时间。该部分时间是指事前准备工作和事后结束工作所耗用的时间。不同的生产类型，其准备与结束时间不同，准备与结束时间一般可通过工作抽样或工作日写实来确定。

由于宽放时间直接影响作业者一天的工作量及定额水平的制订。国外对此类时间的研究十分重视，对宽放时间做了更为细致的分类，并制订了各种宽放时间的宽放率。宽放时间更为细致的类型主要有以下几种。

① 作业宽放时间。作业过程中不可避免的特殊的作业中断或滞后时间，如设备维护、刀具更换与刃磨、切屑清理、熟悉图样等。

② 个人宽放时间。与作业无关的个人生理需要时间，如上厕所、饮水等。

③ 疲劳宽放时间。休息所需的时间。

④ 管理宽放时间。非操作者个人过失所造成的无法避免的作业延误，如材料供应不足、等待领取工具的时间等。

机械制造行业各种宽放时间的宽放率的参考数值见表 6-8。

表 6-8 机械制造行业各种宽放时间的宽放率的参考数值

<table>
<tr><th>序号</th><th colspan="2">宽放率类型</th><th>参考数值</th></tr>
<tr><td>1</td><td colspan="2">作业宽放率</td><td>3%～5%</td></tr>
<tr><td>2</td><td colspan="2">个人宽放率</td><td>2%～5%</td></tr>
<tr><td rowspan="5">3</td><td rowspan="5">疲劳宽放率</td><td>极轻度劳动</td><td>0%～5%</td></tr>
<tr><td>轻度劳动</td><td>5%～10%</td></tr>
<tr><td>中等劳动</td><td>10%～20%</td></tr>
<tr><td>重度劳动</td><td>20%～30%</td></tr>
<tr><td>极重度劳动</td><td>30%以上</td></tr>
<tr><td>4</td><td colspan="2">管理宽放率</td><td>3%～5%</td></tr>
</table>

（2）无效时间。

无效时间是由于管理不善或工人因素引起的人力、设备的闲置时间。无效时间造成的浪费十分惊人。

以生产管理为例，当人员、设备、材料、半成品、成品等超过必要数量时，就会产生闲置，使生产成本提高，产生第一次浪费。

人员过多，生产过程各环节不平衡，工作负荷不一致，就会导致奖惩不公，引起部分人员不满，进而导致怠工或生产效率降低等问题。企业管理者为了解决上述问题，增加管理人员，制订规章制度，最终浪费了人力、物力、财力，消耗了时间，形成恶性循环，这是第二次浪费。

这些浪费最终造成劳务费、折旧费和管理费增加，提高了制造成本，往往会将仅占销售总额 10%～20%的利润全部吃掉。若能消除上述两次浪费，减少无效时间带来的损失，将十分有意义。在企业产品成本中，材料费、人工费、管理费之和占总成本的 90%，但利润提高 10%就需营业额提高 100%，减少生产过程中无效时间的浪费是比较容易做到的，但是提高利润是十分困难的。因此，通过减少无效时间降低成本，挖掘企业内部潜力是运营管理的首要任务。

无效时间所带来的浪费可以归纳为以下几个方面。

① 生产过剩的浪费。整机产品中部分零件生产过多，造成产品的零件不配套、积压原材料、加工工时浪费。

② 停工等待的浪费。由于生产作业计划安排不当、工序之间衔接不上、设备突发事故等原因造成的浪费。

③ 搬运的浪费。例如，由于车间布置不当，造成产品生产过程中需要迂回搬运，引起浪费。

④ 加工的浪费。例如，由于加工过程中切削用量不当，引起浪费。

⑤ 动作的浪费。由于操作人员操作动作不科学，引起浪费。

⑥ 制造过程中产生的废品的浪费。

减少甚至消除无效时间，是工作测量探讨的基本内容之一。

2. 工时定额

工时定额，又称为标准作业时间，是在标准工作条件下，操作人员完成单位特定工作所需的时间。这里标准工作条件的含义是指，在合理安排的工作场所和工作环境下，由经过培训的操作人员，按照标准的工作方法，通过正常的努力去完成工作任务。可见，工时定额的制定应当以方法研究和标准工作方法的制定为前提。

工时定额是企业管理的一项基础工作，其作用有以下几个。

（1）工时定额是确定工作所需人员数和确定部门人员编制的依据。

（2）工时定额是生产计划编制、生产进度控制和生产成果衡量的重要依据。任何生产计划的编制，都必须将产品出产量转换成所需的资源量，然后同可用的资源量进行比较，以决定计划是否可行，这步工作被称为负荷平衡。无论是出产量的转换，还是资源量的确定，都应当以工时定额为标准，这样编制的生产计划才具有科学性和可行性。此外，生产进度的控制和生产成果的衡量，都是以生产计划为基础的，从而也是以工时定额为依据的。

（3）工时定额是制订成本计划和控制成本的重要依据。在绝大多数企业，尤其是服务业企业中，人工成本在全部成本中都占有较大的比重。降低人工成本必须降低工时消耗，而工时定额是确定工时消耗的依据，从而也是制订成本计划和控制成本的依据。

（4）工时定额是提高劳动生产率的有力手段。劳动生产率的提高，意味着生产单位产品或提供特定服务所需的劳动时间的减少。而要减少和节约劳动时间，必须设立工时定额，据以衡量实际的劳动时间，找到偏差，采取改进措施。

（5）工时定额是制定计件工资和奖金的重要依据。在实行计件工资的条件下，工时定额是计算计件工资单价的重要依据；在实行奖金制度条件下，工时定额是核定标准工作量、计算超额工作量、考核业绩、计算奖金和进行赏罚的重要依据。

通过工作测量法可以得到科学合理的工时定额。工作测量法常用的技术有测时法、预定动作时间标准法和工作抽样法等。

6.5.2 测时法

测时法，又称为直接时间研究，是用秒表和一些其他计时工具，来测量完成一件工作所需要的实际时间的方法。其基本步骤有以下几个。

（1）选择观测对象。被观测的操作者应是一般熟练工人。避免选择不熟练工人和非常熟练工人，因为不熟练工人不能很好地完成标准作业；而非常熟练工人的动作过于灵巧，其速度超出正常作业速度。如果以他们为观测对象，就很难被大多数人所接受。被选定的操作者还应与观测者协作，操作时尽量不受观测因素的影响。

（2）划分作业操作要素，制定测时记录表。

（3）记录观察时间，剔除异常值，并计算各项作业要素的平均观察时间。假设 t_{ij} 是作业要素 i 的第 j 次观察时间，则

$$\text{作业要素 } i \text{ 的平均观察时间}=\frac{1}{n}\sum_{j=1}^{n}t_{ij}$$

（4）计算作业的观察时间。作业的观察时间等于该作业的各项作业要素的平均观察时间之和。

（5）效率评定，计算正常作业时间。效率评定，是时间研究人员将作业的观察速度，与自己理想中的速度（正常速度）进行对比，即

$$\text{正常作业时间}=\text{作业的观察时间}\times\text{效率评定系数}$$

（6）考虑综合宽放率，确定标准作业时间。在正常作业时间的基础上，考虑前文所述的各种宽放时间，即可获得标准作业时间。

$$\text{标准作业时间}=\text{正常作业时间}\times(1+\text{综合宽放率})$$

【范例 6-4】某高校的工业工程兴趣小组应企业之邀参与工序改善活动。他们首先分析了该工序的作业要素，该工序由 A、B、C 三个要素构成；之后，他们用秒表记录了 6 个轮次的观察时间，见表 6-9。

表 6-9 作业要素观察时间记录表

作业要素	观察时间/分钟						效率评定系数
	轮次 1	轮次 2	轮次 3	轮次 4	轮次 5	轮次 6	
A	0.1	0.3	0.2	0.9	0.2	0.1	0.9
B	0.8	0.6	0.8	0.5	3.2	0.7	1.1
C	0.5	0.5	0.4	0.5	0.6	0.5	0.8

假定作业宽放率为 3%、个人宽放率为 2%、疲劳宽放率为 10%、管理宽放率为 5%，请确定该工序的标准时间，保留两位小数。

解：观测表中数据，我们会发现作业要素 A 的轮次 4 的观察时间和作业要素 B 的轮次 5 的观察时间为异常值，应剔除。

$$\text{A的平均观察时间}=\frac{0.1+0.3+0.2+0.2+0.1}{5}=0.18（\text{分钟}）$$

$$\text{B的平均观察时间}=\frac{0.8+0.6+0.8+0.5+0.7}{5}=0.68（\text{分钟}）$$

$$\text{C的平均观察时间}=\frac{0.5+0.5+0.4+0.5+0.6+0.5}{6}=0.50（\text{分钟}）$$

$$\text{A的正常作业时间}=0.18\times 0.9\approx 0.16（\text{分钟}）$$

$$\text{B的正常作业时间}=0.68\times 1.1\approx 0.75（\text{分钟}）$$

$$\text{C的正常作业时间}=0.50\times 0.8=0.40（\text{分钟}）$$

$$\text{该工序的正常作业时间}=0.16+0.75+0.40=1.31（\text{分钟}）$$

$$\text{该工序的标准作业时间}=1.31\times(1+3\%+2\%+10\%+5\%)\approx 1.57（\text{分钟}）$$

6.5.3 预定动作时间标准法

预定动作时间标准法把人们所从事的所有作业都分解成基本动作单元，经过详细观测，根据每一种基本动作的性质与条件，制成基本动作的标准作业时间表。当要确定实际工作时间时，只要把作业分解为这些基本动作，从基本动作的标准作业时间表中查出相应的时间值，将其累加起来，即可得到正常作业时间，再适当考虑宽放时间，即标准作业时间。

预定动作时间标准法的具体操作形式有多种。常见的有工作要素法、标准时间测量法、基本动作时间研究法等，其中用得较多的是标准时间测量法。

预定动作时间标准法起源于 20 世纪 30 年代，已发展到了第三代。

第一代预定动作时间标准法主要有动作因素分析法和动作时间测定法，上述两种方法很复杂，动作分类很细，不易掌握，国外仍在使用。

第二代预定动作时间标准法主要有简易动作因素分析法和动作时间测定法 II 等，是在第一代方法的基础上简化而来的。

第三代预定动作时间标准法是模特法。模特法是澳大利亚的海德在长期研究第一代与第二代预定动作时间标准法的基础上创立的更简便且精度不低于预定动作时间标准法的新方法，得到了较为普遍的应用。

模特法与前两代预定动作时间标准法相比，具有形象直观、动作划分简单、好学易记、使用方便的优点。模特法适用于加工、生产技术、设计、管理、服务等方面，用于制订时间标准、动作分析等。模特法将动作分为4大类：移动动作、终止动作、身体动作、其他动作。

模特法以MOD为时间单位，其与标准时间的换算关系为

1MOD=0.129秒

1秒=7.75MOD

1分钟=465MOD

按人类工程学原理，以人的最小能量消耗为原则，以手指移动2.5厘米距离所需的平均时间为基本单位，即1MOD。

1. 移动动作

移动动作指抓住或挪动物件的动作。所使用的身体部位不同，手臂移动距离不同，移动动作的时间值也不相同。移动动作分为以下5种类型。

（1）手指动作（M1），指用手指第三关节前的身体部分进行的动作。每次时间值定为1MOD。

（2）手的动作（M2），指用手腕关节前的身体部分进行的动作。每次时间值定为2MOD。

（3）前臂动作（M3），指用肘关节前的身体部分进行的动作。每次时间值定为3MOD。

（4）上臂动作（M4），指上臂以自然状态伸出的动作，每次时间值定为4MOD。

（5）肩动作（M5），指整个胳膊伸出再伸直的动作，每次时间值定为5MOD。

以手拿着工具反复重复上述的移动动作，称为反射动作，可视为移动动作的特殊形式。反射动作所用的时间值小于正常移动动作。如手指反射动作的时间值为1/2MOD，手的反射动作的时间值为1MOD，前臂反射动作的时间值为2MOD，上臂反射动作的时间值为3MOD。

2. 终止动作

终止动作指在移动动作之后，动作的终结。动作终结时，操作者的手必定作用于目的物。终止动作分为以下6种类型。

（1）触碰动作（G0），指用手接触目的物的动作，如摸、碰等动作。触碰动作仅仅是移动动作的结束，并未进行新的动作，每次时间值定为0MOD。

（2）简单抓握（G1），指在触及目的物之后，用手指或手掌抓握物体的动作。简单抓握必须保证目的物附近无妨碍物，动作没有迟疑，每次时间值定为1MOD。

（3）复杂抓握（G3），指抓握时要注视，抓握前有迟疑，手指或手掌动作超过两次的较为复杂的动作，每次时间值定为3MOD。

（4）简单放下（P0），指目的物到达目的地之后立即放下的动作，每次时间值定为0MOD。

（5）注意放下（P2），指注视目的物放到规定位置的动作。在放置目的物的过程中只允许一次方向与位置的修正，每次时间值定为2MOD。

（6）特别注意放下（P5），指把目的物准确地放置在规定的位置或进行装配的动作，动

作有迟疑，眼睛需要注视，有两次或两次以上的方向与位置的修正动作，每次时间值定为 5MOD。

3．身体动作

身体动作指躯干、下肢的动作。身体动作分为下列 4 种类型。

（1）踏板动作（F3），指足颈摆动进行脚踏地的动作，每下踏一次时间值定为 3MOD，返回一次时间值也定为 3MOD，因此往返踏板一次的时间值定为 6MOD。

（2）步行动作（W5），指步行或转动身体的动作，每次时间值定为 5MOD。

（3）向前探身动作（B17），指以站立状态弯曲身体、弯腰、单膝跪地，之后再返回站立状态的一个循环过程的动作，每一动作循环过程时间值定为 17MOD。

（4）坐和站起动作（S30），指坐在椅子上，站起之后再坐下的动作，每一动作循环过程时间值定为 30MOD。

4．其他动作

其他动作包括以下内容。

（1）校正动作（R2），指改变原来抓握物体方式的动作，但只有独立的校正动作才被赋予时间值，每次时间值定为 2MOD。

（2）施压动作（A4），指作用于目的物的推、拉、压的动作，其推、拉、压的力在 20N 以上，且为独立的施压动作，每次时间值定为 4MOD。

（3）曲柄动作（C4），指以手腕或肘关节为轴心划圆形轨迹的动作，每次时间值定为 4MOD。

（4）眼睛动作（E2），指眼睛移动的动作或将眼睛对准目标的动作，每次时间值定为 2MOD。在正常视界内（距眼睛 40 厘米的范围内），不赋予眼睛动作时间值；当眼睛注视范围较广，颈部需要伴随眼球运动而转动时，每次时间值定为 6MOD。

（5）判断动作（D3），指在两个动作之间，判断要从事的下一动作所需时间的动作，每次时间值定为 3MOD。

（6）质量（重量）修正（L1），指用手搬运时，不同物体质量所耗用的时间需要修正。单手负重时，若不足 2 千克，不作质量修正；每增加 4 千克，单手负重的时间值增加 1MOD。双手负重时，应换算为单手负重进行修正。当物体滑动时，手的负重减轻，用有效质量计算，有效质量为实际质量的 1/3；在滚道上滑动时，有效质量为实际质量的 1/10。

模特法的原理是根据操作时所用人体的部位、动作的距离、工作物的质量，通过分析和计算，确定标准的操作方法，并预测完成标准动作所需要的时间。模特法的制订比较科学，使用时也十分方便。

模特法适用于手工作业较多的劳动密集型产业，如电子仪表、汽车工业、纺织、食品、建筑、机械等行业。

下面举例说明模特法的应用。

例如，将螺丝刀插入螺钉槽内这一动作排列式为 M2-G1-M2-P5。

M2 表示开始手的动作时间为 2MOD；G1 表示简单抓握的时间为 1MOD；M2 表示第

二次手的动作时间为 2MOD；P5 表示特别注意放下螺丝刀，并将其插入螺钉槽内的时间为 5MOD。

动作时间值=(2+1+2+5)×0.129=1.29（秒）

6.5.4 工作抽样法

工作抽样法又被称为瞬间观测法。其基本原理是间断性地、大量随机地观测工作人员在瞬间时刻的工作状态（正在工作或处于空闲），以获得一定数量的子样。根据数理统计理论，从大量事件中随机取样，当样本足够多时，就可以通过子样来反映母体的特征。该方法并不是为了测定具体动作所耗用的时间，而是为了了解某些行为在一项工作中所占的时间比例。

工作抽样法是根据子样来估计母体的状况，所得数据的准确性与观测的次数、子样的数量有关。子样越多，其数据的准确性就越高。但观测次数越多，所需的时间和费用也越多。因此，在观测前应对观测数据的准确性设定一个合理的要求，并根据准确性要求计算应观测的次数，推导过程如下。

设 $\overline{p}$ 为观测到的某事件的发生率，n 为观测总次数，m 为该事件出现的次数，则

$$\overline{p}=\frac{m}{n}\times 100\%$$

标准偏差为

$$\sigma_{\mathrm{p}}=\sqrt{\frac{\overline{p}(1-\overline{p})}{n}}$$

根据抽样统计理论，当置信度取 95.46%时，工作抽样的数值范围为[-2σ,$+2\sigma$]，正态分布如图 6.18 所示。

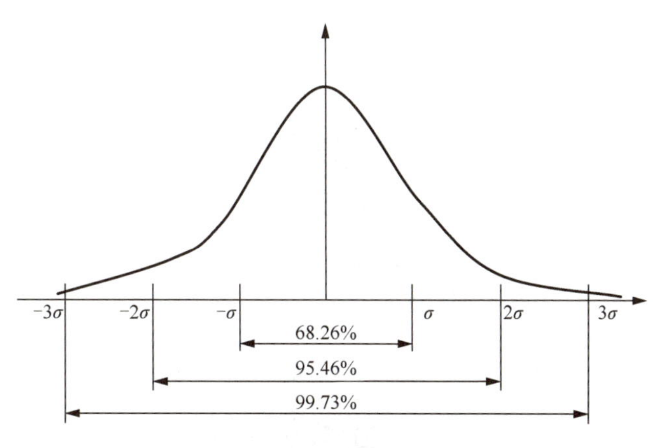

图 6.18 正态分布

定义抽样的绝对精度为

$$\varepsilon=2\sigma_{\mathrm{p}}=2\sqrt{\frac{\overline{p}(1-\overline{p})}{n}}$$

则抽样的相对精度为

$$\theta=\frac{\varepsilon}{\overline{p}}=2\sqrt{\frac{1-\overline{p}}{n\overline{p}}}$$

此时，观测次数为

$$n=\frac{4(1-\overline{p})}{\theta^2\overline{p}} \quad 或 \quad n=\frac{4\overline{p}(1-\overline{p})}{\varepsilon^2}$$

下面举例说明工作抽样法的应用。

【范例 6-5】某医院拟对护士的有效工作时间利用率进行估算，以便制订人员的增减计划。现随机观测了 300 次，护士处于工作状态有 197 次。试计算该医院护士的有效工作时间利用率的估计值和抽样的绝对精度。

解：由题意 n=300，m=197，则

$$\overline{p}=\frac{m}{n}=\frac{197}{300}\approx 65.67\%$$

取置信度 95%，其绝对精度为

$$\varepsilon=2\sigma_{\mathrm{p}}=2\sqrt{\frac{\overline{p}(1-\overline{p})}{n}}=2\times\sqrt{\frac{65.67\%\times(1-65.67\%)}{300}}\approx 5.48\%$$

因此，时间利用率在 $[65.67\%-5.48\%, 65.67\%+5.48\%]$ 的范围内，即 60.19%～71.15%。

【范例 6-6】某冲压设备的模具调整时间通常占日工作时间的 20%左右，现要求对其百分比做出比较准确的估计。若确定估计的相对精度为 10%，则观测次数至少应达到多少次？

解：根据 $\overline{p}=20\%$，$\theta=10\%$，则观测次数为

$$n=\frac{4(1-\overline{p})}{\theta^2\overline{p}}=\frac{4\times(1-20\%)}{(10\%)^2\times 20\%}=1600$$

请扫描以下二维码学习本章“案例研究”内容。

第 6 章案例研究

请扫描以下二维码完成本章习题。

第 6 章习题

第3篇

运营系统的运行

第 7 章

采 购 管 理

第 7 章引例

7.1 采购管理概述

7.1.1 采购管理的意义

采购是通过一系列活动或过程，获得企业运营所需的资源。通过采购，制造业企业可获得生产所需的原材料和外购件等，商业企业可获得可供销售的商品，服务业企业可获得服务过程中所需的消耗品。当然，采购的对象不仅仅包括物料，还有可能包括服务等其他资源。

采购管理是指对采购业务过程进行组织、实施与控制的管理过程，具体包括计划下达、采购单生成、采购单执行、到货接收、检验入库、采购发票的收集及采购结算等采购活动的全过程。采购管理通过对采购业务过程中物流运动的各个环节状态进行严密的跟踪、监督，实现对企业采购活动执行过程的科学管理。

采购管理工作要做到 5 个恰当：恰当的数量、恰当的时间、恰当的地点、恰当的价格、恰当的来源。

采购管理是物流管理的重点内容之一，它在供需双方之间，在物料生产合作交流方面架起一座桥梁，沟通生产需求与物资供应。采购管理的意义可以体现在以下几个方面。

（1）为企业保障供应、维持正常生产、降低缺货风险创造条件。

（2）采购物料质量直接影响企业产品质量。

（3）合理采购可降低各类费用及产品成本。

（4）与战略性供应商建立良好的合作关系。

（5）为企业各类决策提供准确的信息。

（6）根据企业生产方式的变革，提供与之相适应的采购模式。

7.1.2 传统采购的特点

传统采购的重点是如何与供应商进行商业交易。其特点是比较重视交易过程中供应商的价格比较。虽然质量、交货期也是采购过程中的重要考虑因素，但在传统的采购方式下，质量、交货期等都是通过事后把关的办法进行控制，如到货验收等，交易过程的重点仍然

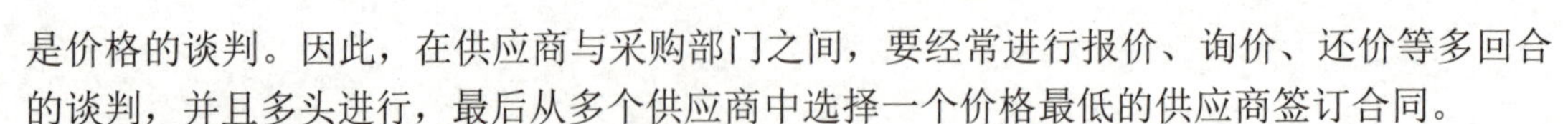

是价格的谈判。因此，在供应商与采购部门之间，要经常进行报价、询价、还价等多回合的谈判，并且多头进行，最后从多个供应商中选择一个价格最低的供应商签订合同。

传统采购的主要不足有以下几个方面。

（1）传统采购过程是典型的非信息对称博弈过程。

在传统的采购活动中，选择供应商是首要任务。在采购过程中，采购部门为了能够从多个供应商中选择一个最佳的供应商，往往会保留私有信息。因为给供应商提供的信息越多，供应商的竞争筹码就越大，这样对采购部门不利。因此采购部门会尽量保留私有信息，而供应商也会在和其他供应商的竞争中隐瞒自己的信息。这样，采购部门和供应商都不能进行有效的信息沟通，这就是非信息对称博弈过程。

（2）验收检查是采购部门的一个重要的事后把关工作，质量控制的难度较大。

质量与交货期是采购部门要考虑的另外两个重要因素，但是在传统的采购模式下，要有效控制质量和交货期，只能通过事后把关的办法。因为采购部门很难参与供应商的生产组织过程和质量控制活动，相互的工作是不透明的。因此需要通过各种有关标准，如国际标准、国家标准等，进行验收检查。缺乏合作导致采购部门质量控制的难度较大。

（3）供需关系是临时或短期的合作关系，而且竞争多于合作。

在传统的采购模式中，供应与需求之间是临时或短期的合作关系，而且竞争多于合作。由于缺乏合作与协调，采购过程中各种抱怨和扯皮的事情比较多，很多时间被消耗在解决日常问题上，占用了用来做长期性预测与计划工作的时间。这种缺乏合作的气氛增加了许多运营中的不确定性。

（4）响应市场需求能力较弱。

由于供应商与采购部门在信息沟通方面缺乏及时的信息反馈，在市场需求发生变化的情况下，采购部门也不能改变供应商已有的订货合同，因此采购部门可能会在需求减少时出现库存增加的情况，需求增加时出现供不应求的情况。重新订货需要增加谈判过程，因此供需之间对市场需求的响应难以同步进行，缺乏应付市场需求变化的能力。

7.1.3 供应链管理环境下采购的特点

供应链是生产与流通过程中形成的将产品或服务提供给最终用户的上游与下游企业的网链结构。供应链由原材料和零部件供应商、生产商、批发商、零售商等一系列企业组成。原材料和零部件依次通过供应链中的企业，逐步变成产品；再通过一系列流通配送环节，将产品最后交到最终用户手中，这一系列活动构成了一个完整供应链的全部活动。

供应链管理，指使供应链运作达到最优化，从而实现收入可预测、缩短资金周转时间、降低企业风险、实现盈利增长等目标。其主要特征有：构建长期的合作伙伴关系、信息共享、协同决策、风险共担、实现双赢等。

在供应链管理的环境下，企业的采购方式和传统的采购方式有所不同，差异主要体现在以下几个方面。

1. 从为库存采购到为订单采购的转变

在传统的采购方式中，采购的目的很简单，就是补充库存，即为库存而采购。采购部门并不关心企业的生产过程，也不了解生产的进度和产品需求的变化，因此采购缺乏主动性，采购计划也很难适应需求的变化。

在供应链管理环境下，采购活动是以订单驱动的方式进行的，制造订单是在用户需求订单的驱动下产生的，再由制造订单驱动采购订单，采购订单驱动供应商。这种准时化的订单驱动模式，使供应链系统得以准时响应用户的需求，从而降低了库存成本，提高了物流速度和库存周转率。

订单驱动的采购方式有以下几个特点。

（1）由于供应商与制造商建立了战略合作伙伴关系，所以签订采购合同的手续大大简化，不再需要双方反复协商，交易成本也因此大为降低。

（2）同步化供应链计划使得制造计划、采购计划、供应计划能够同时进行，缩短了用户响应时间，实现了供应链的同步化运作。采购的重点在于协调各种计划的执行，使制造计划、采购计划、供应计划保持同步化运作。

（3）采购物资直接进入生产部门，减少了采购部门的工作压力和无价值增值的活动过程，实现了供应链精益化运作。

（4）信息传递方式发生了变化。在传统采购方式中，供应商对生产过程不了解，但在供应链管理的环境下，供应商能共享生产部门的信息，这提高了供应商的应变能力，减少了信息失真。同时，通过在采购过程中不断进行信息反馈，可以修正采购计划，使采购与需求保持同步。

（5）实现了面向过程的作业管理模式的转变。订单驱动的采购方式简化了采购工作流程，采购部门的作用主要是沟通供应商与生产部门之间的联系，协调供应与生产的关系，为实现精益采购提供基础保障。

2. 从采购管理到外部资源管理的转变

在建筑行业中，当采用工程业务承包的方式时，为了对承包业务的进度与工程质量进行监控，负责工程项目的部门会派出有关人员到承包工地，对承包工程进行实时监管。这种方法也适用于制造企业的采购活动，是把事后把关工作转变为事中控制工作的有效途径，也被称为外部资源管理或者供应管理。

那么，为什么要进行外部资源管理呢？

（1）准时化思想的出现对企业的采购管理提出了更高的要求。在传统的采购模式中，供应商对采购部门的要求不能得到实时的响应；另外，关于产品的质量控制也只能进行事后把关，不能进行实时控制，这些缺陷使供应链企业无法实现同步化运作。为此，企业需要改变传统的为库存采购的管理模式，提高采购的柔性和对市场需求变化的快速响应能力，增加和供应商联系与合作，建立新的供需合作模式，实现供应链的同步化运作。

（2）实施外部资源管理也是实施精益化生产的要求。供应链管理的一个重要目标是实现精益化生产，即实现生产过程的几个“零”化管理：零缺陷、零库存、零交货期、零故障、零纸文书、零废料、零事故、零人力资源浪费。

供应链管理的思想包括系统性、协调性、集成性、同步性，外部资源管理是实现上述思想的一个重要步骤。

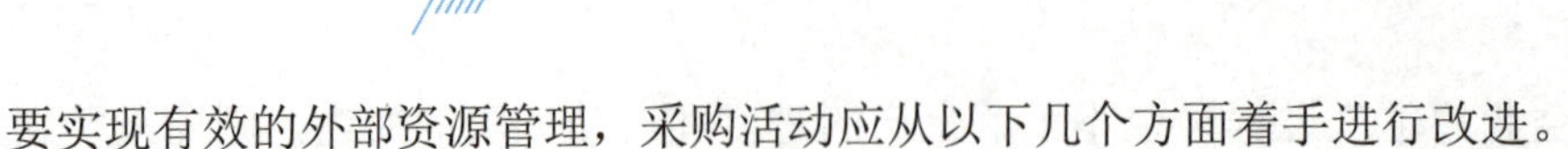

要实现有效的外部资源管理，采购活动应从以下几个方面着手进行改进。

（1）建立一种新的有不同层次的供应商网络，并通过逐步减少供应商的数量，致力于与供应商建立一种长期、互惠互利的合作伙伴关系。这种合作关系保证了供需双方能够有合作的诚意和共同解决问题的积极性。在供应商的数量方面，一般而言，供应商越少越有利于双方的合作。但是，企业的产品对零部件或原材料的需求是多样的，因此不同的企业应该根据自己的情况选择适当数量的供应商，建立供应商网络。

（2）通过提供信息反馈和技术支持促进供应商产品的质量改善。传统采购管理的不足在于没有给予供应商产品质量方面的信息反馈和技术支持。在消费者化需求的今天，产品的质量是由消费者的要求决定的，并不能简单地通过事后把关解决。因此，质量管理的工作应在提出相关质量要求的同时，及时把供应商的产品质量问题反馈给供应商，并且要提供有关的技术支持，使供应商能够按照要求提供合格的产品和服务。

（3）通过并行工程实现同步化运营。同步性是供应链管理的一个重要思想。通过同步化运营可以使供应链各企业在响应需求方面取得一致性的行动，增加供应链的敏捷性。实现同步化运营的措施是并行工程。制造企业应该参与供应商的产品设计和质量控制过程，共同制定产品质量标准，使需求信息能很好地在供应商的业务活动中体现出来。

（4）协调供应商的计划。一个供应商有可能同时参与多条供应链的业务活动，在资源有限的情况下可能会造成多方争夺供应商资源的局面。在这种情况下，采购部门应主动参与供应商的计划协调。在资源共享的前提下，避免资源分配不公，保证供应链的正常供应，维护企业的利益。

外部资源管理并不是只通过采购方的单方面努力就能取得成效的，还需要供应商的配合与支持。为此，供应商也应该从以下几个方面提供协作。

（1）帮助拓展采购方的战略。

（2）保证高质量的售后服务。

（3）对采购方的问题做出快速响应。

（4）及时报告可能影响用户服务的内部问题。

（5）基于用户的需求，不断改进产品和服务质量。

（6）在满足自己的能力需求的前提下，帮助采购方，即能力对外援助。

3. 从一般买卖关系向战略协作伙伴关系的转变

在传统的采购模式中，供应商与采购方之间是一般买卖关系，因此无法解决一些涉及全局性、战略性的供应链问题，而基于战略协作伙伴关系的采购方式为解决这些问题创造了条件，可以解决的问题包括以下几个。

（1）库存问题。在传统的采购模式下，供应链的各级企业都无法共享库存信息，因此，各级节点企业都独立地采用订货点法进行库存决策（在第 8 章中有详细论述），会不可避免地产生需求信息的扭曲现象，导致供应链的整体效率得不到充分的提高。但在供应链管理模式下，通过双方的战略协作伙伴关系，供需双方可以共享库存数据，因此采购的决策过程变得更透明，减少了需求信息的失真现象，有利于解决库存问题。

（2）风险问题。供需双方通过战略协作，可以降低由不可预测的需求变化带来的风险，比如运输过程的风险、信用的风险、产品质量的风险等。

（3）降低采购成本问题。通过战略协作伙伴关系，供需双方都可以降低交易成本从而获得好处。由于避免了许多不必要的手续和谈判过程，信息的共享避免了信息不对称决策可能造成的成本损失。

（4）准时采购问题。战略协作伙伴关系消除了供应过程的组织障碍，为实现准时采购创造了条件。

党的二十大报告明确提出，着力提升产业链供应链韧性和安全水平，推动经济实现质的有效提升和量的合理增长。因此，企业和供应商构建长期稳定的战略协作伙伴关系也是供应链管理的基本策略之一。

7.2　供应商管理

7.2.1　选择供应商的影响因素

企业发展初期，相应选择的供应商规模也不大；随着企业的阶段性成长，当小型供应商不适应企业业务扩大的需要时，应有计划地更换供应商。选择供应商应根据实际业务需要，分期、分阶段进行。

7.2.2　选择供应商的方法

选择供应商的方法有多种，我们可以采用类似企业选址使用的因素评分法，即首先确定评价指标，并赋予各评价指标相应的权重，然后按各候选供应商满足各评价指标的程度打分，最后计算权重与分数之积并求和，分值最高的即为首选供应商。

这里介绍另一种常用的方法——层次分析法。

层次分析法是一种能有效地处理决策问题的多方案或多目标的决策方法。其主要特征是，合理地将定性与定量的决策结合起来，按照思维、心理的规律将决策过程层次化、数量化。

层次结构模型是运用层次分析法进行系统分析时，将所包含的因素分组，每一组作为一个层次，按照最高层、若干有关的中间层和最底层的形式排列起来，并用连线表明上一层因素与下一层因素的联系而形成的结构模型，如图 7.1 所示。

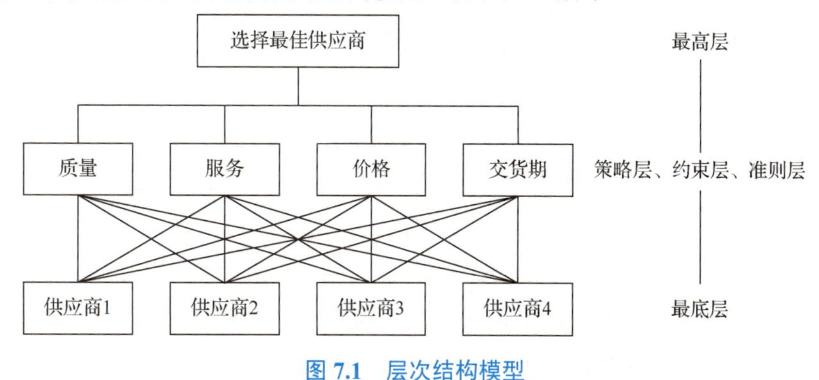

图 7.1　层次结构模型

图 7.1 中，最高层表示解决问题的目的，即应用层次分析法所要达到的目标；中间层表示采用某种措施和政策来实现预定目标所涉及的中间环节，一般又分为策略层、约束层、准则层等；最底层表示解决问题的措施或政策，即方案。

层次分析法的主要步骤有以下几个。

1. 确定评价指标权重

层次分析法的信息基础是人们对每个层次中各因素的相对重要性的判断，将这些判断用数值表示出来，写成矩阵形式就是判断矩阵。各因素的相对重要性是通过两两比较来确定的，评价尺度见表 7-1。

表 7-1 评价尺度

评价描述	评　分
绝对重要	9
明显重要	7
很重要	5
比较重要	3
重要性相同	1

2. 层次单排序

层次单排序是根据判断矩阵计算所得，是指对于上一层次的某因素而言，本层次与之有联系的因素的重要性的权重，例如各供应商按质量指标排序。

3. 层次总排序

层次总排序是根据层次单排序的结果计算所得，是指对于上一层次而言，本层次所有因素的重要性的权重，例如各供应商按质量、价格、服务、交货期等确定的综合排序。

下面结合一个具体的事例说明其计算过程。

【范例 7-1】根据本章的引例和图 7.1，现给出企业对供应商的评价指标为质量、价格、服务和交货期，并假定企业的评价指标权重——初始矩阵如表 7-2 所示。

表 7-2 评价指标权重——初始矩阵

评价指标	质　量	价　格	服　务	交 货 期
质量	1	2	4	3
价格	1/2	1	3	3
服务	1/4	1/3	1	2
交货期	1/3	1/3	1/2	1
合计	25/12	11/3	17/2	9

对该组数据进行处理，得出每个指标的相对权重。其步骤如下。

（1）表 7-2 中各列纵向相加求和。

（2）将表 7-2 中的每个值除以相应列之和，见表 7-3。

（3）计算每行平均值，即相对权重，见表 7-3 的最后一列。

表 7-3 评价指标权重——调整后的矩阵

评价指标	质 量	价 格	服 务	交货期	相对权重
质量	12/25	6/11	8/17	3/9	0.457
价格	6/25	3/11	6/11	3/9	0.300
服务	3/25	1/11	2/17	2/9	0.138
交货期	4/25	1/11	1/17	1/9	0.105
合计	—	—	—	—	1.000

同理，计算供应商各指标的单排序，见表 7-4 至表 7-7。

表 7-4 供应商质量指标单排序

供应商	S1	S2	S3	S4
S1	1	5	6	1/3
S2	1/5	1	2	1/6
S3	1/6	1/2	1	1/8
S4	3	6	8	1
权重	0.297	0.087	0.053	0.563

表 7-5 供应商价格指标单排序

供应商	S1	S2	S3	S4
S1	1	1/3	5	8
S2	3	1	7	9
S3	1/5	1/7	1	1/2
S4	1/8	1/9	1/2	1
权重	0.303	0.537	0.078	0.046

表 7-6 供应商服务指标单排序

供应商	S1	S2	S3	S4
S1	1	5	4	8
S2	1/5	1	1/2	4
S3	1/4	2	1	5
S4	1/8	1/4	1/5	1
权重	0.597	0.140	0.124	0.050

表 7-7 供应商交货期指标单排序

供应商	S1	S2	S3	S4
S1	1	3	1/5	1
S2	1/3	1	1/8	1/3
S3	5	8	1	5
S4	1	3	1/5	1
权重	0.151	0.060	0.638	0.151

最后计算供应商的总排序，见表 7-8。

表 7-8 供应商的总排序

供应商	质　量	价　格	服　务	交货期	相对权重
S1	0.457×0.297	0.300×0.303	0.138×0.597	0.105×0.151	0.325
S2	0.457×0.087	0.300×0.573	0.138×0.140	0.105×0.060	0.237
S3	0.457×0.053	0.300×0.078	0.138×0.214	0.105×0.638	0.144
S4	0.457×0.563	0.300×0.046	0.138×0.050	0.105×0.151	0.294

注：质量+价格+服务+交货期=相对权重。

本例供应商 S1 的综合权重最高，为首选供应商。

至此可知，问题答案的要点是：首先，企业应确定评价指标的权重，即企业对质量、价格、服务和交货期各指标的重视程度，给它们排序以确定其相对重要性；其次，应获取 4 个供应商针对上述 4 个指标的比较结果，仅仅知道每个供应商的单一的优势还不够，还应知道其他指标比较后各供应商所处的位置；最后，将企业的相对权重乘以各供应商在各指标比较的结果并求和，得出总排序，选择分值最高的供应商。

供应商选择的方法还有很多，例如直观判断法、招标法、采购成本比较法、神经网络分析法等。

7.2.3 供应商管理策略

供应商管理，也就是客户关系管理，是供应链管理中一个很重要的问题，它对于实现准时采购有很重要的作用。客户关系管理并不是什么新概念，在传统的市场营销管理中，早就提出了关于营销的思想，但是，供应链环境下的客户关系和传统的客户关系有很大的不同。市场营销管理中的客户指的是最终产品的用户，而供应商管理的客户是指供应商，不是最终用户。传统的企业关系包括竞争性关系、合同性关系、合作性关系，而且企业之间的竞争多于合作，是非合作性竞争。而供应商与制造商是一种战略协作伙伴关系，提倡双赢。从传统的非合作性竞争走向合作性竞争、合作与竞争并存是当今企业关系发展的一个趋势。

1. 两种关系模式

供应商与制造商存在两种典型的关系模式：传统的竞争关系模式和双赢关系模式。两种关系模式的采购特征有所不同。

（1）传统的竞争关系模式。

传统的竞争关系模式是价格驱动的模式。其特点有以下几点。

① 制造商同时向若干供应商购货，通过供应商之间的竞争获得价格优势，同时也保证了供应的连续性。

② 制造商通过在供应商之间分配采购数量对供应商加以控制。

③ 制造商与供应商保持的是一种短期合同关系。

（2）双赢关系模式。

双赢关系模式是一种合作的模式，这种模式最先被日本企业采用。它强调在供应商和制造商之间共享信息，通过合作和协商协调相互的行为。其特点有以下几点。

① 制造商对供应商给予协助，帮助供应商降低成本、改进质量、加快产品开发进度。

② 通过建立相互信任的关系提高效率、减少交易和管理成本。

③ 用长期的信任合作取代短期的合同。

④ 制造商与供应商之间有比较多的信息交流。

前面介绍的准时采购采用的模式就是双赢关系模式，供应链管理思想的集中表现就是合作与协调性。

2. 双赢关系管理

双赢关系模式已经成为供应链企业之间合作的典型模式。因此，要在采购管理中体现供应链的思想，对供应商的管理就应集中在如何与供应商建立和保持双赢关系上。

（1）建立信息交流与共事机制。

建立信息交流与共事机制有助于减少投机行为，促进重要生产信息的自由流动。为加强供应商与制造商的信息交流，可以从以下几个方面着手。

① 在供应商与制造商之间经常进行有关成本、作业计划、质量控制信息的交流与沟通，以保持信息的一致性和准确性。

② 实施并行工程。制造商让供应商参与产品设计，有利于供应商在原材料和零部件的性能和功能要求上提供有关信息，为实施质量功能配置的产品开发方法创造条件，把用户需求及时地转化为供应商的原材料和零部件的质量与功能要求。

③ 建立联合任务小组解决共同关心的问题。在供应商与制造商之间应建立一个联合任务小组，由双方的相关人员共同组成，解决供应过程及制造过程中遇到的各种问题。

④ 供应商和制造商互访。供应商与制造商应经常性地互访，及时发现和解决各自在合作活动过程中出现的困难和问题，建立良好的合作气氛。

⑤ 使用电子数据交换和互联网技术进行快速的数据传输。

（2）建立对供应商的激励机制。

要保持长期的双赢关系，对供应商的激励是非常重要的。在激励机制的设计上，要体

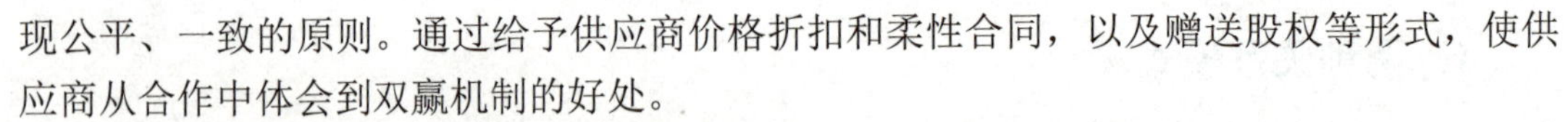

现公平、一致的原则。通过给予供应商价格折扣和柔性合同，以及赠送股权等形式，使供应商从合作中体会到双赢机制的好处。

（3）建立合理的供应商评价方法。

要对供应商进行激励，就必须对供应商的合作效果进行评价，使供应商不断改进。没有合理的评价方法，就难以对供应商的合作效果做出合理评价，这将大大挫伤供应商的合作积极性，降低合作的稳定性。对供应商的评价要抓住主要指标或问题，比如交货质量、交货的准时率等。通过评价，把结果反馈给供应商，和供应商共同探讨问题产生的根源，并采取相应的措施予以改进。

7.3 准时采购

准时采购是一种先进的管理理念和采购模式，其基本思想是在恰当的时间、地点，提供恰当数量、质量的物品。

准时采购的运作过程如下所述。

制造部门提出制造需求；采购部门接到需求后，以采购订单的方式将需求传递给供应商；供应商以此为依据进行备货发货。

同时，生产部门将生产过程中影响采购的各项信息实时反馈给采购部门；采购部门据此对采购订单进行修正调整，同时将最新需求信息反馈给供应商；供应商据此进行备货交货。

根据这样的操作模式，供应商必须实时响应生产过程中的不同需求，这也意味着供应商可能需要以一天一次、一天两次或者几个小时一次的频率提供采购物品。这一模式与传统采购模式在制造之前把采购产品大批量送到生产部门的方法形成了鲜明的对比。

7.3.1 准时采购的特点

具体而言，供应链管理环境下的准时采购模式具有以下几个特点。

1．供应商数量较少

在传统采购模式中，企业一般是采取多头采购的方式，供应商的数目相对较多。供应链管理环境下的准时采购模式中的供应商数量较少，甚至采取单一供应商的方式。这种变化一方面可以使供应商获得规模经济效益，从而降低产品的价格；另一方面有利于供应商与制造商之间建立长期、稳定的战略合作关系，保证产品质量的可靠稳定。

2．综合评价供应商

在传统采购模式中，供应商是通过价格竞争确定的，供需双方的关系是短期合作关系，一旦发现供应商不符合要求，就可以通过市场招标的方式重新选择。但在准时采购模式中，供需双方是长期战略协作伙伴关系，因而对供应商的选择非常慎重，需要对供应商进行综合评价。在选择供应商时，价格不再是主要的影响因素，质量成为最重要的标准，这里的质量不仅包括产品质量，还包括工作质量、交货质量、技术质量等多个方面的内容。

3. 小批量采购

小批量采购是准时采购的一个基本特点。在准时制生产过程中，企业对原材料和外购件的需求是不确定的，而准时采购旨在消除原材料和外购件的库存，因此，为了保证准时供应所需的原材料和外购件，采购最好采用小批量的方式。当然，小批量采购会增加运输次数和成本，这可以通过混合运输、代理运输、第三方物流等方式加以解决。

4. 有效的信息交流

只有供需双方进行有效的信息交流，才能保证所需的原材料和外购件的准时供应，同时充分的信息交流可以增强供应商的应变能力。所以，实施准时采购就要求制造商与供应商之间进行有效的信息交流，信息交流的内容包括生产作业计划、产品设计、工程数据、质量、成本、交货期等。现代信息技术的发展，如电子数据交换、电子商务等，为有效的信息交流提供了强有力的支持。

5. 交货具有准时性

准时采购的一个重要特点是交货具有准时性，这是实施准时生产的前提条件。准时交货能力取决于供应商的生产与运输条件。供应商要做到交货准时，首先应当不断改进生产条件，提高生产的可靠性和稳定性，为此，供应商同样应当采用准时生产模式，提高生产过程的准时性。其次应当改进运输系统，因为运输问题决定了交货是否可以准时。特别是全球范围的供应链系统，运输路线长，而且可能要先后经过不同的运输工具，需要中转运输，因此要通过有效的运输计划与管理，使运输过程准确无误。

6. 从根源上保证产品质量

实施准时采购以后，企业的原材料和外购件的库存很少甚至为零，因此为了保障企业生产经营的顺利进行，必须从根源上保证采购物资的质量。也就是说，原材料和外购件的质量，应由供应商负责，而非由下游厂商的采购部门负责。为此，供应商应当参与制造商的产品设计过程，制造商也应帮助供应商提高技术水平和管理水平。

7.3.2 准时采购对供应链管理的意义

准时采购对于供应链管理思想的贯彻实施有重要的意义。从前面的论述中可以看到，供应链管理环境下的采购模式和传统采购模式的不同之处在于其采用订单驱动的方式。订单驱动使供需双方都围绕订单运作，也就实现了准时化、同步化运作。要实现同步化运作，就必须采取并行的采购方式。

（1）当采购部门产生一个订单时，供应商立即开始着手物品的准备工作。

（2）与此同时，采购部门编制详细的采购计划，生产部门也进行生产的准备过程，当采购部门把详细的采购单提供给供应商时，供应商就能很快地将物资在较短的时间内交给客户。

（3）当客户需求发生改变时，制造订单又驱动采购订单发生改变。

如果供应链企业没有采用准时采购策略，就很难适应这种多变的市场需求。因此，准时采购增加了供应链的柔性和敏捷性。

综上所述，准时采购策略体现了供应链管理的协调性、同步性和集成性，供应链管理需要准时采购来保证其整体同步化运作。

7.3.3 准时采购的前提与流程

前面分析了准时采购的特点和对供应链管理的意义，从中可以看到准时采购和传统的采购方法有一些显著差别。

1. 实施准时采购的前提

要实施准时采购，以下 3 点是十分重要的。

（1）选择最佳的供应商，并对供应商进行有效的管理是准时采购成功的基石。

（2）供应商与客户的紧密合作是准时采购成功的钥匙。

（3）质量控制是准时采购成功的保证。

在实际工作中，根据以上 3 点开展采购工作，有利于成功实施准时采购。

2. 准时采购的流程

准时采购流程有以下几个步骤。

（1）创建准时采购班组。采购人员有 3 项责任：寻找货源、商定价格、发展与供应商的协作关系。专业化、高素质的采购队伍对实施准时采购至关重要。为此，应成立 2 个班组。一个是专门处理供应商事务的班组，该班组的任务是认定和评估供应商的信誉、能力，与供应商谈判和签订准时化订货合同，向供应商发放免检签证，对供应商进行培训，等等；另外一个班组是专门从事消除采购过程中的浪费的班组。这些班组人员，对准时采购的方法应有充分的了解和认识，必要时要对其进行培训。如果这些人员对准时采购的认识和了解都不彻底，就很难实现与供应商的有效合作了。

（2）制订计划，确保准时采购策略有计划、有步骤地实施。要制订采购计划和改进措施。在这个过程中，要与供应商一起商定准时采购的目标和有关措施，保持经常性的信息沟通。

（3）精选少数供应商，建立伙伴关系。选择供应商应从这几个方面考虑：产品质量、供货情况、应变能力、地理位置、企业规模、财务状况、技术能力、价格、与其他供应商的可替代性等。

（4）进行试点工作。先从某种产品或某条生产线开始，进行零部件或原材料的准时采购试点。在试点过程中，取得企业各个部门，特别是生产部门的支持是很重要的。通过试点总结经验，为正式的准时采购实施打下基础。

（5）对供应商进行培训，确定共同目标。准时采购是供需双方共同的业务活动，仅仅依靠采购部门的努力是不够的，还需要供应商的配合。只有供应商也对准时采购的策略和运作方法有了认识和理解，才能获得供应商的支持和配合，因此需要对其进行培训。通过培训，供需双方确定共同的目标，有利于相互之间更好地协调，做好采购的准时化工作。

（6）向供应商颁发产品免检证书。准时采购和传统采购方式的不同之处在于制造商不需要对采购产品进行比较多的检验手续。要做到这一点，需要供应商提供百分之百合格的产品。当供应商达到这一要求时，即可获得产品免检证书。

（7）实现配合准时化生产的交货方式。准时采购的最终目标是实现企业的准时化生产。为此，要实现从预测的交货方式向准时化交货方式的转变。

（8）持续改进准时采购的方法。准时采购方法需要不断完善和改进，需要在实施过程中不断总结经验教训，从降低运输成本、完善交货方式、提高产品质量、降低供应商库存等各个方面进行改进，不断提高准时采购的运作绩效。

7.4 国际采购

国际采购是指利用全球的资源，在全世界范围内寻找供应商，寻找质量最好、价格最合理的产品（货物与服务）。党的二十大报告中指出，中国坚持经济全球化正确方向，推动贸易和投资自由化便利化，推进双边、区域和多边合作，促进国际宏观经济政策协调，共同营造有利于发展的国际环境，共同培育全球发展新动能。经济的全球化，使企业在一个快速变化的新世界和新经济秩序中生存与发展，采购行为对企业发展越来越重要。从某种意义上讲，采购与供应链管理可以使一个企业成为利润的“摇篮”，同样也可以使一个企业成为利润的“坟墓”。

随着经济全球化及跨国集团的兴起，围绕一个核心企业的一种或多种产品，上下游企业逐渐形成战略联盟，商流、物流、信息流、资金流在这些企业之间形成一体化运作。上下游企业包括供应商、生产商与分销商，这些厂商可能在国内，也可能在国外。

在这种环境下，企业需要进入国际采购系统，成为全球供应链的一环。进入国际采购系统可以通过以下方式实现：建立企业自身的区域性或全球性采购系统；进入跨国企业集团的供应链，成为稳定的供应商或销售商；成为跨国公司、联合国、国际采购组织和国际采购经纪人在中国设立的采购中心的供应商；等等。要进入国际采购系统，首先必须了解国际采购的特点、趋势，才能因势而动，进入国际采购市场。

7.4.1 国际采购的必要性

了解国际采购的必要性是很重要的，因为这会影响到谈判时所采取的姿态。国际采购的必要性包括以下几点。

1. 应对业务环境的改变

卡特等将业务环境的改变所带来的挑战总结为以下几点。

（1）激烈的国际竞争。

（2）降低各项成本的压力。

（3）对制造业灵活性的需要。

（4）更短的产品开发周期。

（5）更严格的质量标准。

（6）日益变化和更新的技术。

2. 有利于满足企业的需求或提高企业的竞争力

关系到企业的需求或竞争力的因素主要包括以下几点。

（1）国内无法供货，例如矿产品、橡胶等。

（2）国内满足需求的能力不足。

（3）通过从国外采购保持供应的连续性，以防缺货或罢工。

（4）海外资源更具竞争力，例如更低的价格、更完善的交货服务、更好的质量。

（5）由于政策原因，进行互惠贸易和反向贸易。

（6）对世界性技术的了解与采纳。

（7）能渗透到成长的市场中去，例如丰田汽车公司从环太平洋地区进行采购，不仅获取了较低廉的成本，还通过在各地区购买零部件，获得了政策优惠，进入了这些市场。

运营实例 7-1

波音公司从国际采购中找到竞争优势

航空业中，制造商与供应商之间的关系是较为复杂的。飞行器的系统设计和巨大的财务风险要求供应商一开始就成为航空公司投资项目的一个组成部分。

波音777飞机耗去投资40亿美元，波音公司实际投资25亿美元，供应商投资剩下的15亿美元。由于投资金额巨大，供应商在设计初期就与波音公司休戚与共。波音公司只有以每月6架或7架的速度卖掉共计300架飞机，才能收回投资。由于风险如此之高，所以供应商作为合伙人也应负一定责任。

引擎、起落架和数以千计的其他元件和零部件都要进行国际采购，有效的采购不仅需要找到优秀的供应商，还需要这些供应商愿意承担新产品试制的风险。这些供应商是形形色色的，他们遍布于世界各地，从中东到太平洋沿岸地区。

国际采购分散了波音公司的风险，并且增强了波音公司的优势。那些参与制造波音飞机的国家更愿意购买波音公司的产品。

资料来源：海泽，雷德，1999. 生产与作业管理教程[M]. 潘洁夫，余远征，刘知颖，译. 北京：华夏出版社：257.

7.4.2 国际采购的步骤

除了采购前的事务，如参与制订具体规范和决定预算的准备工作，国际采购工作可分成3个主要阶段，每个阶段有着各自特定的单证和文书工作。

1. 辨别阶段

在辨别阶段，由以下方式确认采购需要。

（1）销售部门或库存控制部门提交需求单。

（2）提货部门或生产控制部门提交物资单。

2. 下达订单阶段

在收到需求单或物资单后，采购人员会核对其准确性，并对比采购记录，确定该需求物品是重复订购物品还是新订购物品。如果是标准的重复订购物品，并且该物品之前已从可靠的供应商那里以合理价格购进，则会直接制作重复订购单。但如果是新订购物品，就需涉及以下更多的步骤。

（1）将询价单随同其他单据，如图样、规格等，发给可能的供应商，以便报价。

（2）收到针对询价的报价单后，比较每个报价单的价格、质量、交货方式、模具成本及商务条款等。

（3）当订货数量可观，且质量和预交货期也相当重要时，与供应商进一步协商接单能力的问题。

（4）在最终谈判后，与最合适的供应商签订采购订单。采购部会保存两份订单副本，以便按字母顺序和数字顺序同时存档。

（5）供应商应提供订单确认回执。采购方在收到订单确认回执时，应复核以确保订单按双方协定的条款和条件来执行，并且将其存档。

3. 完成订单阶段

（1）催促订单以保证按期交货或催促已延迟的订单尽快交货。

（2）由供应商签发发货或接货通知单，并将通知单副本发给相关部门，如进展部门或库存部门。

（3）收货时，由库存部门清点到货数量，产品质量和规格则由质检部门负责检验。如合格，则签发物品验收单并抄送采购部门；如不合格，则通知采购部门向供应商投诉。

（4）收到供应商发出的货价发票时，应与订单及物品签收单对比，通常会由采购部门审核发票价格，如有不符的地方应注意变化是否合理。如发票金额无误，则转会计部门付款。

（5）上述步骤完成后，该订单可归入已完成订单文档内存档。

7.5 集中采购

集中采购是相对于分散采购而言的，是指将企业采购目录中的不同部门（分公司、子公司、分厂）所需的同类物料进行统一采购，通过规模化采购降低采购成本。

7.5.1 集中采购的特点

集中采购有以下几个主要的特点。

（1）集中采购设立了专业的采购部门，由专业的人做专业的事。这有利于降低管理成本支出，也有利于减少重复采购频次、降低库存、减少资金占用、提高企业整体购买力。

（2）集中采购效益主要来自采购量的高度凝聚。大批量的采购，有利于采购部门对拟采购的物料进行统一分类，对采购目录进行梳理，对采购物料的规格、型号进行标准化管理，制订统一的采购要求，形成年度采购计划，并进行有效实施。

（3）大规模的集中采购，有利于形成规模优势，吸引核心的潜在供应商，达到充分竞争，对提升企业采购质量有很大的促进作用。大规模的集中采购，对潜在供应商提出了更高要求，相比分散采购而言，规模较小、实力相对较弱的潜在供应商不具备承担大宗物料的提供能力，没有能力承担规模较大的集中采购项目，因此优化了潜在供应商的水平结构。

（4）有利于规范采购行为，提高采购过程的透明度。集中采购遵循了市场经济的规律，具有招标采购的特点。一方面，能够在潜在供应商之间形成充分竞争；另一方面，企业可对年度采购计划进行汇总分类，对采购物料提出要求，打包关联单位的采购需求，一并进行集中采购，实现最佳资源配置的目标，而且还可以大大节约采购费用。

运营实例 7-2 就举例说明了迪尔公司通过手套的集中采购来降低成本的实际做法。

运营实例 7-2

迪尔公司的 424 种手套

迪尔公司是世界上大型农用机械的主要生产商，该公司传统上采取分散采购的方式，各工厂的自主权相当大，有自己的采购机构，很多采购决策都由工厂自己定。同样的产品，不同工厂采购不同品牌或者不同商家，使得采购额分散，库存种类繁多，供应商太多。最终增加了采购复杂度，降低了规模效益，增加了成本。

为了改变分散采购的局面，推进集中采购，迪尔公司的采购部门从手套着手。他们把每个工厂用的每种手套都收集了一副，结果收集到 424 种手套。更让人吃惊的是，即使是同种手套、由同一个供应商提供，不同工厂采购的价格也不尽相同。问题的根源就在于分散采购：各个工厂的采购互不通气，被供应商钻了空子。

采购部门把 424 种手套做成展板，等厂长们来总部开会时参观。厂长们一点也不傻，一看就明白了。因此，一个跨越多个工厂的采购计划应运而生，经过集中采购，424 种手套被缩减为 24 种，6 个供应商被缩减为 1 个，手套价格降低了 50%。

资料来源：http://www.360doc.com/content/14/1024/06/471722_419372501.shtml[2022-12-30].

7.5.2 集中采购的条件

集中采购主要发生在大型企业的采购活动中，一般需要具备以下的条件。

（1）企业由多个生产部门（分公司或分厂）组成，生产经营规模较大，具有集中采购的必要性。

（2）同类物料采购批量大，能形成规模优势。

（3）企业内控力强，所属单位相对受控度较高。

（4）企业既有完善的采购管理体系，又有高素质的采购队伍，能够保证采购优势和效益。

7.5.3 集中采购的步骤

企业实施集中采购，需要完成以下工作步骤。

1. 建立集中采购制度，组建集中采购部门

企业实施集中采购，将打破原有的分权的采购制度，是利益重新分配的过程，会存在一定的阻力。企业上下应统一认识，建立和完善企业集中采购的管理体制，明确集中采购物料的范围，建立集中采购的框架体系，建立企业集中采购部门，对纳入集中采购的物料进行集中采购。

2. 建立集中采购目录

企业对所属单位的物料采购要采取“有所为而有所不为”的策略，不要一刀切地把所有的采购物料都纳入集中采购的框架内，否则将在解决一些分散采购导致的问题的同时，又产生更多的新问题，反而实现不了集中采购要达到的目标。因此，进入集中采购目录的物料应是所属单位共同的或相似的、重复采购的、有一定规模的物料。对这些物料集中采购可以形成规模优势，从而进一步降低采购成本。没有纳入集中采购的物料还由所属单位自行采购，发挥相关单位的积极性，提高采购效率。另外，集中采购目录是动态的，会随企业业务的变化而变化，因此，要随时调整更新。

3. 选择与管理供应商

供应商的选择与管理是集中采购的根本，供应商选择的好坏，直接影响到集中采购的成本、质量和效率。要促进供应商之间充分竞争，这既可以帮助质优、价廉、服务好的供应商实现规模销售、规模生产以降低成本，又有利于引导优秀的供应商充分了解企业的采购需求，提供更有针对性的、优质的产品和服务，推进深层次的合作。

4. 构建并运转集中采购的信息系统

集中采购信息系统是企业集中采购部门有效开展工作的必要条件，集中采购信息系统需要具备以下的基本功能。

（1）对所属单位提交的采购需求进行分类、筛选、汇总，根据汇总后的需求编制相应的集中采购计划和调拨计划。

（2）对从各个供应商采购的物资的实际使用情况进行跟踪、汇总、比较、分析、评价，便于之后对供应商进行选择。

（3）与企业资源计划实现有机结合，与生产、财务、销售等系统相连接，形成反映企业资源的信息系统，提升采购的工作效率和决策水平。

7.6 “互联网+”采购

信息时代的到来，改变了人类社会的生产与生活方式。“互联网+”采购就是通过跨界、变革及重塑融合，让采购行为拥抱互联网，进入电商化的时代。“互联网+”采购利用信息通信技术及互联网平台，让互联网与企业采购进行深度融合，使制造商、供应商能够更加便利、快捷地完成令双方满意的交易，从而提高企业在行业内的竞争能力。

互联网使得原有的采购管理模式发生了很大的变化，在降低采购成本的同时，大大提高了采购的效率。采购人员可以通过线上平台，寻求最佳采购方案。

目前“互联网+”采购模式的优势有以下几点。

（1）整合供应商，提高了企业议价能力。

（2）打通了供应链上下游，实现了信息对称。

（3）简化了采购流程，从选择、下单、审批、配送、发票开具到售后，一整套繁复的流程一键即可搞定。

（4）实现了集中采购管理，分散配送。

（5）采购过程全程信息化、透明化，避免了暗箱操作及操作失误造成的资源浪费。

（6）提升了管理科学化水平，采用云计算、大数据、人工智能等新技术，科学、合理地配置管理资源，可以将需求迅速反馈到供应商。随着移动互联网、物联网、云计算、大数据等技术的不断发展，采购交易方式日渐成熟，“互联网+”采购以其采购专业化、低风险、高效率等优势大大推动了企业发展。“互联网+”采购必将革新传统采购模式，成为采购新生态，赋能企业采购供应链转型升级。

请扫描以下二维码学习本章“案例研究”内容。

第7章案例研究

请扫描以下二维码完成本章习题。

第7章习题

第 8 章

库 存 控 制

第 8 章引例

8.1 库存的基本概念

8.1.1 库存的定义及分类

库存，从管理学上来讲，就是具有经济价值的任何物品的暂时闲置或储藏。也可以表述为，库存是为了满足未来需要而暂时闲置的资源。

库存可以从不同的角度进行分类。

1. 按状态分类

按状态，可将库存分为原材料库存、在制品库存和成品库存。

从供应链的角度看，3 种库存位于供应链的不同位置。

原材料库存可以存放在供应商处，也可以存放在生产企业的原材料库中。

生产企业的原材料投入生产后，随着生产的进行，其价值不断增加，在其完工入库之前，会在不同的环节形成不同价值的在制品库存。

成品库存通常位于生产企业的成品库或配送中心、零售商处。

不同状态的库存及其位置如图 8.1 所示。

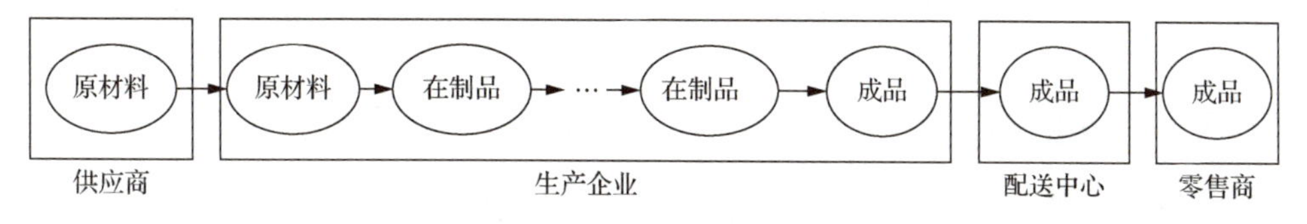

图 8.1 不同状态的库存及其位置

2. 按作用分类

按作用，可将库存分为周转库存、安全库存、调节库存和在途库存。

周转库存产生的原因是，一般情况下，企业的原材料是成批采购、分批使用的。每次采购的批量越大，采购的间隔就越大，在两次采购间隔之间形成的库存，就是周转库存。当然，采购批量太大或太小都是不经济的，经济订货批量就是基于这样的情景推导出的，具体的过程和方法见本章 8.4 节。

安全库存是为了应付需求、生产周期或供应周期可能发生的不测变化而设置的库存。

例如，供应商没有按预定的时间供货，或者需求突然增大，这时，正常计划的库存已不能满足要求。设置安全库存的方法有以下几个。

（1）比正常的订货时间提前一段时间。

（2）每次的订货量大于正常的需要量。

（3）单独存放一定量的库存。

调节库存是为了调节需求或供应的不均衡、生产速度和供应速度的不均衡、各个生产阶段产出的不均衡而设置的。例如，有明显季节性需求的产品（羽绒服、电扇等）为了保持生产能力的均衡，会在淡季生产产品，形成调节库存，在旺季销售。

在途库存是指处于运输状态或放在两个相邻的工作地或部门之间的库存。这种库存是客观存在的，而不是有意设置的，其大小取决于运输时间和该期间的平均需求。

3．按用户对库存的需求特性分类

按用户对库存的需求特性，可将库存分为独立需求库存和相关需求库存。

独立需求库存和相关需求库存是两个非常重要的概念。

独立需求库存是指库存物料的需求数量和需求时间与其他任何物料的需求无直接关系，具有独立性。从库存管理的角度来说，独立需求是指那些随机的、由企业外部市场环境决定的需求，如客户对企业产品、可供销售的零部件的需求。独立需求无论在数量上还是在时间上都有很大的不确定性，但可以进行预测。

相关需求库存是指与其他物料的需求有内在关系的需求，可以直接根据对最终物料需求的精确计算得到。例如，一汽大众今天计划产出300辆高尔夫轿车，每辆车需要轮胎5个（含备用轮胎），则共需要1500个轮胎，也就是说，知道高尔夫轿车的产出计划，构成高尔夫轿车的每种零部件的需求计划就能计算出来。

两种需求库存的特征不同，决定了其管理与控制的机制不同。本章主要探讨独立需求库存的控制机制，相关需求库存则在后续章节介绍。

8.1.2 库存的利弊分析

实际上，库存的存在是有其必要性的，但也会带来一些问题，整体上，库存是弊多利少。

1．库存存在的必要性

库存的作用主要是能有效地缓解供需矛盾，具体表现在以下几个方面。

（1）预防不确定性的需求变动。

持有一定量的库存有利于调节供需之间的不均衡，尤其是满足不确定性的需求变动，保证企业按时交货，避免停工待料、缺货或供货延迟等给企业造成不必要的损失。对于服务业来说也是如此，必要的库存可以保证或改善服务质量。

（2）节省订货费用。

订货费用是指每次订货过程中发生的处理订单和货物发运等费用。每次的订货费用与订货批量的大小无关。在需求量相对稳定的情况下，增大订货批量，尽管增加了库存，但可以减少订货次数，也就是减少了订货费用。

（3）节省作业交换费用，提高人员和设备的利用率。

作业交换费用，也被称为换产费用，是指在生产过程中更换品种时，调整人员和设备交换所产生的费用。每次生产的批量越小，交换的次数就越多，浪费的人员和设备的时间就越多，费用也就越高。因此，提高生产批量，虽然增加了库存，但可以减少交换的次数，提高人员和设备的利用率，节省作业交换费用。

但是，需要说明的是，如果可以大幅度地减少每次人员和设备调整的时间，同时增加作业交换次数，则不会消耗较多的时间，或者说，换产时间可以忽略不计，生产的批量就可以大大减少，真正做到供需平衡，而不会形成库存。

2．库存带来的问题

（1）占用资金。

库存的存在必然会将货币资金转换为以存货形式表示的储备资金和生产资金，影响资金的快速流动，这也必然增大对企业自有资金或银行贷款的需要量，增加企业支付的利息，导致企业的运营成本增加。

（2）产生库存成本。

各种库存的存在除了占用资金、增加利息支出，还会产生储藏保管费用，包括仓库和设备折旧费、管理人员的工资及库存物品的价值损失。

（3）掩盖企业生产经营中的问题。

库存掩盖企业生产经营中的问题就如同小溪中的水掩盖河底的石头一样，如图 8.2 所示。许多问题就隐藏在库存中，有时很难发现。例如，计划不合理、工作绩效差、送货不及时、在制品丢失、供应商的供货质量不一致等，这些问题都有可能被库存所掩盖。降低库存水平，就像降低小溪中的水位露出石头一样，诸多问题就会随之暴露出来。解决这些问题，再降低库存暴露出新问题，再解决……直至解决全部问题，这将大大提升企业的管理水平。

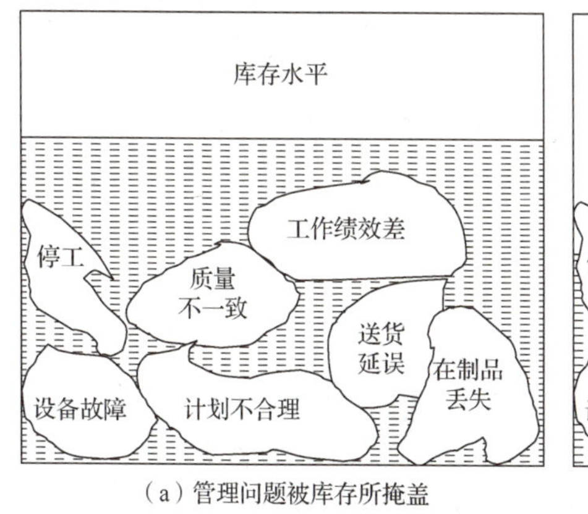

（a）管理问题被库存所掩盖

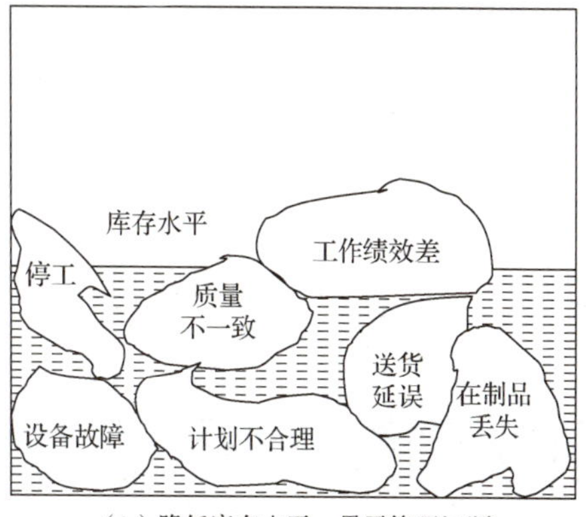

（b）降低库存水平，暴露管理问题

图 8.2　管理问题与库存水平的关系示意图

8.1.3　库存控制策略

由于库存有利有弊，在企业的运营管理中，必须对库存加以控制，使其既能为企业有效利用，又避免给企业带来太多的负面影响。常用的降低库存的方法见表 8-1。

表 8-1　常用的降低库存的方法

库存类型	基本方法	具体措施
周转库存	减少采购批量	①降低订货费用； ②缩短作业交换时间
安全库存	①订货时间尽量接近需求时间； ②订货数量尽量接近需求数量	①改善需求预测工作； ②缩短生产周期与订货周期； ③减少供应的不稳定性； ④增加设备与人员的柔性
调节库存	使生产速度与需求变化一致	尽量“拉平”需求波动
在途库存	缩短生产或配送周期	①减少生产或采购批量； ②慎重选择供应商与运输商

8.2　库存的 ABC 分类法

8.2.1　ABC 分类法的来源及其基本思想

ABC 分类法是由经济学家帕累托首创的。1879 年，帕累托在研究个人收入的分布状态时发现，少数人的收入占全部人收入的大部分，而多数人的收入却只占一小部分，这一法则即帕累托法则，他将这一关系用图表示出来，就是著名的帕累托图。该分析方法的核心思想是在决定一个事物的众多因素中分清主次，识别出少数的但对事物起决定作用的关键因素和多数的但对事物影响较小的次要因素。后来，帕累托法则被不断应用于管理的各个方面。1951 年，管理学家迪基将其应用于库存管理，命名为 ABC 分类法。1951—1956 年，朱兰将 ABC 分类法引入质量管理，用于质量问题的分析，被称为排列图。1963 年，德鲁克将这一方法推广到全部的社会现象，使 ABC 分类法成为企业提高效益的普遍应用的管理方法。

ABC 分类法的具体分类标准见表 8-2。

表 8-2　ABC 分类法的具体分类标准

品种种类	A 类	B 类	C 类
所占比例	20%左右	30%左右	50%左右
所占金额	80%左右	15%左右	5%左右

ABC 分类法也可以用图来描述，如图 8.3 所示。

运用 ABC 分类法的关键在于如何依据“关键的少数和次要的多数”，通过定性和定量的分析，将管理对象的库存物料按照分类指标划分为 A 类、B 类、C 类，然后采取相应的控制策略，这就是 ABC 分类法的基本思想。

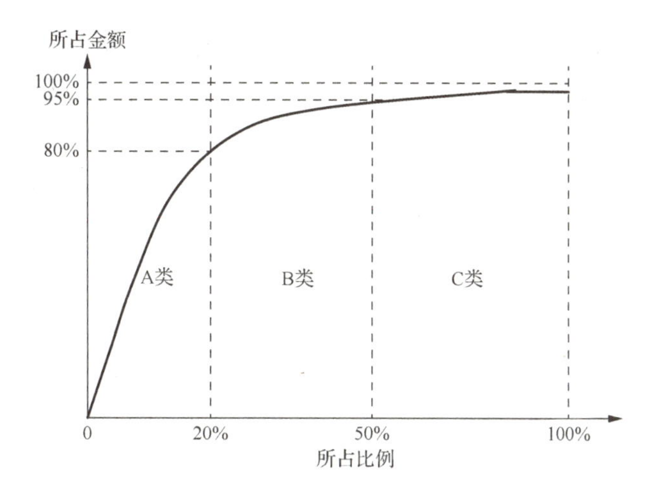

图 8.3 ABC 分类法

8.2.2 ABC 分类法的实施步骤

1. 实施程序

在实践中，人们常以物料品种和对应的金额作为划分标准。ABC 分类法实施的程序如下。

（1）确认库存中每一物料的年度使用量。

（2）将每一物料的年度使用量和物料的单价相乘，计算每一物料的年度使用金额。

（3）将所有物料的年度使用金额求和，得到全年度库存总金额。

（4）将每一物料的年度使用金额分别除以全年度库存总金额，计算出每一物料的年度使用百分比。

（5）将所有物料根据年度使用百分比由大至小排序。

（6）检查年度使用量分布，并根据年度使用量百分比对物料加以分类。

【范例 8-1】某企业常用 10 种物料，物料的年度使用量和单价如表 8-3 所示，试对其进行 ABC 分析。

表 8-3 物料的年度使用量和单价

物料代码	年度使用量/份	单价/元
0101	50000	0.80
0102	200000	1.20
0103	6000	1.00
0104	120000	0.60
0105	7000	1.20
0201	280000	0.90
0202	15000	0.70
0203	70000	0.80
0204	15000	0.90
0205	2000	1.10

解：按照年度使用量和单价计算这 10 种物料的年度使用金额，并对其进行排序和归类，即把这 10 种物料按年度使用金额分成 A 类、B 类、C 类，如表 8-4 所示。

表 8-4　物料的年度使用金额的排序和归类表

物料代码	年度使用金额/元	累计年度使用金额/元	累计百分比/%	分类
0201	252000	252000	36	A
0102	240000	492000	70	A
0104	72000	564000	81	B
0203	56000	620000	88	B
0101	40000	660000	94	B
0204	13500	673500	96	C
0202	10500	684000	98	C
0105	8400	692400	99	C
0103	6000	698400	99	C
0205	2200	700600	100	C

2. 控制策略

对库存进行分类的目的是按使用价值对物料加以区别对待，采用不同的控制策略分别进行控制。通常对于高价值的 A 类物料，应集中力量进行控制以减少库存；相反，对于低价值的物料，如 C 类物料，通常维持较大库存以避免缺货。针对不同种类物料的主要策略见下文所述。

（1）A 类物料：重点管理，严格跟踪，实施按量订货，精确计算订货点和订货量，并且经常进行维护。

（2）B 类物料：实施正常控制，按经济批量订货。

（3）C 类物料：尽可能简单控制，按期订货，如半年或一年订一次货。

这种 ABC 分类法简单易行，有助于分析和控制重点物料，但是其缺点也显而易见，ABC 分类法判别的标准不全面，仅仅根据品种、金额的多少，难以科学分类。例如有些比较重要的物料，尽管占用金额不高，但对生产影响大，且采购周期较长，这类物料也应归为 A 类物料。然而，如果按照 ABC 分类法，这类物料也许应归为 B 类或 C 类物料。因此，分类不仅取决于品种和金额的大小，还应考虑物料的重要程度、采购周期的长短等，只有综合考虑多种因素，才能合理地划分种类。

3. 其他降低库存的方法

目前，很多企业与供应链的伙伴合作，共同降低库存。沃尔玛和波音公司等企业就是最典型的实例，详见运营实例 8-1 和运营实例 8-2。

运营实例 8-1

沃尔玛的供应商管理库存的方法

沃尔玛实施供应商管理库存的方法，把商品进货职能和库存管理职能移交给供应商，由供应商对沃尔玛的流通库存进行管理和控制，在流通中心保管的商品所有权属于供应商。供应商对销售点信息和预先发货通知信息进行分析，把握沃尔玛的商品销售和库存动向。在此基础上，决定什么时间，把什么商品，以什么方式发送，将发货信息以预先发货通知形式传送给沃尔玛，以多频次、小批量的形式进行库存补充。这种方法下，供应商不仅能减少本企业的库存，还能减少沃尔玛的库存，实现整个供应链的库存最小化。对于沃尔玛来说，这种方法省去了商品进货业务，节约了成本，能够集中精力于销售活动，并且能够事先得知供应商的商品促销计划和商品生产计划，以较低价格进货。

资料来源：根据网络资料整理。

运营实例 8-2

波音公司的全球飞机库存网

在航空业，波音公司于2000年前后开始在世界范围内推广供应商管理库存的方法，对象是航空公司。波音公司把大约7万种机架备件纳入其中，目标是更低的成本和更高的有货率。这项计划称为全球飞机库存网。

对于全球飞机库存网，波音公司的宗旨如下。

- 波音公司负责这些备件的采购、库存和物流。
- 备件将放置到航空公司所在地或附近，便于航空公司就近采用。
- 备件在消费前属于波音公司（或者波音公司的合作供应商），此举大幅度降低了航空公司的库存成本。
- 波音公司的供应链管理系统监控全球各库存点的水位、消耗与补货，并对其进行预测，指导供应商的生产。
- 波音公司通过开发信息技术，有效集成航空公司的备件需求、飞机维修信息，以指导备件的规划与补给。

人们会有疑问，波音公司和空客是客机制造领域的双寡头，有半垄断的性质，难道就不知道供应商管理库存的方法会增加自己的库存，占用自己的资金？没错，但供应商管理库存的方法不管是对波音公司还是航空公司，都是利大于弊。就波音公司来说，很多备件的消耗量很低，如果让航空公司拥有自己的库存，周转率就很低，尤其是小航空公司。相反，由波音公司来建库存，支持多家在同一地域的航空公司，就可以让规模经济的优势得到体现，库存周转率提高，还可紧急调用给别的航空公司。此外，作为飞机生产商，波音公司往往比航空公司更了解备件的消耗率，从而做出更准确的库存规划，在客观上降低库存总体水平，提高库存周转率。

资料来源：根据网络资料整理。

8.3 独立需求库存的控制机制

如前所述，独立需求库存的特征是物料需求时间和需求数量具有不确定性，对待这样的库存只能采用“补充库存”的控制机制，将不确定的需求问题转化为对内部库存水平的动态监视与补充的问题，可用图 8.4 来表示其控制模型。图 8.4 的下方为水的出口，与用户的水管相连，且用户的用水量和用水时间是随机的。其中水池代表可用库存，用水代表用户随机的独立需求。正常情况下，水池要存有一定数量的水，且水量随用户的不断使用逐步减少。为了保证用户用水，当水量减少到一定的程度时，就应启动供水装置向水池供水，供水代表补充库存。从图 8.4 所示的控制模型可以看出，独立需求库存问题的解决取决于两个方面：如何对现有库存量进行监视和如何使补充库存活动达到优化，即确定“期”（何时补充）和“量”（补充的数量）。

根据不同的监视方式，可将对库存量进行监视的系统分为实时监视系统和定期监视系统。

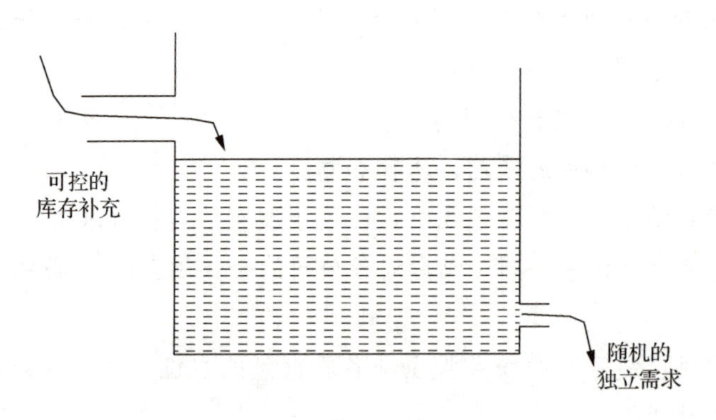

图 8.4 独立需求库存的控制模型

8.3.1 实时监视系统

实时监视系统又被称为 Q 系统、定量控制系统、定量订货方式。其特点是定量不定期，即固定每次的订货批量，而订货间隔期（相邻两次订货之间的时间间隔）的大小则随需求量的变化而变化，实时监视系统的模型如图 8.5 所示。

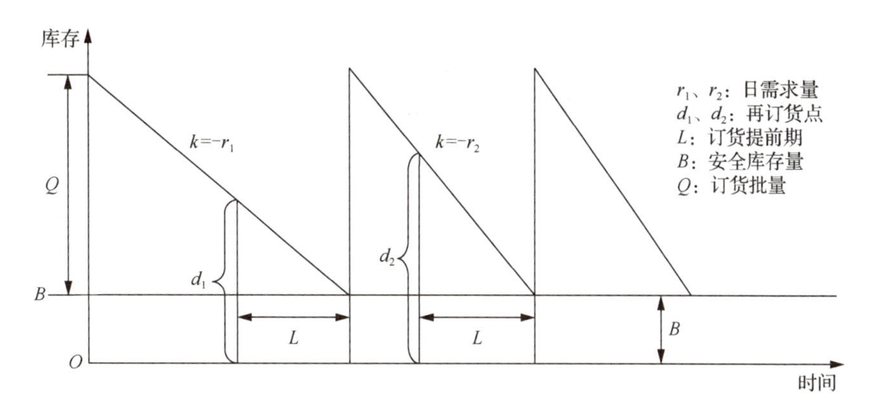

图 8.5　实时监视系统的模型

采用该系统首先要计算并确定所采购物料的经济订货批量（具体的方法见下节），其次要计算其再订货点。再订货点的计算公式为

$$d = r \times L + B$$

式中　d —— 再订货点；

r —— 平均日需求量；

L —— 订货提前期；

B —— 安全库存量。

从图 8.5 中可以看出，再订货点随日需求量的变化而变化。

实时监视系统就是连续不断地监视库存量的变化，即在每次领用物料后立即核定该物料的库存量，当库存量降到再订货点时，就要向供货厂商按经济订货批量订货，经过一段时间（订货提前期）后，订货到达从而完成库存的补充。

实时监视系统在实际应用中还有一种更简便的管理方法，称为两箱法或三箱法。

所谓两箱法就是将一种物料分别装入两个箱子中。第一个箱子存放的物料数量等于该物料再订货点的数量，其余的物料放入第二个箱子中。领用时先用第二个箱子中的物料，该箱的物料用完表示库存量已达到再订货点，应立即订货，如图 8.6 所示。

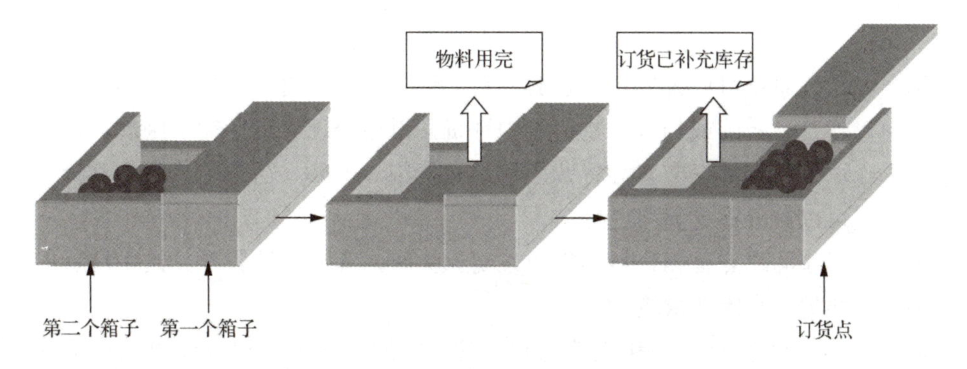

图 8.6　两箱法订货示意图

所谓三箱法是将第一个箱子另分出第三个箱子，第三个箱子存放的物料数量等于安全库存量，第一个箱子和第三个箱子的物料存放量之和等于再订货点。领用时先用第二个箱

子中的物料，第二个箱子的物料用完时，应立即订货并开始领用第一个箱子的物料。当第一个和第二个箱子的物料均用完时，正常情况下，新订的物料应已到达并完成物料的补充。如果新订的物料尚未到达，就要动用第三个箱子的物料。这表明此时的供应与需求超出正常情况，需要采取紧急措施，以防止缺货。

如果在库存控制系统中采用计算机管理，则可随时查询每一种物料的库存状况，当库存量降到再订货点时，计算机会自动报警并打印订货单。

8.3.2 定期监视系统

定期监视系统又被称为 P 系统、定期控制系统、定期订货方式。其特点是定期不定量，即订货间隔期固定不变，而每次的订货批量则随需求量的变化而变化。

采用该系统首先要为各种物料确定合理的订货间隔期。通常每次领用物料后不需要马上核定库存量，而是定期在每次订货前核查该物料的库存量，并按该物料的最高库存限额与核查的现有库存量的差额订货，如图 8.7 所示。

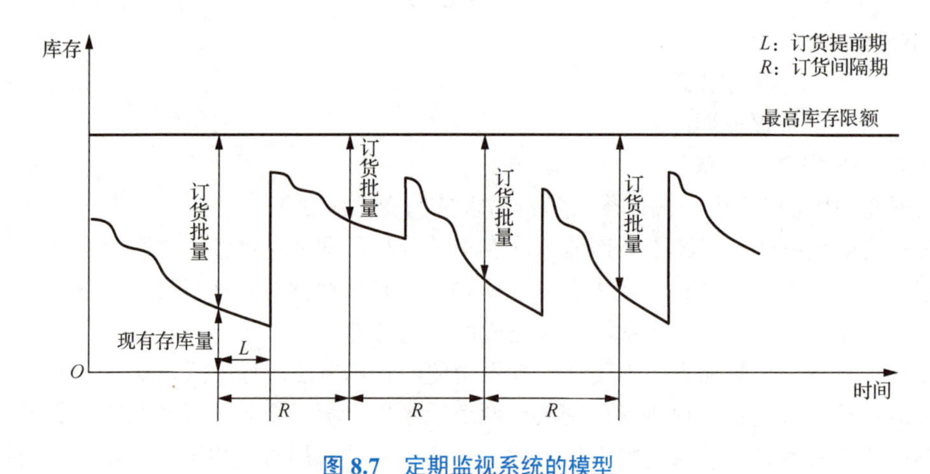

图 8.7　定期监视系统的模型

图 8.7 中每次订货批量的计算公式为

订货批量=最高库存限额-现有库存量

采用定期监视系统可以统筹安排各类物料的订货时间，避免采购部门的订货工作忙闲不均，也可以将货源相同或相近的物料集中订货，以便合理组织运输。因此，该系统可以简化订货工作，节约人力，节省订货费用和运输费用。另外，当集中订货的订货量超过一定数额时，还可以在价格上获得优惠。

定期监视系统的缺点是当物料的需求量变化大时，其适应性较差，发生缺货的可能性较大，因此需要的安全库存量较大。

与实时监视系统的两箱法和三箱法相对应，定期监视系统也有简单的单箱法。其原理是：箱子的容量就是物料的最高库存限额，定期核查时，与满箱比较，缺少的数量就是订货批量。

8.3.3 实时监视系统与定期监视系统的比较

实时监视系统与定期监视系统的比较可以简单地用表 8-5 表示。

表 8-5 实时监视系统与定期监视系统的比较

实时监视系统	定期监视系统
连续监测库存状态	定期监测库存状态
连续盘点	定期盘点
缺货风险较小	缺货风险较大
较低的安全库存	较高的安全库存
定量不定期	定期不定量

两种系统的特点决定了其应用场合的不同，根据前述的 ABC 分类法，实时监视系统更适用于对 A 类和 B 类物资的管理，定期监视系统则更适用于对 C 类物资的管理。

8.4 常用的库存控制模型

如果物料的需求率是恒定的和确定的，就是确定性需求；如果物料的需求率是随时间变化的，就是时变性需求；如果物料的需求是随机的，就是随机性需求。考虑到时变性需求和随机性需求的复杂性，本节只介绍几种常用的确定性需求的模型，包括经济订货批量模型、价格折扣模型和经济生产批量模型。

8.4.1 经济订货批量模型

独立需求库存的经济订货批量模型是最典型的库存控制模型。

1. 经济订货批量模型的应用条件

各种定量模型均有各自的应用条件或假设，经济订货批量模型也不例外，其应用条件有以下几个。

（1）需求已知、需求率均匀且为常量。

（2）订货提前期已知，且为常量。

（3）订货批量大小无限制。

（4）批量大时无价格折扣。

（5）不允许缺货。

（6）订货一次性到货。

（7）订货费用与批量无关。

（8）库存成本是库存量的线性函数。

2．经济订货批量模型的推导

与库存有关的费用主要有两类：一类费用随着库存量的增加而增加，即库存费用，用 F_1 表示；另一类费用则随着库存量的增加而减少，即订货费用，用 F_2 表示。正是这两种费用相互作用，才有经济订货批量。

（1）库存费用。

① 资金的成本，例如利息。

② 仓储成本，例如仓库租金或折旧等成本。

③ 材料处理成本，例如车辆和器具的折旧、仓库人员的工资、能源等。

④ 物品变质、陈旧、丢失的损失。

⑤ 税收和保险。

（2）订货费用。

订货费用的多少与订货次数有关，而与每次的订货批量无关。增大订货批量，可减少订货次数，这类费用就减少。

订货批量与库存费用、订货费用和总费用的关系如图 8.8 所示。

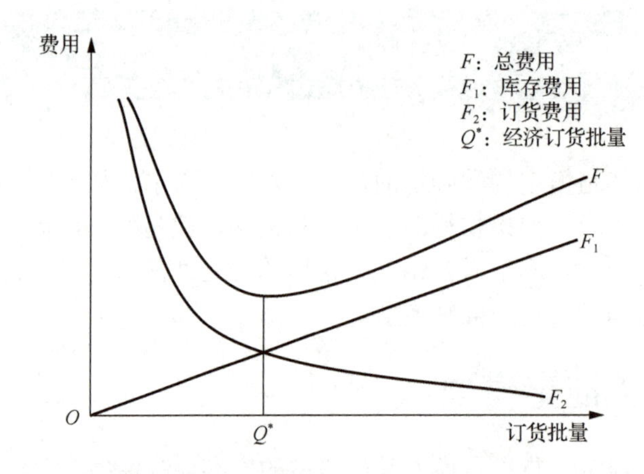

图 8.8　订货批量与库存费用、订货费用和总费用的关系

下面构建经济订货批量的数学模型。

设 F 为总费用；F_1 为库存费用；F_2 为订货费用；Q 为订货批量；S 为每次订货的费用；D 为该物料的年需求量；H 为单位物料的年库存费用。

由图 8.8 可以看出，库存平均占用量为 $\frac{Q}{2}$（不考虑安全库存），则年库存费用 F_1 为

$$F_1 = \frac{1}{2}QH$$

而年订货费用 F_2 为

$$F_2 = \frac{D}{Q}S$$

则总费用为

$$F = F_1 + F_2 = \frac{1}{2}QH + \frac{D}{Q}S$$

对该式求导，并求极小值

$$\frac{\mathrm{d}F}{\mathrm{d}Q} = \frac{1}{2}H - \frac{D}{Q^2}S$$

令$\frac{\mathrm{d}F}{\mathrm{d}Q} = 0$，则$Q^* = \sqrt{\frac{2DS}{H}}$，$Q^*$为经济订货批量。

假设N为年订货次数，T为年工作天数，R为订货间隔期，则

$$N = \frac{D}{Q^*} = \sqrt{\frac{DH}{2S}}$$

$$R = \frac{T}{N}$$

3. 模型应用举例

【范例 8-2】长春汽车变速箱厂每年需要 1000 把滚刀，每次采购均按经济订货批量订货。现知每次订货的费用为 100 元，每把滚刀每年的库存费用是 5 元，试计算其经济订货批量。若每年按 250 个工作日计算，试计算订货次数和订货间隔期，订货费用与库存费用的总费用是多少？

解：根据经济订货批量公式和已知条件，经济订货批量Q^*为

$$Q^* = \sqrt{\frac{2DS}{H}} = \sqrt{\frac{2 \times 1000 \times 100}{5}} = 200 \text{（把）}$$

订货次数为

$$N = \frac{D}{Q^*} = \frac{1000}{200} = 5 \text{（次）}$$

订货间隔期为

$$R = \frac{T}{N} = \frac{250}{5} = 50 \text{（个工作日）}$$

总费用为

$$F = F_1 + F_2 = \frac{1}{2}QH + \frac{D}{Q}S = \frac{1}{2} \times 200 \times 5 + \frac{1000}{200} \times 100 = 1000 \text{（元）}$$

8.4.2 价格折扣模型

为了刺激需求，供应商往往在订货批量大于某一值时，提供优惠的价格，这就是价格折扣。在经济订货批量模型中，假设物料的单价是不变的，物料的采购费用与订货批量无

关，采购费用即物料本身的价值。但是当订货批量与价格折扣有关时，采购费用就与订货批量相关了。

采购价格折扣一般分为单式折扣和复式折扣，如图 8.9 所示。

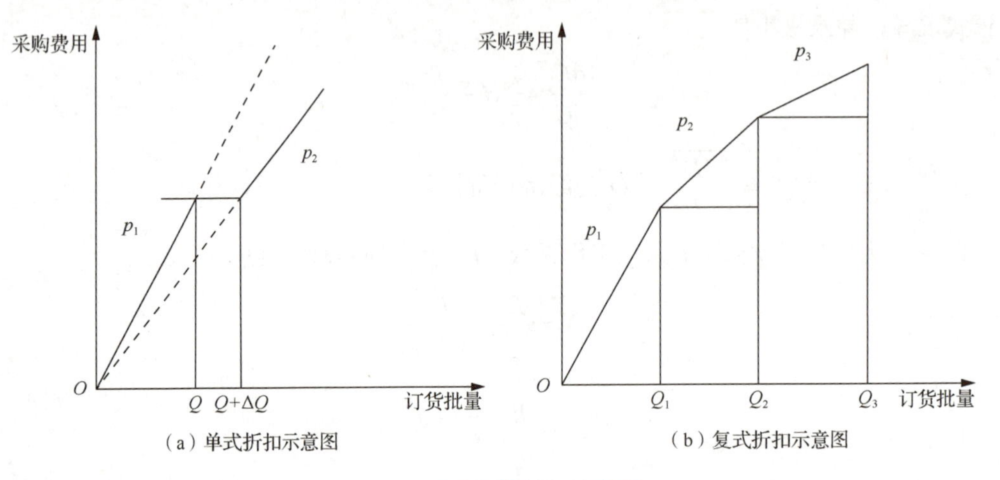

图 8.9　采购价格折扣示意图

图 8.9（a）为单式折扣示意图，表示订货批量小于 Q 时，单件价格为 p_1；订货批量大于 Q 时，单件价格为 p_2。这种折扣方式的优点是计算简单，但它的缺点是在 Q 点处，价格是不连续的。因此，订货批量比 Q 多一点，付的钱反而少，从理论上讲，这是不合理的。

图 8.9（b）为复式折扣示意图，表示订货批量小于 Q_1 时，单件价格为 p_1；订货批量在$[Q_1+1,Q_2]$时，单件价格为 p_2；订货批量在$[Q_2+1,Q_3]$时，单件价格为 p_3；依此类推。因此，采用不同的订货批量就可以得到不同的折扣优惠。虽然复式折扣方法在理论上比较合理，但是实际应用并不多。

本节介绍的方法也是采用的单式折扣方法。

价格折扣模型中的总费用包含库存费用、订货费用和采购费用这 3 个部分。

$$F = F_0 + F_1 + F_2$$

式中　F_0——采购费用；

F_1——库存费用；

F_2——订货费用。

另外，单位产品的库存费用与采购的单件价格也有关系，不再是常数。因此，不能简单地套用传统的经济订货批量模型。

图 8.10 为有两个折扣点的价格折扣模型的采购费用变化示意图。

从图 8.10 可以看出，总费用曲线是一条不连续的曲线，经济订货批量仍然是总费用最低点的数量。由于总费用曲线不连续，总费用的最低点要么位于一阶导数为 0 的点，要么位于曲线的中断点。因此，计算有价格折扣的经济订货批量可按下面的步骤进行。

(1) 取最低价格代入经济订货批量模型，求出 Q^*。如果 Q^*位于其价格所在区间，或者说 Q^*在总费用曲线上，那么 Q^*可行，停止。否则转步骤（2）。

（2）取次低价格代入经济订货批量模型并求出 Q^*。如果 Q^*可行，计算订货量为 Q^*时的总费用和所有大于 Q^*的数量折扣点（曲线中断点）所对应的总费用，取其中最小费用对应的数量，该数量为经济订货批量，停止。

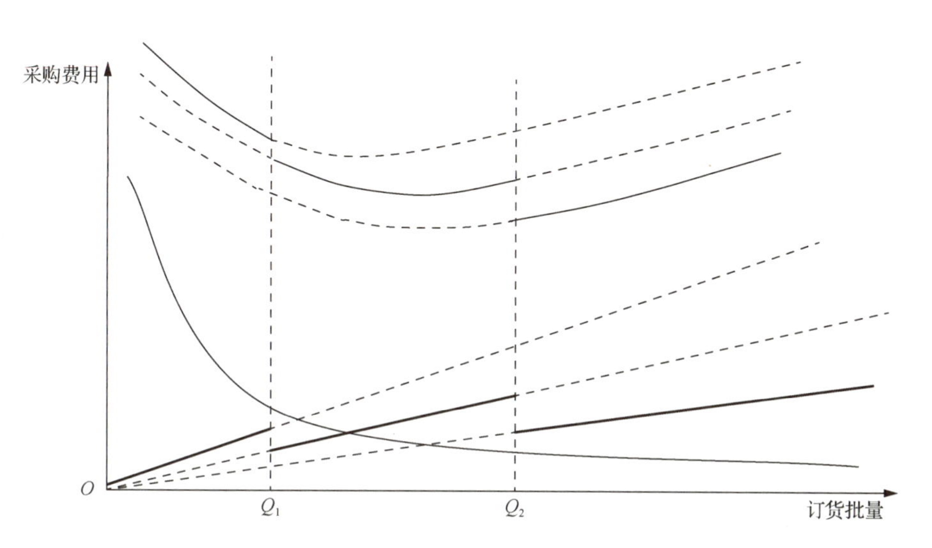

图 8.10　有两个折扣点的价格折扣模型的采购费用变化示意图

（3）若 Q^*不可行，重复步骤（2），直至找到一个可行的 Q^*为止。

【范例 8-3】 旭日电气公司每年需要 4000 个专用开关。该开关的售价为：购买 1～499 个的单价为 9 元，购买 500～999 个的单价为 8.5 元，购买 1000 个以上的单价为 8 元。已知每次订货费用为 100 元，每个开关的库存费用为售价的 20%。试确定经济订货批量与年总费用。

解：这是一个典型的价格折扣问题，可按前述的步骤求解。

第一步：取最低价格 p=8 元，H=8×20%=1.6（元），则

$$Q_8^* = \sqrt{\frac{2DS}{H}} = \sqrt{\frac{2\times4000\times100}{1.6}} \approx 707 \text{（个）}$$

由于购买 707 个开关的单价为 8.5 元，而非 8 元，所以 Q_8^* 不是可行解。

第二步：取次低价格 p=8.5 元，H=8.5×20%=1.7（元），此时

$$Q_{8.5}^* = \sqrt{\frac{2DS}{H}} = \sqrt{\frac{2\times4000\times100}{1.7}} \approx 686 \text{（个）}$$

由于购买 686 个开关的单价为 8.5 元，因此，$Q_{8.5}^*$ 是可行解。

现在计算订货批量为 686 个时的总成本，并与订货批量为 1000 个时的总成本进行比较。

$$F = F_0 + F_1 + F_2 = pD + \frac{1}{2}QH + \frac{D}{Q}S$$

$$F_{686} = 8.5\times4000 + \frac{1}{2}\times686\times1.7 + \frac{4000}{686}\times100 \approx 35166 \text{（元）}$$

$$F_{1000}=8\times4000+\frac{1}{2}\times1000\times1.6+\frac{4000}{1000}\times100=33200\text{（元）}$$

显然，总费用最低的订货批量为1000个开关。总费用曲线如图8.11所示。

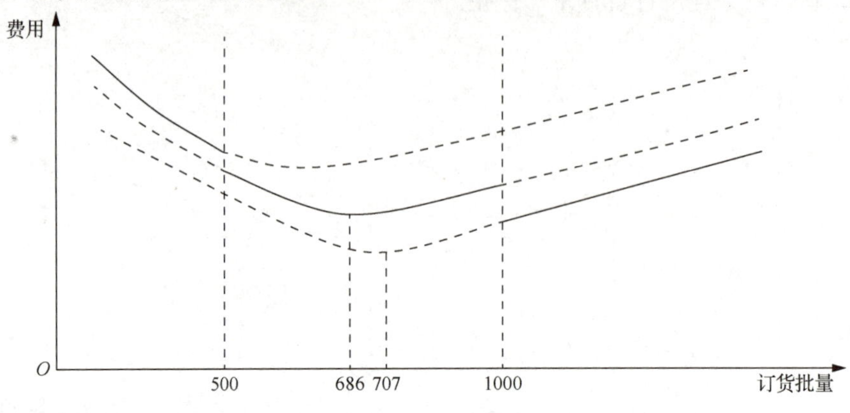

图8.11 总费用曲线

8.4.3 经济生产批量模型

在企业的生产过程中，相邻的环节或工序可以理解为供方和需方的关系，供方的生产率通常大于需方的需求率，二者之间的库存是逐步增加的，会产生库存费用。当库存达到一定量时，就要停止生产一段时间，转而生产其他的产品。由于转产需要对设备进行调整，因此会产生转产费用（类似于采购中的订货费用），用S表示。因此，在企业的生产过程中，也有一次生产多少的问题，即经济生产批量问题。经济生产批量模型可用于解决该问题，经济生产批量模型下的库存量变化如图8.12所示。

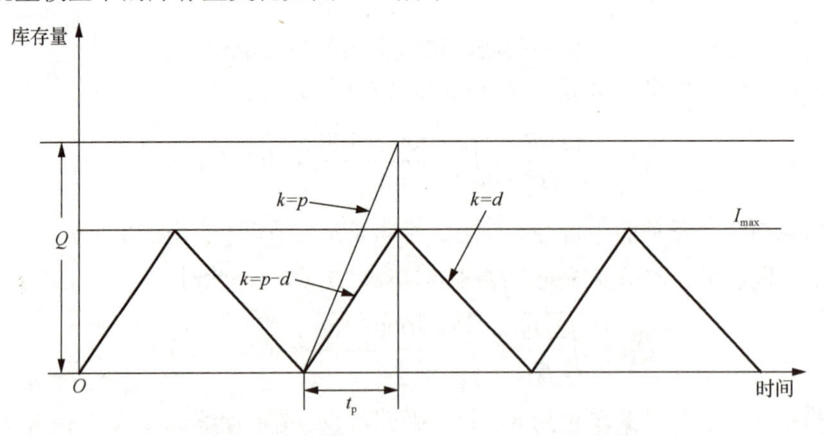

图8.12 经济生产批量模型下的库存量变化

p—供方生产率（单位时间生产的产品数量）

d—需方需求率（单位时间消耗的产品数量）

t_p—供方的生产时间

Q—生产批量

I_{max}—最大库存量

图 8.12 描述了在经济生产批量模型下的库存量随时间变化的过程。供方在库存为 0 时开始生产，需方同时开始领用，供方经过 t_p 的生产时间后停止生产。由于供方生产率 p 大于需方需求率 d，所以库存以（$p-d$）的速率上升，在生产时间达到 t_p 时库存达到最大值 I_{max}。供方停止生产后，需方继续领用，库存按需求率 d 的速率下降，直至库存为 0，然后又开始新一轮的生产和领用。

由图 8.12 可知

$$I_{max}=t_p(p-d)$$

而 $Q=pt_p$，可得 $t_p=\frac{Q}{p}$

故

$$I_{max}=t_p(p-d)=\frac{Q}{p}(p-d)=Q(1-\frac{d}{p})$$

根据经济订货批量模型的总费用公式，可得

$$F=F_1+F_2=\frac{1}{2}I_{max}H+\frac{D}{Q}S=\frac{1}{2}QH\left(1-\frac{d}{p}\right)+\frac{D}{Q}S$$

求导，得

$$\frac{dF}{dQ}=\frac{1}{2}H(1-\frac{d}{p})-\frac{D}{Q^2}S$$

令 $\frac{dF}{dQ}=0$，则 $Q_p^*=\sqrt{\frac{2DS}{H(1-d/p)}}$，$Q_p^*$ 为经济生产批量。

【范例 8-4】长春某汽车零部件厂为汽车售后市场提供配件，其中后保险杠每年的需求量为 10000 个，按每年 250 个工作日计算，平均日需求量为 40 个，该厂的平均日生产量为 80 个。另外，该厂每次的换产费用为 100 元，每年每个后保险杠的库存费用是 4 元，试确定其经济生产批量。

解：根据经济生产批量公式和已知条件，经济生产批量 Q_p^* 为

$$Q_p^*=\sqrt{\frac{2DS}{H(1-d/p)}}=\sqrt{\frac{2\times10000\times100}{4\times(1-\frac{40}{80})}}=1000$$

在上述的经济生产批量 Q_p^* 中，有以下 2 个特例。

（1）当 d=0 时，$Q_p^*=\sqrt{\frac{2DS}{H}}$。这就是经济订货批量模型，可见 Q_p^* 更具有一般性。

（2）当 p=d 时，$Q_p^*=\infty$。这对应的是大量生产方式。

请扫描以下二维码学习本章“案例研究”内容。

第8章案例研究

请扫描以下二维码完成本章习题。

第8章习题

第 9 章

综合生产计划

第 9 章引例

9.1　生产计划及构成

9.1.1　生产计划及其分类

生产计划是根据需求和企业生产能力，对生产系统拟产出的产品品种、生产时间、生产数量，人力和设备等资源的配置，以及库存等方面预先进行的安排。

生产计划按层次可分为战略层计划、战术层计划与作业层计划。战略层计划涉及产品发展方向、生产发展规模、技术发展水平、新生产设备的建造等。战术层计划是确定在现有资源条件下的生产经营活动应该达到的目标，如产量、品种、产值和利润等。作业层计划是确定日常的生产经营活动的安排。

生产计划按时间可分为长期计划、中期计划和短期计划。长期计划通常为 3～5 年，中期计划为 6 个月～3 年，短期计划则为 6 个月以下。

两种分类方法有一定的关联关系，从战略层计划到作业层计划，计划期越来越短，计划的时间单位越来越精确，覆盖的空间范围越来越小，计划的内容越来越详细，计划中的不确定性越来越小。战略层计划、战术层计划和作业层计划的主要特点见表 9-1。

表 9-1　战略层计划、战术层计划和作业层计划的主要特点

项　目	战略层计划（长期）	战术层计划（中期）	作业层计划（短期）
管理层次	高层领导	中层领导	基层
计划期	3～5 年或更长	6 个月～3 年	小于 6 个月
空间范围	整个企业	工厂	车间、工段
详细程度	非常概括	概括	详细
不确定性	高	中	低
计划的时间单位	粗	中	细

9.1.2 生产计划的内容

企业的生产计划体系是一个庞大复杂的系统，既有长期的战略层计划，也有中期的战术层计划和短期的作业层计划，生产计划构成及其关系图如图9.1所示。

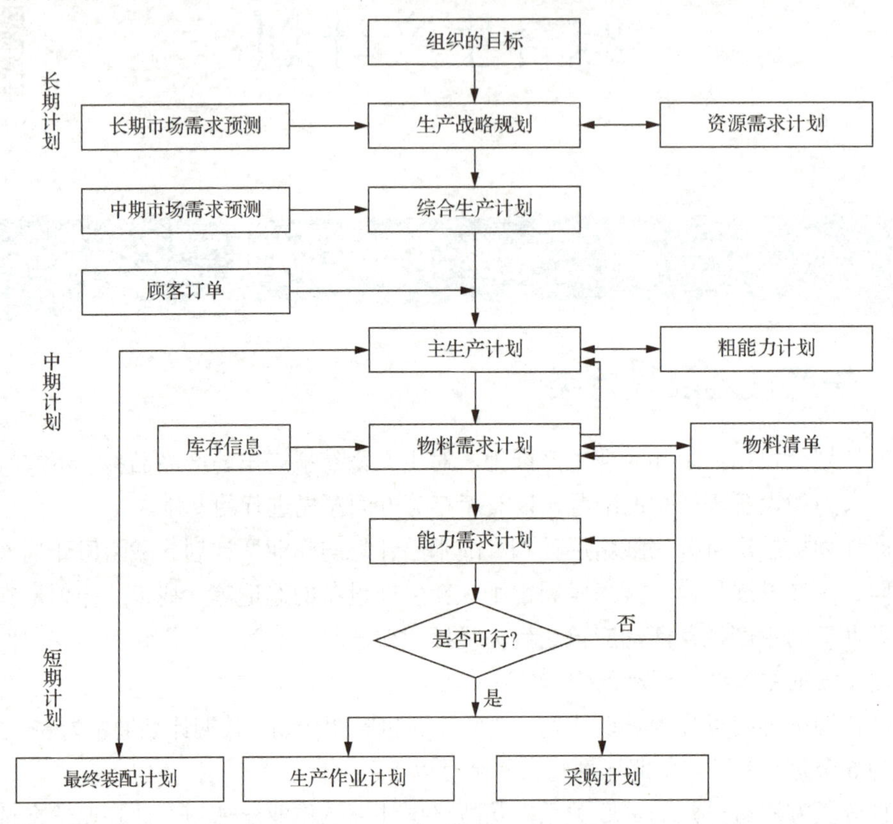

图9.1 生产计划构成及其关系图

1. 长期计划

长期计划包括长期市场需求预测、生产战略规划、资源需求计划。

市场需求预测可分为长期市场需求预测、中期市场需求预测和短期市场需求预测，综合生产计划通常只涉及长期市场需求预测和中期市场需求预测。长期市场需求预测主要为生产战略规划提供依据，而中期市场需求预测则为综合生产计划提供依据。

生产战略规划是在长期市场需求预测的基础上，制订企业的长远发展规划，主要考虑产品的开发方向、生产能力的决策和技术发展水平等。

资源需求计划是在生产战略规划的基础上，对企业资源的配置进行规划，以满足生产战略规划的要求。

2. 中期计划

中期计划主要包括综合生产计划、主生产计划、粗能力计划、物料需求计划和能力需求计划等。

综合生产计划是依据企业的长期计划及中期市场需求预测的结果制订的，是指导企业年度经营生产活动的纲领性文件，有利于解决生产能力与市场需求波动的矛盾，实现企业收益最大化。

主生产计划是对综合生产计划的具体化，即确定每个具体的最终产品在每个具体的时间段内的生产数量。最终产品，主要指对于企业来说，最终完成的要出厂的完工品，它可以直接用于消费，也可以作为其他企业的部件或配件。需要说明的是，为了编制主生产计划更加方便，有时主生产计划的编制对象不是最终产品，而是构成最终产品的一个部件。

粗能力计划是通过分析，验证现有的生产能力是否能完成主生产计划所确定的生产任务，即对生产任务与生产能力的平衡分析。粗能力计划通常只对关键工作中心的生产任务与生产能力进行平衡分析，当二者不平衡时，对生产任务或生产能力进行调整。

物料需求计划是根据主生产计划、物料清单和库存信息，确定物料需求的期限和数量，进而决定相关物料何时投入，投入多少，以保证按期交货。

与粗能力计划相似，能力需求计划则被用来验证现有生产能力能否完成物料需求计划确定的生产任务。与粗能力计划不同的是，能力需求计划是对所有工作中心进行生产任务与生产能力的平衡分析，如果不平衡，需要采取相应的措施。

3. 短期计划

短期计划通常是物料需求计划的执行计划，包括最终装配计划、生产作业计划和采购计划。

最终装配计划是指在特定情况下（主生产计划的对象非最终产品），将主生产计划的物料组装成最终产品的计划。

生产作业计划是生产车间根据物料需求计划的具体任务，确定每种零件的投入时间和完工时间，以及在各工作中心的加工顺序。生产作业计划要求在保证生产任务按期完成的前提下，使设备的负荷均匀，且在制品尽量少。

采购计划是为了实现物料需求计划中对外购买部件或配件等需求而编制的计划，是物料需求计划的执行计划的一部分。严格意义上讲，物料需求计划是基于相关需求的，其采购计划的编制不能采用独立需求库存的控制机制，但对需求量大、需求均匀的物料，也可用经济订货批量等模型编制采购计划。

从本章开始，将陆续介绍上述的各种计划。

9.2 综合生产计划概述

9.2.1 综合生产计划的功能

综合生产计划，又被称为生产大纲，是在企业长期计划和中期市场需求预测的基础上做出的，指导企业各部门一年内经营生产活动的纲领性文件。

由图 9.1 可以看出，综合生产计划是连接企业中长期计划的纽带，既有长期战略层计划的属性，也有中期战术层计划的特征，是将企业的长期战略层计划付诸实践的一个主要环节。

综合生产计划是指导性的计划，通常只规定产品大类的产量或工时，不具有可操作性，尚需对计划进一步地细化。或者说，综合生产计划是后续计划编制的基础。

综合生产计划的功能就是有效地整合企业的内外资源，实现最有效的产出。

9.2.2 综合生产计划编制的策略

综合生产计划重点解决生产能力与市场需求变动之间的矛盾，以保证生产经营目标的实现。因此，综合生产计划编制的策略主要有以下两种。

1. 调节生产能力以适应市场需求

该策略根据市场需求制订相应的计划，也就是说，将客户订单和市场预测的结果视为给定条件，通过调节人力水平、调整工作时间、改变库存水平、外协等方式来调整企业的生产能力，使之与市场需求一致。在这种基本思路下，常用的应变方法有以下几种。

（1）调节人力水平。当工人来源充足且主要是非熟练工人或半熟练工人时，可以通过聘用和解聘工人来实现这一点。但是，对于很多企业来说，符合其技能要求的工人来源是非常有限的。同时，新工人需要加以培训，而培训是需要时间的，且一个企业的培训设施能力也是有限的。此外，对于很多企业来说，解聘工人是很困难的，情况不同（如社会制度的不同、工会强大与否、行业特点、社会保险制度的特点），其解聘难度也不同。

（2）加班或部分开工。当正常工作时间的产量不足以满足需求时，可考虑加班；反过来，正常工作时间的产量大于需求量时，可部分开工。但是，加班需要付出更高的工资，通常为正常工资的 1.5 倍，这是管理人员经常限制加班时间的主要原因。工人有时候也不愿意加班时间太多，或长期加班。此外，加班过多还会导致生产率降低、质量下降等问题。部分开工是在需求量不足，但又不解聘工人的情况下才使用的方法。许多采取工艺原则布局方式的企业，对工人所需技能的要求较高，再聘用相当技能的人不容易，就常常采用这种方法。这种方法的主要缺点是生产成本升高，人力资源、设备资源的效率低下。

（3）安排休假。即在需求淡季时只留下一部分基本人员进行设备维修和最低限度的生产，大部分设备和人员都停工，在这段时间内，可使工人全部休假或部分休假。例如，西方企业经常在圣诞节期间使用这种方案，他们不仅利用这段时间进行设备维修、安装等，还借此减少库存。

（4）利用调节库存。在需求淡季时储存一些调节库存，在需求旺季时使用。这种方法可以使生产率和人员水平保持稳定，但却需要耗费库存成本。

（5）外协或转包。这是用来弥补生产能力短期不足的一种常用方法。可通过承包商提供服务、制作零部件，某些情况下，也可以让他们承包完成品。

2. 改变市场需求以适应生产能力

企业的生产能力通常是相对稳定的，为了适应市场需求的变化人为地对其进行调整必然会导致成本的增加或者生产能力的浪费。因此，我们也可以通过改变市场需求使其与生产能力相一致，以最经济的方式进行生产。常用的方法有以下几种。

（1）导入互补产品。也就是说，使不同产品需求的“峰”“谷”错开。例如，生产割草机的企业可同时生产滑雪机，这样其核心部件——微型发动机的年销售量则可基本保持稳定，如图 9.2 所示。

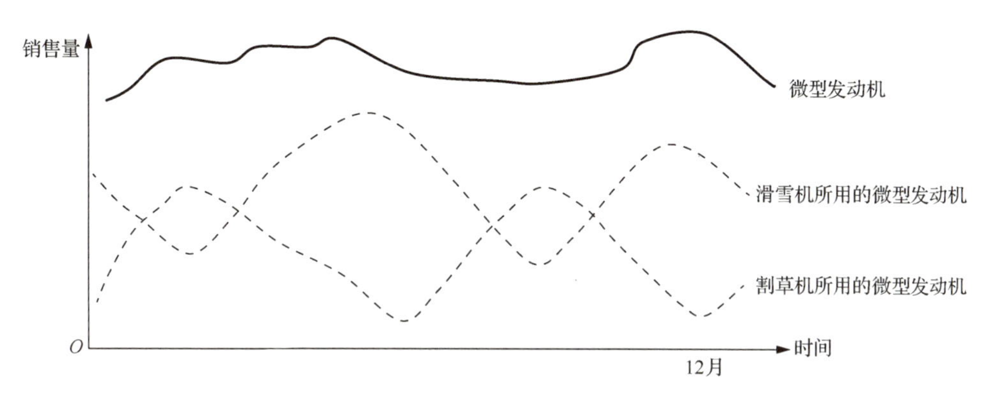

图 9.2 互补产品销售量变化示意图

这种方法的关键是找到合适的互补产品，它们既能够充分地使用现有资源，又可以使不同需求的“峰”“谷”错开，使产出保持均衡。

（2）调整价格，刺激淡季需求。对于季节性需求变化较大的产品，在需求淡季，可通过各种促销活动等降低价格的方式刺激需求，使之“淡季不淡”，保持较稳定的需求。例如，夏季削价出售冬季服装；冬季削价出售空调；航空业在需求淡季出售打折飞机票；等等。

（3）延迟交货。这种方法可以暂时缓解生产能力不足的问题，但要承担相应的未履约的经济和信誉损失。

无论是调节生产能力还是改变市场需求，都是要解决两者的平衡问题。这些策略各有优缺点，见表 9-2。企业具体采用何种方法应比较后综合认定。

表 9-2 不同策略的优缺点

策　略	优　点	缺　点
调节人力水平	需求变动时避免形成库存	聘用、解雇及培训成本高
加班、部分开工或安排休假	人员和生产能力没有变动或变动很小	成本上升
利用调节库存	与季节变动保持一致，无雇用及培训成本	支付加班成本，工人疲劳
外协或转包	有一定的弹性，产出平衡	难以控制质量，利润减少
导入互补产品	避免加班，产量稳定	未履约的经济、信誉损失
调整价格，刺激淡季需求	利用过剩的生产能力，扩大市场占有率	需求存在不确定性，很难精确保证供需平衡
延迟交货	充分利用资源，人员稳定	设备需要有保障

9.2.3 综合生产计划编制的程序

图 9.3 为综合生产计划的编制程序。由该图可以看出，这样一个程序是动态的、连续的，综合生产计划需要周期性地被重新审视、更新，尤其是当有新的信息输入或核心的经营机会出现的时候，更需如此。

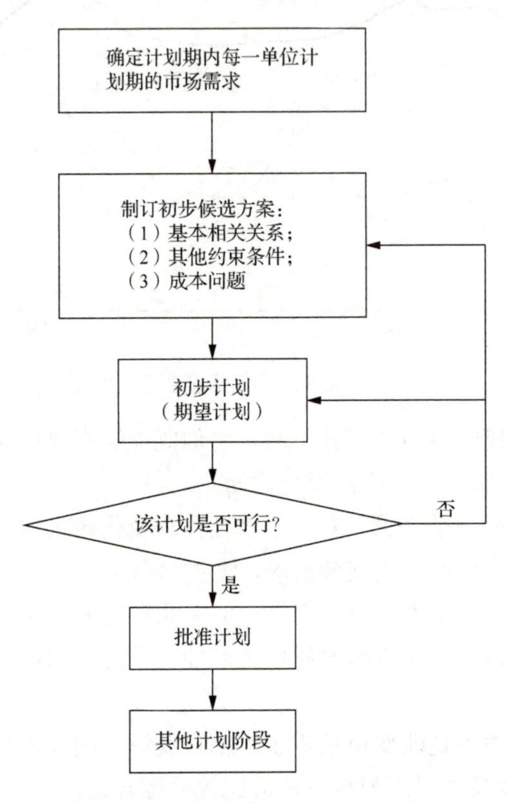

图 9.3 综合生产计划的编制程序

1. 步骤 1：确定计划期内每一单位计划期的市场需求

确定计划期内每一单位计划期的市场需求的方法有多种。对于制造业企业的综合生产计划来说，市场需求通常是以产品的数量来表示的，市场需求信息来源包括：对产品的未来需求预测，现有订单，未来的库存计划，来自流通环节（批发商）或零售环节的信息（指未发出订单之前给的信息），等等。根据这些信息，就可大致确定每一单位计划期的市场需求。

2. 步骤 2：制订初步候选方案，考虑基本相关关系、其他约束条件和成本问题

制订初步候选方案的基本思路在前述的计划编制的策略部分已经讨论过了，这里主要讨论要考虑的基本相关关系、其他约束条件和成本问题。

（1）基本相关关系。

在评价、审视初步候选方案时，有两个基本关系需要考虑：第一，在给定时间段内的人员关系式；第二，库存水平与生产量的关系式。

第一个关系式的公式为

本期可利用人员数=上期末人员数+本期初聘用人员数-本期初解聘人员数

上述关系式中的解聘人员数有时可以是人员的自然减少数。例如辞职、病退等引起的人员减少。在每一时间段内（单位计划期内），所发生的聘用和解聘行为均影响可利用人员数，这是显而易见的。在制订综合生产计划时，如果人员安排是分成几个独立的组（单位），就需要对每一组（单位）都进行类似的考虑。

第二个关系式的公式为

本期末库存量=上期末库存量+本期生产量-本期需求量

（2）其他约束条件。

除上述两个基本关系式外，还需要考虑一些其他约束条件。这些约束条件可分为物理性约束条件和政策性约束条件。

物理性约束条件是指一个组织的设施空间限制、生产能力限制等问题。例如，某工厂的培训设施，决定了单位计划期内新聘用人员的数量上限；设备能力决定了单位计划期内的最大产出；仓库面积决定了库存量的上限；等等。

政策性约束条件是指一个组织的经营管理方针上的限制。例如，企业规定的订单最长积压时间，单位计划期内的最大加班时数，外协量的最大占比，最小安全库存，等等。

综合生产计划必须满足上述这些约束条件，但应该注意的是，全部满足上述约束条件的计划并不等于就是最优计划。因为在该约束条件范围内，还可得出多个方案，这多个方案的经营结果可能是截然不同的。

（3）成本问题。

除了上述的考虑因素，制订综合生产计划时还必须考虑成本问题。只有成本在可接受范围内，一个计划才是可接受的。制订综合生产计划时所要考虑的成本主要包括以下几个方面。

① 正式职工成本。正式职工成本包括正常工资和各种福利待遇。例如，医疗保险、劳动保险、退休基金、带薪休假等。

② 加班成本。加班工资通常是正常工资的 1.5 倍，但是不必考虑其他福利待遇。也有一些企业，平时加班工资为正常工资的 1.5 倍，周末和法定节假日加班工资则为正常工资的 2 倍，甚至 3 倍。

③ 聘用和解聘费用。聘用费用包括招聘广告费用、面试费用、手续费用、新职工培训费用，以及新职工的不熟练引起的生产率下降、质量低下所带来的成本等。解聘费用包括最后面谈费用和解聘津贴。当一个企业因为某些工作任务取消而裁减相应的熟练职工时，所发生的成本还包括长期的培养费用。

④ 库存成本。库存成本包括资金占用成本、各种仓储成本（仓库费用、仓储管理人员费用等）、库存品的自然和非自然损耗（丢失、失盗、腐败等）、保险费用等。

⑤ 订单积压成本和库存缺货成本。在订单积压的情况下，可能会发生合同延期罚款，

还可能发生失去客户的潜在机会成本。在某些情况下，订单是不可能被拖延的。例如，一个消费者在超级市场买香蕉，如果缺货，通常这个消费者的行为是去别处购买，而不会留下姓名、住址等待来货。在这种情况下，缺货成本包括失去的销售利润和失去的信誉。

3．步骤 3：制订可行的综合生产计划

这是一个反复的过程，如图 9.3 所示。首先，需要制订一个初步计划，该计划要确定每一单位计划期（如月或季）内的生产速率、库存水平、允许订单积压量、外协量及人力水平（包括聘用、解聘和加班等）。该计划只是一个期望的、理想的计划，尚未考虑其他约束条件，也尚未按照企业的经营目标、经营方针来严格检查。如果通过对这些因素的考虑，证明该计划是不可行的或不可接受的，那么必须修改或重新制订该计划，反复进行，直至该计划可被接受。

4．步骤 4：批准综合生产计划

如前所述，一个综合生产计划需要最高管理层的认可，通常是通过组成一个委员会来审查综合生产计划，该委员会中应包括有关部门的负责人。委员会将对综合生产计划方案进行审查，也许会提出一些更好的建议，以处理其中相悖的若干目标。最后计划的确定并不一定需要委员会全体成员的一致同意，但计划一旦确定，就需要每个部门都尽全力，使之得以实现。

9.3 综合生产计划编制的方法

综合生产计划的编制方法有多种，通常可分为直观试算法和线性规划法。

直观试算法在实际生产中应用比较广泛，又被称为图表法、试误法、反复试验法等。在综合生产计划编制的过程中，各种影响因素交互作用，很难找到全局最优的方法，因此通过直观的图表和以往的经验形成不同的解决方案，再比较其结果，可以得出满意解。之所以称作满意解，是因为与启发式算法一样，得不到最优解，只能是近优解，是现有可知解决方案中最佳的方案。

线性规划法主要包括运输表法和一般线性规划方法。

下面介绍这 3 种常用的优化方法。

9.3.1 直观试算法

直观试算法的主要步骤如下。

（1）提供计划编制的基本参数，包括：每个单位计划期的需求量；正常、加班和转包的生产能力；职工成本、聘用和解聘成本、库存成本；等等。

（2）设计或选择可行的解决方案。

（3）比较每个方案的经济性，选择最佳的方案。

下面通过一个具体的实例说明直观试算法的应用过程。

【范例 9-1】 韦克父子公司是屋顶材料的生产厂家，屋瓦 1—6 月的需求预测数据如表 9-3 所示。

表 9-3　屋瓦 1—6 月的需求预测数据

月份	期望需求/件	生产天数/天	每日需求/件
1	900	22	41
2	700	18	39
3	800	21	38
4	1200	21	57
5	1500	22	68
6	1100	20	55
合计	6200	124	—

有关成本信息见表 9-4。

表 9-4　有关成本信息

成本项目	数 值	成本项目	数 值
单位库存成本	5 美元/月	单位产品工时	1.6 小时
单位转包成本	10 美元	提高生产率的单位成本（培训和新聘）	10 美元
正常小时工资	5 美元	降低生产率的单位成本（暂时解聘）	15 美元
加班小时工资	7 美元	—	—

拟提供的解决方案有以下 3 个。

方案一：根据日平均需求确定生产能力，雇用员工。

方案二：根据最低需求确定生产能力，将无法满足的部分外包。

方案三：通过新聘或暂时解聘调整生产能力以适应需求的变动。

试比较 3 种方案的经济性。

解：根据上述的信息，可知

$$日平均需求=\frac{合计期望需求}{合计生产天数}=\frac{6200}{124}=50（件/天）$$

计划期间的需求变化趋势如图 9.4 所示。

方案一：根据上述的信息，日平均需求为 50 件，则所需的员工数量为：

$$员工数=\frac{日需工时总数}{每员工日工时}=\frac{50\times1.6}{8}=10（人）$$

$$员工工资=10\times8\times5\times124=49600（美元）$$

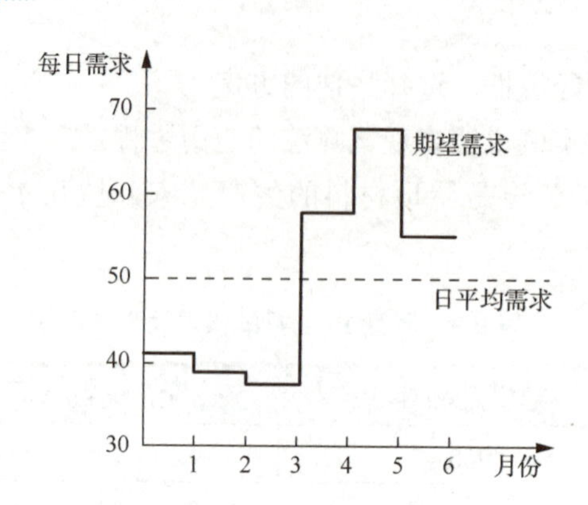

图 9.4　计划期间的需求变化趋势

相关的库存变化见表 9-5。

表 9-5　相关的库存变化

（单位：件）

月份	产量	期望需求	月存货变动量	期末库存	平均库存
1	1100	900	+200	200	100
2	900	700	+200	400	300
3	1050	800	+250	650	525
4	1050	1200	−150	500	575
5	1100	1500	−400	100	300
6	1000	1100	−100	0	50
合 计	—	—	—	—	1850

库存费用为：$1850 \times 5 = 9250$（美元）

因此，方案一的总成本为：49600+9250=58850（美元）

方案二：该方案的成本只包括两个部分，第一部分是实现最低需求的产能所支付的员工工资，第二部分是转包的费用。

由表 9-3 可知，3 月的每日需求量最低，为 38 件，则所需的员工数量为：

$$员工数 = \frac{日需工时总数}{每员工日工时} = \frac{38 \times 1.6}{8} = 7.6（人）$$

注：人数不能为小数，可以理解为 7 个全日工和 1 个半日工。

$$公司完成量 = 38 \times 124 = 4712（件）$$

$$转包量 = 6200 - 4712 = 1488（件）$$

则方案二的成本构成为

$$员工工资 = 7.6 \times 8 \times 5 \times 124 = 37696（美元）$$

$$转包成本 = 1488 \times 10 = 14880（美元）$$

$$总成本 = 37696 + 14880 = 52576（美元）$$

方案三：该方案是通过人员的增减使生产能力适应需求，其计算过程用表 9-6 描述。

表 9-6 方案三成本计算表

月份	预测需求/件	基本生产成本/美元（预测需求×1.6×5）	增产的额外成本（培训或新聘）/美元	减产的额外成本（暂时解聘）/美元	总成本/美元
1	900	7200	—	—	7200
2	700	5600	—	3000	8600
3	800	6400	1000	—	7400
4	1200	9600	4000	—	13600
5	1500	12000	3000	—	15000
6	1100	8800	—	6000	14800
合 计	—	49600	8000	9000	66600

比较 3 个方案的总成本，可知方案二最佳。

注意：由于只选择有限的若干个方案，不能列出可能的所有方案，因此，该方法只能找出近优解，不一定是最优解。

9.3.2 运输表法

运输表法是线性规划法中的一种特例，与一般线性规划方法相比，运输表法可以通过简单的表上作业法来求解。这种方法的基本假设是：每一单位计划期内正常生产能力、加班生产能力及外协量均有一定限制；每一单位计划期的预测需求量是已知的；全部成本都与产量成线性关系。在这些假设之下，运输表法可给出整个计划内每一单位计划期的最优生产计划。当问题的规模较大时，还可用计算机软件来求解。

这种方法首先需要画出一张表格，它可以表示出每一单位计划期的生产能力计划、需求量、初始库存量及可能发生的成本。表 9-7 是一个包括 4 个单位计划期的运输表法模型的表格，表中各个符号的含义见表后注释。

表 9-7 运输表法模型

计划方案		计划期				未使用生产能力	总生产能力
		1	2	3	4		
计划期	期初库存	0	h	$2h$	$3h$	—	I_0
1	正常生产	r	$r+h$	$r+2h$	$r+3h$	—	R_1
	加班生产	c	$c+h$	$c+2h$	$c+3h$	—	C_1
	外协生产	s	$s+h$	$s+2h$	$s+3h$	—	S_1

续表

计划方案		计划期				未使用生产能力	总生产能力
		1	2	3	4		
2	正常生产	$r+b$	r	$r+h$	$r+2h$	—	R_2
	加班生产	$c+b$	c	$c+h$	$c+2h$	—	C_2
	外协生产	$s+b$	s	$s+h$	$s+2h$	—	S_2
3	正常生产	$r+2b$	$r+b$	r	$r+h$	—	R_3
	加班生产	$c+2b$	$c+b$	c	$c+h$	—	C_3
	外协生产	$s+2b$	$s+b$	s	$s+h$	—	S_3
4	正常生产	$r+3b$	$r+2b$	$r+b$	r	—	R_4
	加班生产	$c+3b$	$c+2b$	$c+b$	c	—	C_4
	外协生产	$s+3b$	$s+2b$	$s+b$	s		S_4
未满足需求		—	—	—	—		
需　求		D_1	D_2	D_3	D_4		

注：h—单位计划期内单位产品的库存成本；
r—单位产品的正常生产成本；
c—单位产品的加班生产成本；
s—单位产品的外协生产成本；
b—单位产品的延期成本；
I_0—第一期期初库存；
R_t—t 期的正常生产能力；
C_t—t 期的加班生产能力；
S_t—t 期的外协生产能力；
D_t—t 期的需求量。

下面对表 9-7 中的一些元素做一些解释。

第一，每行表示一个计划方案。例如，第 1 行表示期初库存量，它可以用来满足 4 个单位计划期内任一期的需求。第 2 行是第 1 单位计划期内正常工作时间的生产量，它也可以用来满足 4 个单位计划期内任一期的需求。第 3、4 行是该期加班生产量和外协生产量，依此类推。

第二，每列表示一个计划所覆盖的计划期，此外还有未使用的生产能力和总生产能力。

第三，矩阵中每一格（称为单元）的右上角表示单位产品的相应成本，包括生产成本和库存成本。例如，在第 1 单位计划期，正常时间的生产成本是 r，如果在第 1 单位计划期生产出来的产品用于满足第 2 单位计划期的需求，则成本为 $r+h$，这是因为发生了 1 个月的库存成本；如果第 1 单位计划期生产的产品用于满足第 3 单位计划期的需求，则成本为 $r+2h$，依此类推。如果允许延期交货，即在后几期生产前几期需求的产品，这也需承担额外的延期成本。如果在第 2 单位计划期生产第 1 单位计划期的产品，其成本为 $r+b$；如果在第 3 单位计划期生产第 1 单位计划期的产品，其成本则为 $r+2b$，依此类推。一般来讲，成本最低的方案是令当期生产能力满足当期需求。但是，由于生产能力的限制，这一点并不总是可以做到的。

第四，第 1 单位计划期的期初库存费用为 0，这是因为它是前一个计划期（例如上一年）决策方案的函数，不在本计划期内考虑。

第五，如果企业不允许延期交货，则取 $b=\infty$，即对应的区域的生产能力不可用。

表 9-7 可以通过手算，即表上作业法，求得最优解，具体步骤如下。

（1）将总生产能力列的生产能力数字复制到未使用生产能力列，将需求行数字复制到未满足需求行。

（2）从表中寻找成本最低的单元，如果存在多个最低的单元，原则上先选择最左侧的单元。

（3）尽可能将生产任务分配到该单元，但不得超出该单元所在行的未使用生产能力和该单元所在列的需求。

（4）在该行的未使用生产能力中减去已分配的需求（注意未使用生产能力绝不可能是负数，如果负数是无法避免的，说明在该生产能力的约束条件下无可行解，必须增加生产能力），同时，在该列的未满足需求中减去已分配的需求。如果该列需求已满足，即未满足需求为 0，或需求未满足但该行已无未使用生产能力，即未使用生产能力为 0，则结束该单元的操作。

（5）重复步骤（2）～（4），直至满足全部需求。

使用这种方法时应时刻记住一个原则：一行内各单元计入量的总和应等于该行的总生产能力，而一列内计入量的总和应等于该列的需求。遵循这条原则才能保证总生产能力未被超过和全部需求得以满足。

【范例 9-2】伊达公司生产先进的医疗设备，其核心部件为该公司自己生产，且生产能力足以适应需求的变化。非核心零部件仅维持一定的生产能力，能力不足时选择外协生产。综合生产计划编制的基本信息如表 9-8 所示。请用运输表法求解其最优的综合生产计划。

表 9-8　综合生产计划编制的基本信息

基本信息		计　划　期			成本/元
		1/件	2/件	3/件	
需求预测		550	700	750	—
生产能力	期初存货	100	—	—	—
	正常生产	500	500	500	60
	加班生产	50	50	50	80
	转协生产	120	120	100	90

注：库存成本为 1 元/（件/月），延期成本为 3 元/（件/月）。

解：根据表 9-8 中的信息建立运输表法模型（初始表），见表 9-9。

（1）将总生产能力列的生产能力数字复制到未使用生产能力列，同时将需求行数字复制至未满足需求行。

（2）按表格单元的右上角的数字，从整个表中寻找成本最低的单元。本例为期初库存行和计划期 1 列交叉的单元格，其值（即成本）为 0。

（3）由于期初库存小于计划期 1 的未满足需求，故单元格填数字 100。

（4）未使用生产能力列的期初库存由 100 减至 0，未满足需求行的计划期 1 列的数字由 550 减至 450。此时，期初库存已为 0，不再参与后面的能力分配，相当于划掉该行。

（5）重复步骤（2）～（4），直至需求全部满足。

最终结果见表 9-10。

表 9-9 运输表法模型（初始表） （单位：件）

计划方案		计划期			未使用生产能力	总生产能力
		1	2	3		
计划期	期初库存	0	1	2	100	100
1	正常生产	60	61	62	500	500
	加班生产	80	81	82	50	50
	外协生产	90	91	92	120	120
2	正常生产	63	60	61	500	500
	加班生产	83	80	81	50	50
	外协生产	93	90	91	120	120
3	正常生产	66	63	60	500	500
	加班生产	86	83	80	50	50
	外协生产	96	93	90	100	100
未满足需求		550	700	750	—	2090
需　求		550	700	750		

表 9-10 运输表法模型（最终表） （单位：件）

计划方案		计划期			未使用生产能力	总生产能力
		1	2	3		
计划期	期初库存	0 100	1	2	0	100
1	正常生产	60 450	61 50	62	0	500
	加班生产	80	81 50	82	0	50
	外协生产	90	91	92 30	90	120
2	正常生产	63	60 500	61	0	500
	加班生产	83	80 50	81	0	50
	外协生产	93	90 50	91 70	0	120
3	正常生产	66	63	60 500	0	500
	加班生产	86	83	80 50	0	50
	外协生产	96	93	90 100	0	100
未满足需求		0	0	0	90	2090
需　求		550	700	750		

根据表 9-10 的数据，整理伊达公司非核心零部件的综合生产计划，见表 9-11。

表 9-11 伊达公司非核心零部件的综合生产计划 （单位：件）

计 划 期	正常生产	加班生产	外协生产	调节库存
1	500	50	30	130
2	500	50	120	100
3	500	50	100	—

其中，计划期 1 的调节库存=期初库存+本期生产量-本期需求=100+580-550=130。其他计划期的期初库存为上一计划期的调节库存，各计划期调节库存的计算方法依此类推。

本例使用了大量的加班生产和外协生产，因此建议伊达公司提高正常生产能力，这样带来的生产成本的降低应小于使用加班生产和外协生产所带来的成本。可以尝试做出不同能力计划下的最优生产计划，进行比较，这也是一个反复试行的过程。

由于不允许缺货或延期交货，本例中的延期成本很高，方案中看不到后期生产前期需求的计划。

9.3.3 一般线性规划方法

线性规划是运筹学中研究较早、发展较快、应用广泛、方法较成熟的一个重要分支，它是辅助人们进行科学管理的一种数学方法。在经济管理、交通运输、工农业生产等经济活动中，提高经济效果是人们不可缺少的要求，而提高经济效果一般通过两种途径：一是技术方面的改进，例如改善生产工艺、使用新设备和新型原材料；二是生产组织与计划的改进，即合理安排人力、物力资源。线性规划所研究的是：在一定条件下，合理安排人力、物力等资源，使经济效果达到最好。一般地，将求线性目标函数在线性约束条件下的最大值或最小值的问题，统称为线性规划问题。满足线性约束条件的解为可行解，由所有可行解组成的集合为可行域。决策变量、目标函数、约束条件是线性规划的三要素。

简单地讲，线性规划是为了解决资源有限、线性约束、存在多个方案的方案选优问题。

对于综合生产计划的编制而言，线性规划的基本模型如下所述。

目标函数：

$$\min\sum_{j=1}^{n}E_jX_j \qquad (j=1,2,\cdots,n)$$

约束条件：

$$\sum_{j=1}^{n}a_{ij}X_j \leqslant B_j \qquad (i=1,2,\cdots,m)$$

$$C_j \leqslant X_j \leqslant D_j \qquad (j=1,2,\cdots,n)$$

当然，根据不同的目标，目标函数也可以为最大化函数。

【范例9-3】某产品未来6个月的月需求预测及每月工作天数如表9-12所示。假定不考虑物耗成本，只计算人工成本。现行方案的有关参数为：每天工作8小时，单位产品工时为2小时，单位人工成本为120元/天，期初人数为35人，招聘费用为450元/人，解聘费用为600元/人，单位产品库存费用为每月5元。试确定最优的综合生产计划。

表9-12 月需求预测及每月工作天数

月份	1	2	3	4	5	6
需求预测/件	2760	3320	3970	3540	3180	2900
每月工作天数/天	21	20	23	21	22	22

资料来源：潘尔顺，2003．生产计划与控制[M]．上海：上海交通大学出版社．

解：定义如下变量。

（1）$P_i(i=1,2,\cdots,6)$ 为每个月的产量；

（2）$W_i(i=1,2,\cdots,6)$ 为每个月的工人数量；

（3）$H_i(i=1,2,\cdots,6)$ 为每个月的招聘人数；

（4）$L_i(i=1,2,\cdots,6)$ 为每个月的解聘人数；

（5）$I_i(i=1,2,\cdots,6)$ 为每个月的库存量。

目标函数为总成本（total cost，TC）最小，即正常人工成本、招聘成本、解聘成本和库存成本之和最小，其中，正常人工成本=单位人工成本×工作天数×工人人数，故目标函数为

$$\min \mathrm{TC} = 2520W_1 + 2400W_2 + 2760W_3 + 2520W_4 + 2640W_5 + 2640W_6 + 450\sum_{i=1}^{6} H_i + 600\sum_{i=1}^{6} L_i + 5\sum_{i=1}^{6} I_i$$

约束条件有以下几个。

（1）生产能力约束：

每月的生产能力=$\dfrac{\text{工人数量} \times \text{工作小时数}}{\text{单位产品工时}}$，则

$$P_1 \leqslant \frac{8\times 21}{2}\times W_1$$
$$P_2 \leqslant \frac{8\times 20}{2}\times W_2$$
$$P_3 \leqslant \frac{8\times 23}{2}\times W_3$$
$$P_4 \leqslant \frac{8\times 21}{2}\times W_4$$
$$P_5 \leqslant \frac{8\times 22}{2}\times W_5$$
$$P_6 \leqslant \frac{8\times 22}{2}\times W_6$$

（2）工人数量约束：

$$W_1 = 35 + H_1 - L_1$$
$$W_2 = W_1 + H_2 - L_2$$
$$W_3 = W_2 + H_3 - L_3$$
$$W_4 = W_3 + H_4 - L_4$$
$$W_5 = W_4 + H_5 - L_5$$
$$W_6 = W_5 + H_6 - L_6$$

（3）库存平衡约束：

$$I_1 = 0 + P_1 - 2760$$
$$I_2 = I_1 + P_2 - 3320$$
$$I_3 = I_2 + P_3 - 3970$$
$$I_4 = I_3 + P_4 - 3540$$
$$I_5 = I_4 + P_5 - 3180$$
$$I_6 = I_5 + P_6 - 2900$$

另外，上述变量均大于零且各月工人数量为整数。

对上述模型求解，最优解的结果见表 9-13。

表 9-13　最优解的结果

月份	产量/件	库存量/件	招聘人数/人	解聘人数/人	需要工人数/人
1	2930	170	0	0	35
2	3280	130	6	0	41
3	3864	24	1	0	42
4	3528	12	0	0	42
5	3168	0	0	6	36
6	2900	0	0	3	33

请扫描以下二维码学习本章“案例研究”内容。

第 9 章案例研究

请扫描以下二维码完成本章习题。

第 9 章案例研究

第 10 章

主生产计划

10.1 主生产计划概述

10.1.1 主生产计划与综合生产计划的关系

综合生产计划是企业有关生产的指导性计划或纲领性计划，本身是不具有可操作性的，而落实这一计划需要对其进行展开并具体化。

主生产计划（master production schedule，MPS）就是综合生产计划的执行计划，又被称为成品出产进度计划，是按时间分段方法，确定企业将生产的最终产品的数量和交货期。

综合生产计划参数只规定产品大类的数量，没有指定具体品种的数量；主生产计划参数则包括具体品种及其出产数量、出产时间。

相对综合生产计划而言，主生产计划具有可操作性。

仍以范例 9-2 为例，该公司的产品主要包括 A 和 B 两个型号。综合生产计划展开后的主生产计划见表 10-1。

表 10-1 综合生产计划展开后的主生产计划

（单位：件）

综合生产计划												
月份	1				2				3			
需求预测	550				700				750			
主生产计划												
周数	1	2	3	4	5	6	7	8	9	10	11	12
型号 A	100	100	100		200	100		100	100		100	100
型号 B		100	50	100	50	100	150		50	100	100	200
合计	550				700				750			

需要说明的是，主生产计划的编制是以综合生产计划为指导，根据需求预测来确定各期主生产计划的数量，因此，主生产计划的合计量和同期的综合生产计划的数量不一定完全相同。

10.1.2 主生产计划编制的方式

由前所述，主生产计划主要是在综合生产计划的框架下，根据市场需求预测或客户订单进行编制，其编制方式通常有以下 3 种。

1. 面向库存生产

该编制方式又被称为备货式生产，其组织生产的依据是需求预测，即在接到客户订单之前，就根据需求预测，开始采购原材料，组织生产，完成生产，并将产成品入库。一旦接到客户订单，就从库房里直接发货。从客户的观点来看，这些产品是现货供应的，通用的大众化商品，如日用百货等。

2. 面向订单设计

面向订单设计的产品或者是独特的(客户定制的)，或者是结构复杂而且生产量很小的，航天飞机、特种机床、流程设备、大型发电机组等都属于面向订单设计的产品。采用这种编制方式的企业只有在接到合同或客户订单，或至少接到一份意向书之后，才能开始设计过程，之后才是采购原材料、组织生产和交付客户。

3. 面向订单生产

面向订单生产的编制方式可以分为纯粹面向订单生产和面向订单装配。

纯粹面向订单生产是指产品的设计已经完成，但组织生产的依据是客户订单。亦即在接到客户订单之后，才开始采购原材料、组织生产。高度客户化的产品一般采取这种编制方式。但对于有些采购提前期很长的原材料，也可能在接到客户订单之前根据预测进行采购。

面向订单装配则是指构成产品的零部件已完成生产或采购，接到客户订单即可装配和交付。这种方式又被称为大规模定制，采用模块式生产的汽车制造、计算机制造等行业是采用这种方式的最典型代表。

由于面向订单设计和纯粹面向订单生产在生产组织上比较相近，可以归为一类，我们也可以将上述的几种编制方式重新划分为：备货生产、订货生产和订货组装。

10.1.3 主生产计划编制的原则

主生产计划是根据企业的能力确定要做的事情，通过均衡地安排生产实现生产规划的目标，使企业在客户服务水平、库存周转率和生产率方面都能得到提高，并及时更新、保持计划的可行性和有效性。主生产计划中不能有超越可用物料和可能能力的项目。在编制主生产计划时，应遵循以下几个基本原则。

1. 最少项目原则

用最少的项目数进行主生产计划的安排。如果主生产计划中的项目数过多，就会使预测和管理都变得困难。因此，要根据不同的制造环境，选取不同级的产品结构，进行主生产计划的编制，使得在产品结构这一级的制造和装配过程中，产品（或部件）选型的数目最少，以改进管理评审与控制。

2. 独立具体原则

主生产计划要列出独立的、具体的要采购或制造的项目，而不是一些项目组或计划清单项目，可以将这些产品分解成可识别的零件或组件。

3. 关键项目原则

主生产计划要列出对生产能力、财务指标或关键材料有重大影响的项目。对生产能力有重大影响的项目，是指那些对生产和装配过程起重大影响的项目。例如一些大批量项目、造成生产能力的瓶颈环节的项目或通过关键工作中心的项目。对财务指标有重大影响的项目，是指对公司的利润效益最为关键的项目。例如制造费用高、含有贵重部件、原材料昂贵、生产工艺费用高或有特殊要求的部件项目，也包括那些作为公司主要利润来源的、相对不贵的项目。而对关键材料有重大影响的项目，是指那些提前期很长或供应厂商有限的项目。

4. 全面代表原则

主生产计划的项目应尽可能全面代表企业生产的产品。主生产计划应覆盖被其驱动的物料需求计划中的尽可能多的组件，反映尽可能多的关于制造设施，特别是瓶颈资源或关键工作中心的信息。

5. 适当裕量原则

留有适当余地，并考虑预防性维修设备的时间。可把预防性维修作为一个项目安排在主生产计划中，也可以按预防性维修的时间，减少工作中心的能力。

6. 稳定原则

主生产计划制订后，在有效的期限内应保持适当稳定。只按照主观愿望随意改动，将会破坏系统原有合理的、正常的优先级计划，削弱系统的计划能力。

10.1.4 主生产计划的计划对象

主生产计划的计划对象通常是有独立需求的物品，原则上是可供销售的成品、半成品和零部件等。

1. 备货生产

该方式下生产的产品以标准产品居多，也就是说同一类产品的品种数不多，因此主生产计划的计划对象为最终的具体产品。

2. 订货生产

订货生产的最终项目一般就是标准定型产品或按订货要求设计的产品，主生产计划的计划对象可以放在相当于 T 形或 V 形产品结构的低层，以减少计划物料的数量。如果产品是标准设计或专项设计，最终项目一般就是产品结构中 0 层的最终产品。

3．订货组装

由于消费者的个性化不同，该方式下生产的产品的品种数有很多，对各类最终产品的预测变得非常的困难，储存最终产品也有相当的风险。

因此，这种方式下，一般先生产基本零件和组件，在接到最终订单时才开始进行最终产品的装配。此时，主生产计划的计划对象相当于 X 形产品结构中“腰部”的物料，即通用件、基本件或可选件。

例如，计算机制造公司可用零部件作为主生产计划的计划对象来简化其排产。市场需求的计算机型号，可由若干种不同的零部件组合而成，可选择的零部件包括：4 种 CPU、4 种集成主板、2 种硬盘、2 种光驱、2 种内存、2 种显示器和 4 种机箱。基于这些不同的零部件，可装配出的计算机种类有 1024 种，但主要的零部件仅有 20 种，零部件的种类比最终产品的种类少得多。显然，将主生产计划的计划对象选为构成最终产品（计算机）的零部件比较合理，即只对这些零部件进行主生产计划的编制。

实际编制计划时，先根据历史资料确定各基本组件中各种零部件占需求量的百分比，并以此安排生产或采购，保持一定库存储备。一旦收到正式订单，就可以选装出各种最终产品，从而缩短交货期，满足消费者需求。

3 种不同编制方式下的主生产计划和最终装配计划的计划对象如图 10.1 所示。

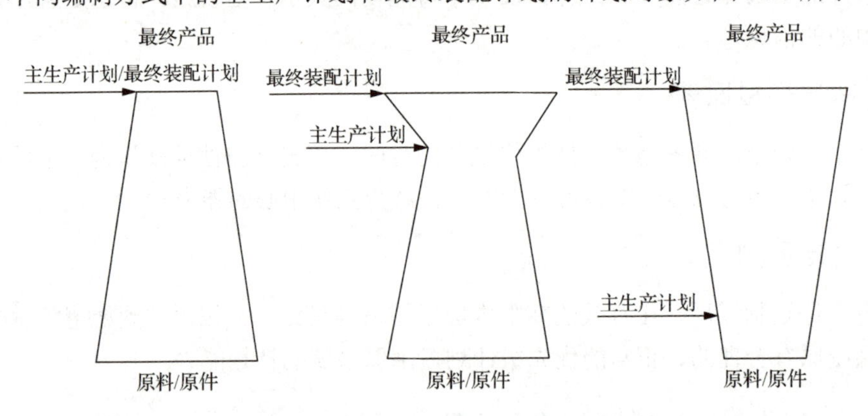

图 10.1　3 种不同编制方式下的主生产计划和最终装配计划的计划对象

10.1.5　主生产计划的时间分段

主生产计划是一个分时段的生产计划，在不同的时间分段上，主生产计划对应的订单状态是不同的。按照时间分段，主生产计划的订单分成三类：制造订单、确认的计划订单和计划订单。

1．制造订单

已下达至系统的制造订单，授权制造指定数量的产品。这种订单无特殊情况不能更改。

2. 确认的计划订单

计划订单的数量和时间可以固定下来，计算机不能自动改变它们，只有计划员可以改变它们。

3. 计划订单

计划订单是系统管理的订单，随时可以更改。

主生产计划是一个分时段的生产计划，和订单的状态相对应，制造订单和确认的计划订单是以需求时间栏作为分界的，而确认的计划订单和计划订单是以计划时间栏为分界的，主生产计划时间栏的说明如图 10.2 所示。

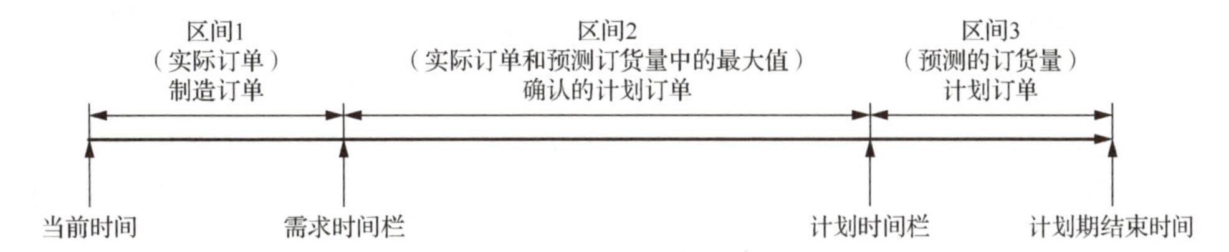

图 10.2　主生产计划时间栏的说明

需求时间栏是位于当前时间和计划时间栏之间的一个时间点，在当前时间至需求时间栏这一段时间内，相应的订单为制造订单。这时已经开始要制造的订单，在此期间，只有最高领导才有权对此进行修改，一般情况下，这个阶段的主生产计划是不能随意改变的。

计划时间栏是位于需求时间栏和计划期结束时间之间的一个时间点，在需求时间栏和计划时间栏之间对应的订单为确认的计划订单，包含了实际订单及预测的订货，而在计划时间栏之后便是计划订单。编制主生产计划计算需求时采取的策略是：在需求时间栏以内，根据客户的实际订单来计算需求；在需求时间栏和计划时间栏之间，根据实际订单和预测订货量中的最大值来计算需求；而在计划时间栏之后，通常根据预测的订货量计算需求。

10.2　主生产计划的计算逻辑

10.2.1　主生产计划编制的程序

主生产计划要解决以下 3 个基本问题。

（1）制造的目标是什么？即生产什么？生产多少？何时完成？

（2）制造的资源是什么？即用到什么？

（3）如何协调目标与资源之间的关系？即现有的资源能否能保证目标的实现？

因此，编制主生产计划的主要步骤有以下几个。

（1）选择主生产计划的计划对象。

（2）确定计划的总周期、需求时间栏、计划时间栏和相关的准则。

（3）根据综合计划框架、市场预测及客户订单数据，编制初步的主生产计划。

（4）用粗能力计划判定生产能力是否满足需求。如果满足，则可批准主生产计划并进入下个阶段；反之，则要修改主生产计划。

10.2.2 主生产计划编制的计算逻辑

1．相关原始参数的确定

编制主生产计划时，应以时间分段来说明主生产计划、销售预测、客户订单、预计在库量和可供销售量之间的关系。编制主生产计划的结果是形成主生产计划报表。

主生产计划报表由表头和表体构成，表头是进行主生产计划计算所需的重要原始参数（物料编号、物料名称、期初库存量、安全库存量、批量等参数值），如表10-2所示。编制主生产计划除上述原始参数外，还需需求预测量和实际订单量的信息，这是编制主生产计划最重要的输入，如表10-3所示。报表主体则是主生产计划的计算主体，要分别确定预计在库量、净需求量、计划订单产出量、计划订单投入量和可供销售量等信息。

表10-2　医疗器械探头组件的重要原始参数

参数名称	参数值	参数名称	参数值
物料编号	YDSA01	提前期/周	1
物料名称	探头	需求时界/周	4
期初库存量	120	计划时界/周	12
安全库存量	50	计划日期	2022-5-23
批量	400	计划员	Lqx

表10-3　需求预测量和实际订单量列表

信息	期间/周											
	1	2	3	4	5	6	7	8	9	10	11	12
需求预测量	150	150	150	150	200	200	200	200	180	180	150	150
实际订单量	200	160	100	120	180	210	140	150	120	110	130	90

主生产计划和后续的物料需求计划的编制过程基本一致，只是主生产计划比较关心产品的可供销售量，而物料需求计划则关心物料的预计在库量。

主生产计划的计算逻辑基本上是首先根据需求预测量和实际订单量确定毛需求，再根据毛需求、预计在库量和计划接收量计算净需求量，从而确定何时投入、何时产出、投入多少、产出多少等基本问题。

2．计算毛需求

毛需求（gross requirement，GR），又称总需要量，其计算没有固定的模式，用得较多的方法是分段考虑：在需求时界内，毛需求等于实际订单量；在计划时界内，毛需求取需求预测量和实际订单量中的最大值；在计划时界以外，毛需求取需求预测量。

假设产品 i 在期间 t 内的毛需求为 $GR_i(t)$，则其计算公式为

$$\mathrm{GR}_i(t)=\begin{cases} D_i(t) & t \leqslant t_{\mathrm{d}} \\ \max\ [D_i(t), F_i(t)] & t_{\mathrm{d}} < t \leqslant t_{\mathrm{p}} \\ F_i(t) & t_{\mathrm{p}} < t \end{cases}$$

式中　$D_i(t)$——产品 i 在期间 t 的实际订单量；

$F_i(t)$——产品 i 在期间 t 的需求预测量；

t_{d}——需求时界；

t_{p}——计划时界。

表 10-3 的毛需求计算结果如表 10-4 所示。

表 10-4　毛需求计算结果

信息	期间/周											
	1	2	3	4	5	6	7	8	9	10	11	12
需求预测量	150	150	150	150	200	200	200	200	180	180	150	150
实际订单量	200	160	100	120	180	210	140	150	120	110	130	90
毛需求	200	160	100	120	200	210	200	200	180	180	150	150

↑需求时界点（第 4 周）　↑计划时界点（第 12 周）

3. 确定在途量

在途量（scheduled receipts，SR）表示已经订购或已经生产，预计在期间 t 到货的物料量。设产品 i 在期间 t 的在途量为 $SR_i(t)$。当该产品提前期大于 1 周时，例如提前期为 3 周，则在途量既可以在第 1 周到达，也可以在第 2 周或第 3 周到达。当然，如果考虑实际的特殊情况，在途量可以在计划期间的任一期到达。

4. 计算预计在库量

顾名思义，预计在库量（projected on-hand，POH）就是在某期间期末预期的库存数量，有时也可以被称为预期可用量。

设产品 i 在期间 t 的预计在库量为 $POH_i(t)$，若某期间没有计划订单产出，则其计算公式为

$$\mathrm{POH}_i(t)=\mathrm{POH}_i(t-1)+\mathrm{SR}_i(t)-\mathrm{GR}_i(t)$$

由上述公式可以看出，$POH_i(t)$会在某期间出现负值，然而理论上库存不可能出现负值，这就意味着产生了净需求并要求生成主生产计划来补充库存。如果设置了安全库存，预计在库量小于安全库存时就会产生净需求。

5. 计算净需求

假设 $NR_i(t)$为产品 i 在期间 t 的净需求，SS 为安全库存，则

$$\begin{aligned}NR_i(t) &= SS + GR_i(t) - SR_i(t) - POH_i(t-1)\\ &= SS - POH_i(t)\end{aligned}$$

表 10-5 列出了各期在途量、预计在库量和净需求的计算结果。

表 10-5　各期在途量、预计在库量和净需求的计算结果

信息	期间/周											
	1	2	3	4	5	6	7	8	9	10	11	12
毛需求	200	160	100	120	200	210	200	200	180	180	150	150
在途量	400	—	—	—	—	—	—	—	—	—	—	—
预计在库量	320	160	60	340	140	330	130	330	150	370	220	70
净需求	—	—	—	110	—	120	—	120	—	80	—	—

6. 确定计划订单产出量

并非所有期间都有净需求，如果可提供的库存量（包括在途量）不能满足毛需求，则会产生净需求。若某一期间有净需求，就要求在该期必须获得等于或超过净需求的物料量，这就是计划订单的产出。假设产品 i 在期间 t 的计划订单产出量为 $PORC_i(t)$，而此期间的 $POH_i(t)$ 计算公式也发生变化，即

$$POH_i(t) = POH_i(t-1) + PORC_i(t) + SR_i(t) - GR_i(t)$$

计划订单产出量的确定通常要考虑订货的经济批量因素，所以，计划订单产出量应为批量的整数倍。批量的大小通常在系统运行之前就已确定，在系统运行过程中也可以根据实际情况做相应调整。本例中，批量为 400，因第 4 周的净需求为 110(50+120−60=110)，计划订单的产出量需要向上修正为批量的整倍数 400×1=400。

表 10-6 列出了各期计划订单产出量的计算结果。

表 10-6　各期计划订单产出量的计算结果

信息	期间/周											
	1	2	3	4	5	6	7	8	9	10	11	12
毛需求	200	160	100	120	200	210	200	200	180	180	150	150
在途量	400	—	—	—	—	—	—	—	—	—	—	—
预计在库量	320	160	60	340	140	330	130	330	150	370	220	70
净需求	—	—	—	110	—	120	—	120	—	80	—	—
计划订单产出量	—	—	—	400	—	400	—	400	—	400	—	—

7. 确定计划订单投入量

从订单下达到交货通常需要一段时间，这就是提前期。因此，计划订单的下达时段等

于净需求的需求日减去计划订单的提前期。假设产品 i 在期间 t 的计划订单投入量为 $POR_i(t)$，则其计算公式为

$$POR_i(t) = PORC_i(t+LT) \quad 或 \quad POR_i(t-LT) = PORC_i(t)$$

其中，LT 为订单提前期。

本例第 4 周产生了 110 的净需求，因提前期为 1 周，故该计划在第 3 周下达，投入量与产出量相等。

表 10-7 列出了各期计划订单投入量的计算结果。

表 10-7 各期计划订单投入量的计算结果

信息	期间/周											
	1	2	3	4	5	6	7	8	9	10	11	12
毛需求	200	160	100	120	200	210	200	200	180	180	150	150
在途量	400	—	—	—	—	—	—	—	—	—	—	—
预计在库量	320	160	60	340	140	330	130	330	150	370	220	70
净需求	—	—	—	110	—	120	—	120	—	80	—	—
计划订单产出量	—	—	—	400	—	400	—	400	—	400	—	—
计划订单投入量	—	—	400	—	400	—	400	—	400	—	—	—

8. 计算可供销售量

可供销售量的主要作用是为销售部门提供决策信息。向客户承诺订单交货期，是销售人员同临时来的客户洽谈供货条件时的重要依据。在某个计划产出时段范围内，计划产出量超出下一次出现计划产出量之前各时段实际订单量之和的数量，是可以随时向客户出售的，这部分数量被称为可供销售量。

在第 1 周中，可供销售量等于期初在库量加上该时段计划产出量减去已到期和已逾期的客户订单量，在第 1 周之后的任何有计划产出量的期间，可供销售量应通过某时段的计划订单产出量（含在途量）减去下一次出现计划产出量之前的各毛需求量之和得到。假设产品 i 在期间 t 的可供销售量为 $ATP_i(t)$，则其计算公式为

$$ATP_i(t) = PORC_i(t) + SR_i(t) - \sum_{j=t}^{t'} GR_j$$

其中，t' 为下一次出现计划产出量前的期间。

若某期间计算出来的可供销售量为负数，则表示业务员已超量接受订单。

本例第 1 周的可供销售量为

$$ATP_i(1) = PORC_i(1) + SR_i(1) - GR_1 = 0 + 120 + 400 - 200 = 320$$

后期的只对有计划产出量的期间进行计算，即第 4 周、第 6 周、第 8 周和第 10 周。

第 4 周的可供销售量为

$$ATP_i(4) = PORC_i(4) + SR_i(4) - \sum_{j=4}^{5} GR_j = 400 + 0 - 120 - 200 = 80$$

第6周的可供销售量为

$$ATP_i(6) = PORC_i(6) + SR_i(6) - \sum_{j=6}^{7} GR_j = 400 + 0 - 210 - 200 = -10$$

第6周的可供销售量为负数，表示业务员已超量接受订单，不能再提供可供销售的产品，因此将可供销售量修正为0。

其他期间计算类似，可供销售量的计算结果见表10-8。

表10-8 可供销售量的计算结果

信息	期间/周											
	1	2	3	4	5	6	7	8	9	10	11	12
毛需求	200	160	100	120	200	210	200	200	180	180	150	150
在途量	400	—	—	—	—	—	—	—	—	—	—	—
预计在库量	320	160	60	340	140	330	130	330	150	370	220	70
净需求	—	—	—	110	—	120	—	120	—	80	—	—
计划订单产出量	—	—	—	400	—	400	—	400	—	400	—	—
计划订单投入量	—	—	400	—	400	—	400	—	400	—	—	—
可供销售量	320	—	—	80	—	0	—	20	—	0	—	—

10.3 粗能力计划

介绍粗能力计划之前，先引入两个术语，工作中心和关键工作中心。

工作中心（working center，WC）是生产加工单元的统称。工作中心是生产计划系统的基本加工单位，也是进行物料需求计划与能力需求计划运算的基本单元。

关键工作中心（critical working center，CWC），也被称为瓶颈工作中心（bottleneck working center，BWC），是短期内生产能力无法自由增加的工作中心。在企业制造流程中处于关键或瓶颈部位，是粗能力计划的计算对象。

关键工作中心有以下几个特点。

（1）工人经常加班，满负荷工作。

（2）操作技术要求高，工人操作技术要求熟练，短期内无法自由增加人员。

（3）使用专用设备，而且设备昂贵。

（4）受多种限制，如短期内不能随便增加负荷和产量（通常受场地、成本等约束）。

需要注意的是，关键工作中心会随加工工艺、生产条件、产品类型和生产产品等条件的变化而变化，并非一成不变，不要与重要设备混同。

粗能力计划（rough cut capacity planning，RCCP）对关键工作中心进行能力和负荷平衡分析，确定关键工作中心的能力能否满足计划的要求。

常用的粗能力计划的方法有 3 种：综合因子法、能力清单法、能力资源负载法。3 种方法对数据的要求和计算量都不尽相同。本节只介绍相对简单的前 2 种方法。

10.3.1　综合因子法

综合因子法是 3 种方法中最简单的，对计算数据要求最少，计算量也最小，它一般可用手工完成。

综合因子法需要 3 个主要输入数据：主生产计划、生产某物料所需总时间、每一关键工作中心直接工时的分配比例。

该法以计划因素为基础，而这些因素来源于标准或成品的历史数据。当把这些计划因素用作主生产计划的数据时，就能将劳动时间或机器工作时间的总的能力需求估算出来。之后把估算的总的能力需求分配给各个关键工作中心，分配比例是依据车间工作载荷的历史记录定出的。综合因子法通常是以周或月为单位进行时间分段的，并且根据企业主生产计划的变化而修改。

下面结合一个实例来介绍综合因子法的原理及计算过程。

【范例 10-1】 产品 X 和 Y 未来 10 周（其中前 3 周的计划由上个计划结转而来）的主生产计划如表 10-9 所示；产品 X 和 Y 的物料清单如表 10-10 所示；产品 X 和 Y 需要 W01、W02 和 W03 这 3 个关键工作中心完成加工和装配工作，其工艺路线和标准工时数据如表 10-11 所示。

表 10-9　产品 X 和 Y 未来 10 周的主生产计划

产品	期间/周									
	1	2	3	4	5	6	7	8	9	10
X	—	400	—	400	—	400	—	400	—	400
Y	200	100	300	—	300	—	200	100	300	100

表 10-10　产品 X 和 Y 的物料清单

父　件	子　件	所需数量
X	A	1
X	B	2
Y	B	2
Y	C	1
B	D	2
B	E	4

表 10-11　产品 X 和 Y 的工艺路线和标准工时数据

物料	所需工步	工作中心	单位工时（准备时间＋作业时间）/小时
X	1	W01	0.05
Y	1	W01	0.08
A	1	W02	0.05
	2	W03	0.06
B	1	W01	0.05
C	1	W02	0.08
	2	W03	0.04
D	1	W02	0.05
E	1	W03	0.04

现知 3 个关键中心 W01、W02 和 W03 的直接工时分配比例的历史数据分别为 50%、30%和 20%，根据上述数据计算产品 X 和 Y 的总能力需求。

解：（1）根据表 10-10 与表 10-11 可以得出产品 X 和 Y 的单位能力需求，见表 10-12。

表 10-12　产品 X 和 Y 的单位能力需求

产品	单位能力需求/小时
X	0.78
Y	0.82

（2）根据产品的单位能力需求和主生产计划计算总能力需求，即根据表 10-9 和表 10-12 来计算，如第 1 周的总能力需求为：0.78×0+0.82×200=164（小时），结果见表 10-13。

表 10-13　产品 X 和 Y 的总能力需求

产品	期间/周									
	1	2	3	4	5	6	7	8	9	10
总能力需求/小时	164	394	246	312	246	312	164	394	246	394

（3）根据历史的分配比例，把总能力需求分配给各关键工作中心。

以第 1 周为例，3 个关键工作中心的能力需求计划为：

W01：164×50%=82（小时）

W02：164×30%=49.2（小时）

W03：164×20%=32.8（小时）

其他各周的能力需求计算类似，基于综合因子法的关键工作中心的能力需求计划如表 10-14 所示。

表 10-14　基于综合因子法的关键工作中心的能力需求计划

工作中心	历史比例	期间/周									
		1	2	3	4	5	6	7	8	9	10
W01/小时	50%	82	197	123	156	123	156	82	197	123	197
W02/小时	30%	49.2	118.2	73.8	93.6	73.8	93.6	49.2	118.2	73.8	118.2
W03/小时	20%	32.8	78.8	49.2	62.4	49.2	62.4	32.8	78.8	49.2	78.8

由上述的计算过程可以看出，综合因子法计算过程简单，所需的数据少且容易获得，可通过手工完成。但该方法只能对各关键工作中心的能力需求进行粗略的计算，适用于那些工作中心间的产品组成或工作分配不变的企业。

10.3.2　能力清单法

能力清单又被称为资源清单，其含义是：根据主要资源和物料所需能力列出的清单，估计特定物料或零件所需生产能力的方法。可为每一独立需求物料或相关需求物料的群组建立能力清单，并根据排定的数量来延伸以决定生产能力需求。

能力清单法需要的数据比综合因子法多。它需要使用每一产品在关键资源上标准工时的详细信息。

和综合因子法相比，能力清单法是根据产品物料清单展开得到的，它是最终产品在各个关键工作中心上的细的能力清单，而不是总的能力需求。各个关键工作中心直接工时的分配比例不是来自历史数据，而是根据产品的工艺路线及标准工时数据得到。

能力清单法的计算过程如下。

假定有 n 个主生产计划的物料，工作中心 i 的产品 k 的能力清单为 a_{ik}，期间 j 的产品 k 的主生产计划数量为 b_{kj}，则对于所有的 i 和 j 来说，期间 j 在工作中心 i 的能力需求为

$$\text{能力需求} = \sum_{k=1}^{n} a_{ik} b_{kj}$$

【范例 10-2】沿用范例 10-1 的数据，试用能力清单法计算其粗能力需求。

解：根据表 10-10 所列产品 X 和 Y 的物料清单，以及表 10-11 所列的标准工时数据进行展开，可以得到 X 和 Y 相应的 3 个关键工作中心的能力清单，如

产品 X 在 W01 的能力清单=0.05+2×0.05=0.15（小时）

其他的能力清单计算过程相同，全部结果见表 10-15。

表 10-15　产品 X 和 Y 的能力清单

工作中心	产品	
	X	Y
W01/小时	0.15	0.18
W02/小时	0.25	0.28
W03/小时	0.38	0.36

根据表10-9所示的X与Y的主生产计划和表10-15的能力清单，及前面的能力需求公式，可以计算基于能力清单法的关键工作中心的能力需求计划，如表10-16所示。以第1周为例，3个关键工作中心的能力需求计划为

$$0.15\times0+0.18\times200=36\text{（小时）}$$
$$0.25\times0+0.28\times200=56\text{（小时）}$$
$$0.38\times0+0.36\times200=72\text{（小时）}$$

表10-16 基于能力清单法的关键工作中心的能力需求计划

工作中心	期间/周									
	1	2	3	4	5	6	7	8	9	10
W01/小时	36	78	54	60	54	60	36	78	54	78
W02/小时	56	128	84	100	84	100	56	128	84	128
W03/小时	72	188	108	152	108	152	72	188	108	188
合计	164	394	246	312	246	312	164	394	246	394

请扫描以下二维码完成本章习题。

第10章习题

第 11 章

物料需求计划

第 11 章引例

11.1 物料需求计划概述

11.1.1 物料需求计划的定义和目标

在第 8 章中已经提及独立需求和相关需求的区别，独立需求的问题可以用订货点法去解决，但相关需求具有时段性与成批性特征，不能用订货点法来解决。

物料需求计划是一种面向相关需求物料的计划方法。在生产计划体系中位于主生产计划之后，根据主生产计划、产品构成和相关物料的库存记录进行展开，得到相关需求物料的详细需求计划。其管理目标是在正确的时间提供正确数量的正确的零件以满足主生产计划对产品计划的要求。

1. 定义

物料需求计划是依据主生产计划、物料清单、库存信息和已订未交订单等资料，经计算得到各种相关需求物料的需求状况，同时提出各种新订单补充的建议，以及修正各种已开出订单的一种实用技术。

和传统的订货点法相比，物料需求计划克服了订货点法将所有物料都看成独立需求的物料的缺点，把物料按照需求特性分成独立需求物料和相关需求物料，按照主生产计划和产品的物料结构，采用倒排计划的方法，确定每个物料在每个时间分段上的需求量，以保证在正确的时间提供正确数量的正确的零件。

2. 实施物料需求计划的目标

（1）保证库存处于一个适当的水平：保证在正确的时间订购正确数量的所需零件。正确的时间是根据各个组件和物料的提前期推算得到，而正确的数量则由产品的物料清单展开得到。

（2）控制物料优先级：要求按正确的日期完成订货并保持完成日期有效。

（3）能力计划：制订一个完整的、精确的能力计划。当主生产计划延迟时，物料也应该被延迟。

11.1.2 物料需求计划在生产计划体系中的作用

根据图 9.1 可以看出，物料需求计划是最关键的模块，对企业生产管理起着决定性的作用。其前端的输入有主生产计划、物料清单和库存信息，主生产计划在第 10 章已详述。物料清单和库存状态前文也均有所涉及，就是表示产品的结构，即最终产品由哪些零部件构成，为了完成主生产计划，需要多少零部件，以及什么时候需要。关于物料清单的主要特征在后续部分还要详述。库存信息是计算物料需求时间和数量的依据和标准，这和主生产计划编制的原理相似，库存大于零或大于安全库存时，不产生物料的需求计划，只有当库存小于零或小于安全库存时才需要补充库存，即生成相应物料的需求计划。

物料需求计划的后端是能力需求计划、生产作业计划和采购计划。与主生产计划需要用粗能力计划验证关键设备资源是否满足能力一样，物料需求计划的可行性也要用能力需求计划来验证（见本章的第 3 节）。若物料需求计划可行，则生成具体的执行计划，包括生产作业计划和采购计划。生产作业计划下达到指定的生产车间，进入车间作业控制系统；采购计划则下达到采购部门，由采购部门执行。具体来讲，物料需求计划将产生两种基本报告，即主报告和辅助报告。

1. 主报告

主报告是用于库存和生产控制的最普遍和最主要的报告。主报告包括将来要下达的计划订单，执行计划订单的计划下达通知，改变应重新计划的订单的交货日期，取消或暂停主生产计划中某些准备下达的订单、库存状态数据。根据我国企业的情况，主报告的具体形式有以下几种。

（1）零部件投入出产计划，规定了每个零件或部件的投入数量和投入时间、出产数量和出产时间。如果一个零件要经过几个车间加工，则要将零部件投入出产计划分解为分车间零部件投入出产计划。分车间零部件投入出产计划规定了每个车间一定时间内投入零部件的种类、数量和时间，出产零部件的种类、数量和时间。

（2）原材料需求计划，规定了每个零部件所需的原材料的种类、需要数量及需要时间，并按原材料品种、型号和规格汇总，提交采购部门组织采购供料。

（3）互转件计划，规定了互转零部件的种类、数量、转出车间和转出时间、转入车间和转入时间等。

（4）库存状态记录，提供各种零部件、外购件及原材料的库存状态数据，随时可以查询。

（5）机器设备和工艺装备需求计划，提供每种零部件不同工序所需的机器设备和工艺装备的编号、种类、数量及需要时间。

（6）计划将要发出的订货。

（7）已发出订货的调整，包括改变交货期、取消或暂停某些订货等。

（8）零部件完工情况统计，外购件及原材料到货情况统计。

（9）交货期模拟报告。

（10）优先权计划。

2．辅助报告

辅助报告是在物料需求计划系统中可选的一些附加报告，一般分成三类：第一类是用于预测物料在未来某一时刻的库存和需要的计划报告；第二类是用于指出呆滞的物料，确定物料的提前期、数量，成本的计划情况和实际情况之间的差别的绩效报告；第三类是指出严重偏差的例外报告，包括一些错误、超出某种范围、过期的订单，过多的残料或不存在的零件，等等。

11.1.3　物料需求计划的优缺点

物料需求计划系统与以往的订货点管理库存等系统相比有着显著的优点，主要表现在以下几个方面。

（1）企业职能部门，包括决策部门、市场和销售部门、生产和财务部门等，通过物料需求计划有机地结合在一起。在一个系统内进行统一协调的计划和监控，从而实现企业系统的整体优化。

（2）物料需求计划系统集中管理和维护企业数据，各子系统在统一的集成平台和数据环境下工作，最大限度地达到了信息的集成，提高了信息处理的效率和可靠性。

（3）在各职能部门信息集成的基础上，物料需求计划系统为企业高层管理人员进行决策提供了有效的决策依据。

因此，实施物料需求计划最终使库存显著减少，生产成本降低，响应市场变更计划的速度更快，这也是世界各国的企业广泛使用物料需求计划的主要原因。

但我们必须承认，物料需求计划也有缺点，包括以下几个方面。

（1）物料需求计划的处理逻辑建立在固定提前期和无限能力假定的基础上，这将在下节中介绍。在系统运行之前，将提前期作为固定的数据存储在系统的数据库中，这与生产实际不相符。如果计划情况与实际情况不一致，则由此生产计划得到的交货期显然不能反映实际情况。如果销售部门根据计划结果对客户做出承诺，则不能实现。

（2）没有反映出加工路线中的瓶颈资源，没有将计划的物料划分为关键物料和非关键物料。由于物料在加工的过程中使用的设备等资源不同，或多或少地存在资源使用的不均衡性，如果不分主次地使用一些关键资源，则可能会导致零部件不配套，无法完成产品的装配。

（3）按零件组织生产，不利于需求的反查。物料需求计划是按零件组织生产的，在编制物料需求计划时，会将零件的不同需求数量合并。当生产能力不足，无法按预期的时间和数量生产出所需的全部零件时，由于不能确定这些零件在具体产品中的需求数量，因此无法具体确定影响哪些客户订单，更无法对具体情况做出相应的处理。

11.2 物料需求计划的数据处理逻辑

11.2.1 物料需求计划的基本原理

作为一种生产计划的编制方法，物料需求计划要处理的问题和需用信息见表 11-1。

表 11-1 物料需求计划要处理的问题和需用信息

要处理的问题	需用信息
① 生产什么、生产多少、何时完成； ② 要用到什么； ③ 已有什么、已订货量； ④ 还缺什么； ⑤ 下达订单的开始日期	① 现实、有效、可信的主生产计划； ② 准确的物料清单、及时的设计更改通知； ③ 准确的库存信息、下达订单跟踪信息； ④ 批量规则、安全库存、成品率； ⑤ 提前期

从表 11-1 可以看出，物料需求计划要处理的问题可以归纳为以下 3 个。

（1）计划编制的对象。物料需求计划需要根据主生产计划及产品的物料清单，编制构成产品的所有零部件及原材料的生产或采购计划。

（2）需求计划的数量。考虑现有库存量、先期已下达的生产或采购订单（在途量）及安全库存，计算净需求，同时依据批量规则确定相关物料的需求数量。

（3）开始生产或采购的时间。这取决于构成产品的所有物料的提前期，根据提前期由交货期采用倒排计划的方法就可以确定开始的时间。

简单地讲，物料需求计划就是从主生产计划导出相关物料（原材料、零部件、组件等）的需求量和需求时间，根据物料的需求时间和生产（订货）周期来确定其开始的生产（订货）的时间。物料需求计划工作原理图如图 11.1 所示。

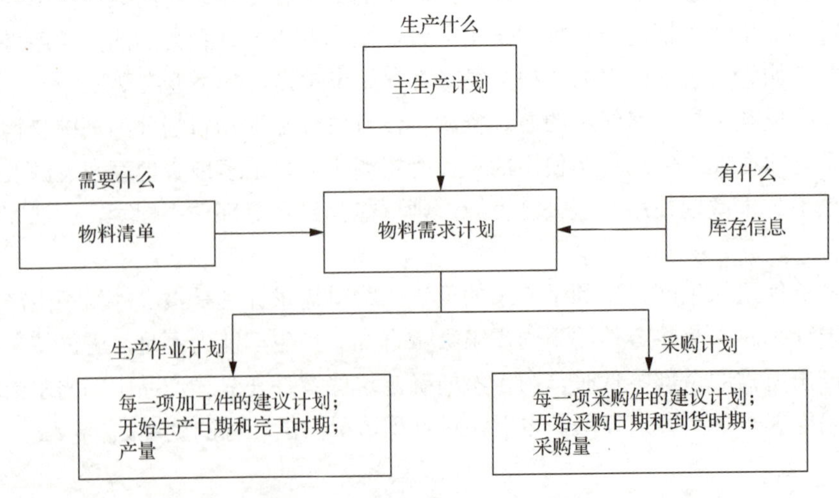

图 11.1 物料需求计划工作原理图

11.2.2　计算处理逻辑

物料需求计划能否达到预期的效果，需要相应的前提条件或假设，具体包括以下几个方面。

（1）应有主生产计划，并且主生产计划的对象或最终产品可以用物料清单来表示。

（2）所有的库存物料都必须有一个唯一的物料编码。

（3）计划之前，已准备好物料清单。

（4）准确的库存信息，包括在途量。

（5）数据文件，包括物料主文件等完整的数据。

总之，主生产计划的可行性、物料编码的独立性、产品物料清单的正确性和库存记录数据的准确性是物料需求计划必备的前提条件。

物料需求计划的计算处理逻辑示意图如图 11.2 所示。

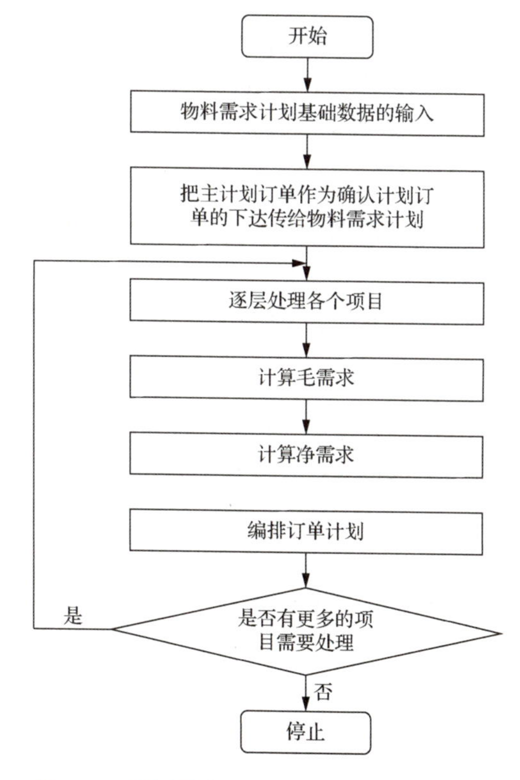

图 11.2　物料需求计划的计算处理逻辑示意图

由此可以看出，物料需求计划的处理逻辑与主生产计划基本上一致，计算公式也基本上相同。主要的步骤有以下几个。

（1）计算毛需求。需要说明的是，物料需求计划和主生产计划的计划对象不同，主生产计划的计划对象通常是最终产品，属于独立需求，其数量根据预测或合同计算得到；而物料需求计划的计划对象是物料清单中的子项，属于相关需求，其数量由父项的需求决定。具体的计算见后续的物料需求计划范例。

（2）确定在途量。在途量是由先期计划确定的在本期落实的到货量。

（3）计算预计在库量。

（4）计算净需求。与主生产计划一样，净需求只有当预计在库量小于零或小于安全库存时才发生。

（5）计算订单的产出量。如果没有批量的约束，订单的产出量等于净需求；若有批量的约束，订单的产出量应修正为批量的整倍数。

（6）确定订单的投入量。订单的投入量一般与产出量相等（假定不考虑废品率等因素），但期限比订单的产出量早一个提前期。

另外，物料需求计划是逐层处理各个项目，这是根据物料清单的层次来进行的，要求同一层次的所有物料处理结束后，才转入下一层，且物料清单采用低层编码原则，每个物料只处理一次。这种逐层的重复计算过程就是物料需求计划的计算逻辑的核心所在，也是区分于传统作业计划的标志，能够实现物料在正确的时间按照正确的数量进行制造或采购。

和主生产计划一样，物料需求计划也是一种基于时间分段的计划，在每个计划期结束后，要对计划进行更新，并将更新后的结果延伸至未来的某个时段。因此，当主生产计划变更时，物料需求计划也随之变更，也可采用重排法和净改变法，原理与主生产计划相同。

11.2.3 技术数据的建立和维护

无论是物料需求计划还是后期的制造资源计划和企业资源计划，都是由计算机完成数据的处理过程。而计算机处理的特点是“输入的是垃圾则输出的还是垃圾”，这说明输入数据的重要性，也就是说，数据的及时性、准确性和完整性是物料需求计划系统的基本要求。及时性指要求在规定的时间内进行和完成数据的采集和处理；准确性要求数据的真实性，符合企业实际；完整性则是指要满足系统对数据项规定的要求。

1. 数据类型

从性质上讲，物料需求计划系统常用的数据有 3 类。

（1）静态数据（或称固定信息），一般指生产活动开始之前要准备的数据，如物料清单、工作中心的能力和成本参数、工艺路线、仓库和货位代码、会计科目的设定等。

（2）动态数据（或称流动信息），一般指生产活动中发生经常变动的数据，如客户合同、库存记录、完工报告等。

（3）中间数据（或称中间信息），是根据用户对管理工作的需要，由计算机系统按照一定的逻辑程序，综合上述静态和动态两类数据，经过运算形成各种报表。

2. 物料编码

计算机识别和检索物料要使用物料编码，其最基本的要求是唯一性。物料编码可以是无含义的，如流水码，代码简短且保证唯一；也可以是有含义的，如分成几段，依次表示成品、部件、零件、版次或其他标识。

3. 物料主文件

物料主文件是用来说明物料的各种参数、属性及有关信息的文档。物料包括原材料、中间在制品、半成品和成品。

物料主文件包含的信息主要有以下几个方面。

（1）最基本的信息，包括物料编码、物料名称、物料规格、计量单位、库存分类、设计图号等。

（2）与计划管理有关的信息，包括物料的来源、是否为虚拟件、是否为主生产计划物料、批量的增量倍数、批量法则、最小量、最大定购量、物料编码、提前期、安全时间、安全库存等。

（3）与库存管理有关的信息，包括是否需要库存控制、是否为虚拟件、是否需要批量控制、物料的 ABC 分类、库存的盘点期、存放形式等。

（4）与成本管理有关的信息，必须设定非虚拟件的制造成本，包括直接材料、直接人工和制造成本。

（5）与质量管理有关的信息，包括设定产出率、检验等级、检验水准、抽样标准、可接受的质量水平等。

4. 物料清单

最终产品是由一系列的物料所构成，由哪些物料构成，每种物料的数量是多少，物料与物料之间的关系如何，都是产品结构问题。为了便于计算机识别，则需将用图表表示的产品结构转换成数据格式，这种利用数据格式来描述产品结构的文件被称为物料清单。基本原则是一个公司应该有且只有一个系列的物料清单，并且它应像一个实体一样得到维护。该物料清单可用来满足公司内所有合理的用途。

物料清单的结构与产品结构及计划编制有关，一般的物料清单是多层结构，从最终产品一直到原材料。最顶层的最终产品称为 0 层，往下依次称为 1 层、2 层……仍以范例 10.1 中的表 10-7 所示的物料清单为例，X 和 Y 的产品结构树如图 11.3 所示。

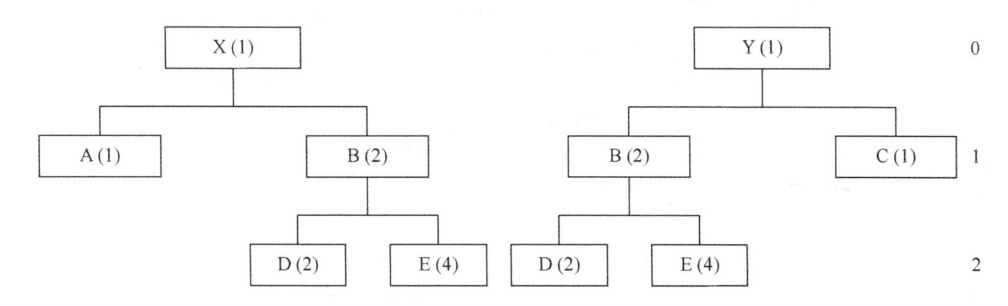

注：图中括号内的数字表示物料的数。

图 11.3 X 和 Y 的产品结构树

物料清单中物料的层次遵循低层代码的规则。低层代码规则是指在产品结构中，一个物料在物料清单中可能出现在两个以上的层中，这种情况下，将该物料在产品结构中出现的最低层次码定为其层次码。若图 11.3 中 Y 的子项还包括两个 E，相应的产品结构树如图 11.4 所示，物料最低层次码如表 11-2 所示。

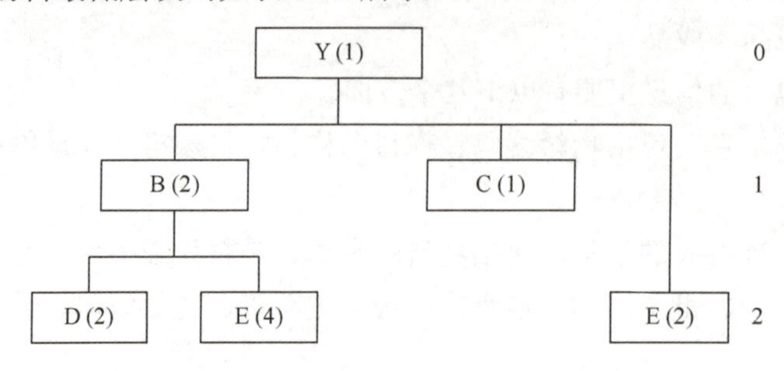

图 11.4　Y 结构变动后的产品结构树

表 11-2　物料最低层次码

物　料	最低层次码
Y	0
B	1
C	1
D	2
E	2

物料需求计划的顺序由各物料的最低层次码的数值大小决定。从最低层次码最小的物料开始执行，而后依次执行最低层次码数值较大的物料。

物料清单有时还将零部件生产或采购的提前期置于产品结构树内，形成带有时间坐标的物料清单图，如图 11.5 所示。

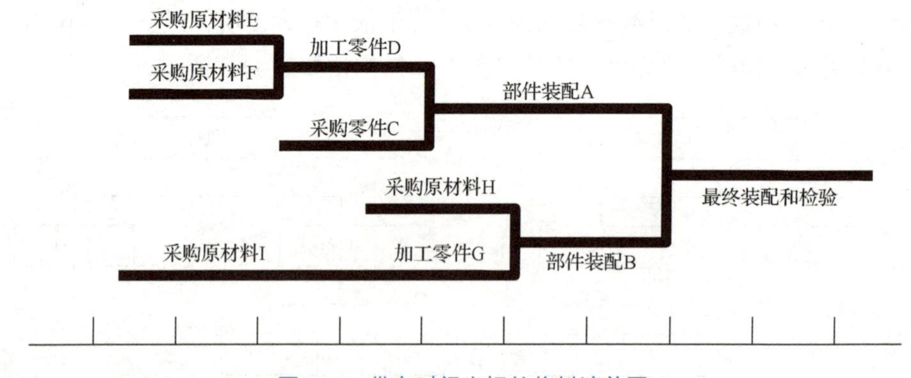

图 11.5　带有时间坐标的物料清单图

除了上述的物料清单，还有一些特殊用途的物料清单，如模块化的物料清单、计划用物料清单、制造物料清单和成本物料清单等，这里不再赘述。

5. 工作中心

在第 10 章对于工作中心进行过简单的表述，工作中心是各种生产能力单元的统称，可以是一台设备，也可以是一组设备。编制工艺路线之前，先要划定工作中心，建立工作中心主文件。一般每道工序对应一个工作中心，也可以几个连续工序对应一个工作中心。工件经过每个工作中心要产生加工成本。因此，可以定义一个或几个工作中心为一个成本中心。

工作中心的作用有以下几个。

（1）作为平衡负荷与能力的基本单元，是运行能力计划时的计算对象。

（2）作为分配车间作业任务和编排详细作业进度的基本单元。派工单是以工作中心为对象的，并说明各加工单的优先级。

（3）作为车间作业计划完成情况的数据采集点。

（4）作为计算加工成本的基本单元。零件的加工成本是以工作中心文件中记录的单位小时费率乘以工艺路线文件中记录的占用该工作中心的小时数而得。

生产计划编制过程中的能力需求计划有两个层次：主生产计划只对关键工作中心进行能力和负荷平衡分析，而物料需求计划则对所有工作中心都进行能力和负荷平衡分析。

工作中心应具备的数据有以下几个方面。

（1）基本数据，例如工作中心代码、名称和所属车间部门的代码。

（2）能力数据，例如工作中心每日可提供的工时或台时数（或每小时可加工的件数、可生产的吨数）、是否为关键工作中心、平均等待时间等。

$$工作中心能力=每日班次\times每班工作时数\times工作中心效率\times工作中心利用率$$

其中

$$工作中心效率=完成的标准定额小时数\div实际直接工作小时数$$

$$工作中心利用率=实际直接工作小时数\div计划工作小时数$$

工作中心效率和工人的技术水平或者设备的使用年限有关。而工作中心利用率则与设备的完好率、工人的出勤率、任务的饱满程度及自然休息时间等因素有关，反映了企业的组织与管理水平。

6. 提前期

以交货或完工日期为基准，倒推到加工或采购的开始日期的这段时间称为提前期。何时下达生产或采购计划主要取决于物料的提前期，基本的提前期主要有以下几种。

（1）采购提前期：采购订单下达到订单入库所需的时间。

（2）生产准备提前期：从计划开始到完成生产准备所需的时间。

（3）加工提前期：从开始加工到加工完成所需的时间。

（4）装配提前期：从开始装配到装配结束所需的时间。

（5）总提前期：包括产品设计提前期、生产准备提前期、采购提前期、加工提前期、装配提前期、检测提前期、包装提前期、发运提前期。

（6）累计提前期：采购提前期、加工提前期和装配提前期的总和称为累计提前期。

提前期在系统中是作为固定的参数进行设置的，一般是在建立物料主文件时有此字段。

7．工艺路线

工艺路线是制造某种产品过程的细化描述，包括要执行的作业顺序、作业名称、有关的工作中心、每个工作中心所需的设备、设备或工作中心的准备时间、运行的标准时间、作业所需零部件、配置的人力及每次操作的产出量。在系统中，应将工艺路线中的详细信息用说明零部件加工或装配过程的文件来描述，根据企业通常用的工艺过程卡来编制，但它不是技术文件，而是计划文件或管理文件。

（1）工艺路线通常的作用有以下几个。

① 计算加工件的提前期，提供运行物料需求计划的计算数据。

② 计算占用工作中心的负荷小时，提供运行能力计划的数据。

③ 计算派工单每道工序的开始时间和完工时间。

④ 提供计算加工成本的标准工时数据。

⑤ 按工序跟踪在制品。

（2）工艺路线有下述特点。

① 在工艺路线文件中，除了说明工序顺序，还指定工时定额。

② 除列出准备和加工时间外，还列出运输时间（含等待时间），并将其作为编制计划进度的依据。

③ 每道工序对应一个工作中心。

④ 包括外协工序、外协单位代码和外协费用。

⑤ 为便于调整计划，必须说明可以替代的工艺路线。

⑥ 从逻辑上讲，可以把设计、运输、分包等作为一道工序来处理。

8．库存信息

库存的每一项物料的记录都作为一个独立的文件，其准确性和全面性是物料需求计划系统计算的基础。对于物料需求计划系统来讲，必须在正式使用前将现有的库存数据输入系统中，如现有库存量、在途量等。其实在使用之前，只要建立起库存的初始值即可，后续阶段的净需求量等参数可以通过前述的公式算出。

另外，在库存信息中要对仓库与货位有所反映，在每条物料的库存记录文件中，仓库和货位必须有相应的编码。

9．批量

物料需求计划根据毛需求和预期（现有）在库量计算净需求，再考虑批量的大小，从而确定计划订单投入和产出的数量。

所谓批量，对于生产零部件而言，就是一次所要生产的数量；对于采购件而言，就是一次向供应商订货的数量。计划订单的投入量应为批量的整数倍，批量可以是固定的，也可以是动态变化的。

物料需求计划系统本身并不具备确定批量的功能，批量是由系统之外的工具和方法来确定的。

无论是采购还是生产，为了节省订货费用或生产调整费用，还需要确定适当的批量策略。目前经常采用的方法有直接批量法（lot for lot，LFL）、固定批量法（fixed order quantity，FOQ）和固定间隔期法（fixed order period，FOP）。

直接批量法直接将净需求量确定为订货批量，是一种最简单的批量确定方法，在实际中经常采用，但缺点是不能获得较优的成本节约特性。直接批量法一般适用于 ABC 分类法中的 A 类物料。

固定批量法是规定一个固定的订货批量，每次根据净需求量确定一个固定批量或固定批量的整数倍。当相关需求随时间变化的幅度不是十分剧烈，即相关需求比较连续、稳定时，常常采用经济订货批量原则来确定固定批量；当生产调整准备成本很高时，常常采用最小批量原则来确定固定批量。

固定间隔期法是预先设定一个固定的订货间隔期，然后将此间隔期内的净需求量合成一批去订货。到货的时间就在期初的那一周。间隔期的选择常与企业编制计划的间隔期相适应，例如取为月或周。同时，也应考虑物料的 ABC 分类管理，如对 A 类物料，订货间隔期取得短些，以降低库存资金占用和及时供应需求；对 C 类物料，订货间隔期则取得长些，以简化管理而又不增加过多的库存资金。

10．安全库存

设置安全库存是为了应对不确定性。理论上讲，相关需求库存不需要设置安全库存，因为主生产计划确定后，所需的零部件及原材料的需要量可以精确地计算出来，这也是物料需求计划的主要优点之一。但是，物料需求计划中的需求也存在不确定性，如不合格品的出现、外购件延迟交货、设备故障等，这会导致需求得不到满足。一般仅对产品结构中的最底层元件设置安全库存，如外购原材料或外购零件等，其他层次则不用设置安全库存。

设置安全库存会影响物料需求计划计算的过程。一般地，预期在库量为负时才产生净需求，如果设置安全库存，则预期在库量小于安全库存时就会产生净需求。

11．工作日历

物料需求计划采用分期间的计划方式，将连续的时间划分为成不连续的区段单位，称为时段。一般以周或日为单位，根据工作日历排定计划。工作日历也称为生产日历，说明企业各部门或工作中心在一年可以工作或生产的日期。主生产计划和物料需求计划展开计划时，要根据工作日历来安排生产，在非工作日不能安排生产任务。系统在生成计划时，遇到非工作日会自动跳过。

11.2.4　物料需求计划范例

这里以前面出现的实例为基础构建物料需求计划范例。

【范例 11-1】已知产品 X 和 Y 的产品结构树如图 11.6 所示，其他相应的参数为：表 11-3 所示的物料清单，表 11-4 所示的物料主文件，表 11-5 所示的物料库存记录，表 11-6 所示的主生产计划，试编制 X 和 Y 及各子项的物料需求计划。

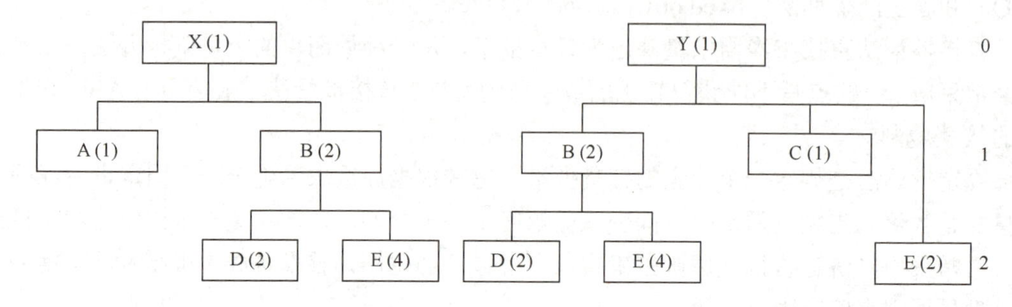

图 11.6　产品 X 和 Y 的产品结构树

表 11-3　物料清单

父项	子项	所需数量
X	A	1
X	B	2
Y	B	2
Y	C	1
Y	E	2
B	D	2
B	E	4

表 11-4　物料主文件

物料	提前期/周	安全库存	批量规则
X	1	0	FOQ=400
Y	1	0	LFL
A	1	0	FOQ=600
B	2	0	FOQ=800
C	2	0	FOQ=500
D	2	100	FOP=2
E	2	200	FOP=3

表 11-5　物料库存记录

物料	期初库存	在途量									
		1	2	3	4	5	6	7	8	9	10
X	0	400	0	0	0	0	0	0	0	0	0
Y	0	300	0	0	0	0	0	0	0	0	0
A	300	600	0	0	0	0	0	0	0	0	0
B	400	800	0	0	0	0	0	0	0	0	0
C	200	0	500	0	0	0	0	0	0	0	0
D	600	1500	0	0	0	0	0	0	0	0	0
E	500	4000	0	0	0	0	0	0	0	0	0

表 11-6　主生产计划

产品	期间/周									
	1	2	3	4	5	6	7	8	9	10
X	—	400	—	400	—	400	—	400	—	400
Y	200	100	300	—	300	—	200	100	300	100

解：根据上述数据和物料需求计划的计算处理逻辑，可以编制产品 X 和 Y 及其子项的物料需求计划，结果如表 11-7 至表 11-13 所示。

表 11-7　产品 X 的物料需求计划

（期初库存：0，提前期：1 周，批量规则：FOQ=400）

信息	期间/周									
	1	2	3	4	5	6	7	8	9	10
毛需求	—	400	—	400	—	400	—	400	—	400
在途量	400	—	—	—	—	—	—	—	—	—
预计在库量	400	0	0	0	0	0	0	0	0	0
净需求	—	—	—	400	—	400	—	400	—	400
计划订单产出量	—	—	—	400	—	400	—	400	—	400
计划订单投入量	—	—	400	—	400	—	400	—	400	—

表 11-8　产品 Y 的物料需求计划

（期初库存：0，提前期：1 周，批量规则：LFL）

信息	期间/周									
	1	2	3	4	5	6	7	8	9	10
毛需求	200	100	300	—	300	—	200	100	300	100
在途量	300	—	—	—	—	—	—	—	—	—
预计在库量	100	0	0	0	0	0	0	0	0	0
净需求	—	—	300	—	300	—	200	100	300	100
计划订单产出量	—	—	300	—	300	—	200	100	300	100
计划订单投入量	—	300	—	300	—	200	100	300	100	—

表 11-9　物料 A 的物料需求计划

（期初库存：300，提前期：1 周，批量规则：FOQ=600）

信息	期间/周									
	1	2	3	4	5	6	7	8	9	10
毛需求	—	—	400	—	400	—	400	—	400	—
在途量	600	—	—	—	—	—	—	—	—	—
预计在库量	900	900	500	500	100	100	300	300	500	500
净需求	—	—	—	—	—	—	300	—	100	—
计划订单产出量	—	—	—	—	—	—	600	—	600	—
计划订单投入量	—	—	—	—	—	600	—	600	—	—

表 11-10　物料 B 的物料需求计划

（期初库存：400，提前期：2 周，批量规则：FOQ=800）

信息	期间/周									
	1	2	3	4	5	6	7	8	9	10
毛需求	—	600	800	600	800	400	1000	600	1000	—
在途量	800	—	—	—	—	—	—	—	—	—
预计在库量	1200	600	600	0	0	400	200	400	200	200
净需求	—	—	200	—	800	400	600	400	600	—
计划订单产出量	—	—	800	—	800	800	800	800	800	—
计划订单投入量	800	—	800	800	800	800	800	—	—	—

表 11-11 物料 C 的物料需求计划

（期初库存：200，提前期：2 周，批量规则：FOQ=500）

信息	期间/周									
	1	2	3	4	5	6	7	8	9	10
毛需求	—	300	—	300	—	200	100	300	100	—
在途量	—	500	—	—	—	—	—	—	—	—
预计在库量	200	400	400	100	100	400	300	0	400	400
净需求	—	—	—	—	—	100	—	—	100	—
计划订单产出量	—	—	—	—	—	500	—	—	500	—
计划订单投入量	—	—	—	500	—	—	500	—	—	—

表 11-12 物料 D 的物料需求计划

（期初库存：600，提前期：2 周，安全库存：100，批量规则：FOP=2 周）

信息	期间/周									
	1	2	3	4	5	6	7	8	9	10
毛需求	1600	—	1600	1600	1600	1600	1600	—	—	—
在途量	1500	—	—	—	—	—	—	—	—	—
预计在库量	500	500	1700	100	1700	100	100	100	100	100
净需求	—	—	1200	—	1600	—	1600	—	—	—
计划订单产出量	—	—	2800	—	3200	—	1600	—	—	—
计划订单投入量	2800	—	3200	—	1600	—	—	—	—	—

注：批量规则 FOP=2 周，计划订单产出量为本期的净需求量与下一期毛需求之和。

表 11-13 物料 E 的物料需求计划

（期初库存：500，提前期：2 周，安全库存：200，批量规则：FOP=3 周）

信息	期间/周									
	1	2	3	4	5	6	7	8	9	10
毛需求	3200	600	3200	3800	3200	3600	3400	600	200	—
在途量	4000	—	—	—	—	—	—	—	—	—
预计在库量	1300	700	7200	3400	200	4200	800	200	200	200
净需求	—	—	2700	—	—	3600	—	—	200	—
计划订单产出量	—	—	9700	—	—	7600	—	—	200	—
计划订单投入量	9700	—	—	7600	—	—	200	—	—	—

注：批量规则 FOP=3 周，计划订单产出量为本期的净需求量与下两期毛需求之和。

11.2.5 物料需求计划的运行方式

利用计算机平台，物料需求计划按照其严密的处理逻辑过程将独立需求信息不断转换为各种相关需求的信息。

物料需求计划有两种运行方式，即重新运行方式和净改变方式。

1. 重新运行方式

重新运行方式，是指周期性地生成物料需求计划，一般间隔期为 1～2 周，每次根据最新的主生产计划、物料清单及库存信息，从物料清单的零级（即物料需求计划最终项目）需求量开始计算，生成新的物料需求计划。因此，重新运行方式的计算工作量非常大，适用于环境比较稳定的企业，通常采用定期计算的方法。

2. 净改变方式

净改变方式与重新运行方式不同，它并不对所有的物料需求都重新进行计算，而是只及时更新改变与那些变化的项目有关的信息，生成新的物料需求计划，常常是追加某个计划，可称为“原计划+增补计划”，即原计划部分不变，变更新增的部分。这就使计算工作量大大减少，物料需求计划更新的频次加快，因而增强了物料需求计划的适应能力，当企业环境变化比较大时，为了能够随时快速地更新信息，适宜采用净改变方式。

需要指出的是，早期的计算机速度和功能有限，重新运行方式计算时间长，而净改变方式的运算量小，计算时间短。现在的计算机的运算速度已大幅度提高，这两种方式在计算时间方面已无什么差别，因此，选用何种方式无须再考虑时间因素。

11.3 能力需求计划

能力需求计划又被称为细能力计划，是指在物料需求计划运算得出对各种物料的需求量后，计算各时段分配给工作中心的工作量，判断是否超出该工作中心的最大工作能力，并做出调整。

11.3.1 能力需求计划的作用和分类

能力需求计划与物料需求计划结合使用，可以用以检查物料需求计划的可行性。它根据物料需求计划、工厂现有能力进行能力模拟，同时根据各工作中心的能力负荷状况判断计划的可行性。它把物料需求计划的下达生产订单和已下达但尚未完工的生产订单所需的负荷小时，按工作日历转换为每个工作中心各时区的能力需求，为生产计划的调整安排提供参考信息。

与粗能力计划一样，能力需求计划也是对能力和负荷的平衡做分析，以实现计划的可执行性和可靠性，但二者又存在一些区别，见表 11-14。

表 11-14 能力需求计划与粗能力计划的区别

比较项	粗能力计划	能力需求计划
计划阶段	主生产计划	物料需求计划
计划对象	关键工作中心	全部工作中心
主要作用	校验主生产计划是否可行	校验物料需求计划是否可行
负荷对象	独立需求件	相关需求件
订单类型	计划和确认订单	全部订单

能力需求计划对物料需求计划进行检验，对每个工作中心进行能力分析。由于物料需求计划是一个分时段的计划，所以能力需求计划也是一个分时段的计划，故必须知道各个时段的负荷和可用能力。

能力需求计划有两种基本的方式，即有限能力计划和无限能力计划。

1. 有限能力计划

有限能力计划认为工作中心的能力是固定的。通常按照物料的优先级进行计划，首先将能力安排给优先级较高的物料，按照这样的顺序排定，如果出现工作中心负荷不能满足要求时，则优先级相对较低的物料将被推迟加工，而优先级是用紧迫系数来衡量的。

$$\text{紧迫系数}=\frac{\text{需求日期}-\text{当日日期}}{\text{剩余的计划提前期}}$$

需求日期越近，紧迫系数越小，其优先级越高。

2. 无限能力计划

无限能力计划是指当将工作分配给一个工作中心时，只考虑这项工作需要多少时间，而不考虑完成这项工作所需的资源是否有足够的能力，也不考虑在该工作中心中，每个资源完成这项工作时的实际顺序，通常仅仅检查关键资源，大体上看看是否超出负荷。这里所说的无限能力只是暂时不考虑能力的约束，尽量去平衡和调度能力，发挥最大能力，以满足市场需求。

11.3.2 计算流程和步骤

物料需求计划制订物料在各时段的需求计划，最后形成加工单和采购单分别下发到生产车间和采购部门。加工单下达到各个加工中心，由物料主文件中的物料的加工提前期数据可以计算得到各个工作中心在每一时段的负荷，进而和各个工作中心的已知能力进行比较，形成能力需求计划。

一般来说，编制能力需求计划遵照如下思路。首先，将物料需求计划的各时间段内需

要加工的所有制造件通过工艺路线文件进行编制，得到所需要的各工作中心的负荷；然后，同各工作中心的额定能力进行比较，提出按时间段划分的各工作中心的负荷报告；最后，由企业根据报告提供的负荷情况及订单的优先级因素加以调整和平衡。

1．收集数据

能力需求计划计算的数据量相当大，通常，能力需求计划在具体计算时，可根据物料需求计划下达的计划订单中的数量及需求时间段，乘各自的工艺路线中的定额工时时间，转换为需求资源清单，加上车间中尚未完成的订单中的工作中心工时，成为总需求资源；再根据现有的实际能力建立起工作中心可用能力清单，有了这些数据，才能进行能力需求计划的计算与平衡。

2．计算与分析负荷

将所有的任务单分派到有关的工作中心上，确定有关工作中心的负荷，并从任务单的工艺路线记录中计算出每个有关工作中心的负荷；然后，分析每个工作的负荷情况，确认导致各种具体问题的原因所在，以便正确地解决问题。

3．能力/负荷调整

解决负荷过小或超负荷能力问题的方法有3种：调整能力，调整负荷，以及同时调整能力和负荷。

4．确认能力需求计划

在经过分析和调整后，将已修改的数据重新输入到相关的文件记录中，通过多次调整，在能力和负荷达到平衡时，确认能力需求计划，正式下达任务单。

11.3.3 计算技术

能力需求计划要对全部工作中心进行负荷平衡分析，工作中心能力需求的计划要求更精确。因为计算是基于所有的零件和成品的，并且贯穿于物料需求计划记录的所有周期，所以能力需求计划的计算量很大。

下面仍以前述的范例数据为基础构建能力需求计划的编制实例。

【范例 11-2】假定范例 11-1 中物料需求计划已编制完毕，相关数据见范例 11-1，产品X和Y的工艺路线和工时数据如表 11-15 所示。若不考虑前期已经核发的订单，试编制工作中心 W01、W02 和 W03 的能力需求计划。

表 11-15 产品 X 和 Y 的工艺路线和工时数据

物料	所需工步	工作中心	单位工时（准备时间+作业时间）/小时
X	1	W01	0.05
Y	1	W01	0.08

续表

物料	所需工步	工作中心	单位工时（准备时间+作业时间）/小时
A	1	W02	0.05
	2	W03	0.06
B	1	W01	0.05
C	1	W02	0.08
	2	W03	0.04
D	1	W02	0.05
E	1	W03	0.04

解：根据上述的数据，建立工时矩阵。其中，某物料在某工作中心的工时等于该物料在该工作中心的单位工时乘该物料的订单投入量，产品 X 和 Y 及各子项的工时数见表 11-16。

表 11-16 产品 X 和 Y 及各子项的工时数

工作中心	物料	期间/周									
		1	2	3	4	5	6	7	8	9	10
W01	X	0	0	20	0	20	0	20	0	20	0
	Y	0	24	0	24	0	16	8	24	8	0
	B	40	0	40	40	40	40	40	0	0	0
W02	A	0	0	0	0	0	30	0	30	0	0
	C	0	0	0	40	0	—	40	—	0	0
	D	140	0	160	0	80	0	0	0	0	0
W03	A	0	0	0	0	0	36	0	36	0	0
	C	0	0	0	20	0	0	20	0	0	0
	E	388	0	0	304	0	0	8	0	0	0

根据表 11-16 整理 3 个工作中心的能力需求，见表 11-17。

表 11-17 3 个工作中心的能力需求

工作中心	物料	期间/周									
		1	2	3	4	5	6	7	8	9	10
W01	X,Y,B	40	24	60	64	60	56	68	24	28	0
W02	A,C,D	140	0	160	40	80	30	40	30	0	0
W03	A,C,E	388	0	0	324	0	36	28	36	0	0

从表 11-17 可以看出，3 个工作中心的能力需求在各时间段并不均衡，如 W03 在第 1 周和第 4 周的需求量巨大，而相邻的时段却为 0，此情景可以适当地将第 1 周和第 4 周的需求分解，在保证物料需求计划的前提下分配相邻时段一定量的需求，实现工作中心生产的均衡。

请扫描以下二维码学习本章“案例研究”内容。

第11章案例研究

请扫描以下二维码完成本章习题。

第11章习题

第 12 章

作业计划与排序

第 12 章引例

12.1 作 业 计 划

车间是企业物料需求计划实施的实体，车间管理的主要任务是接收物料需求计划、布置物料需求计划和完成物料需求计划，也就是车间的作业计划的编制和执行。

作业计划是物料需求计划的具体执行计划。

12.1.1 作业计划编制的准备工作

物料需求计划虽然规定了计划的下达日期，但真正下达到车间的，依然还是推荐的时间。因为在作业计划编制之前，车间必须检查物料、生产能力、工具等的可用性，以便保证作业计划编制的可行性。具体要做如下的准备工作。

（1）核实物料需求计划。

（2）准备相关的技术资料，包括工件图纸、工艺文件、产品技术检验规范、外协零件清单等。

（3）核实当前的生产能力，包括各工种生产工人情况、生产设备负荷情况、生产面积利用情况、工作定额和生产能力查定情况。

（4）检查生产准备工作的情况，包括工艺装备准备情况和原材料、外协零件、配套库存的供应情况等。

（5）核实与本车间物料需求计划有关的能力需求计划的数据，与车间的实际情况进行比较，进一步确认物料需求计划的可行性。

12.1.2 作业计划的编制

如前所述，作业计划就是物料需求计划的具体执行计划，用以完成物料需求计划中的投入和产出的时间和数量的任务，具体地讲，就是规定相关工件的工艺路线、加工设备、开始加工时间和完成加工时间。

因此，作业计划的编制将依据物料需求计划下达到车间的生产订单的状态，以及已下达但还未完成的生产订单的状态，结合工件的工艺路线要求、所使用的调度原则，每天或

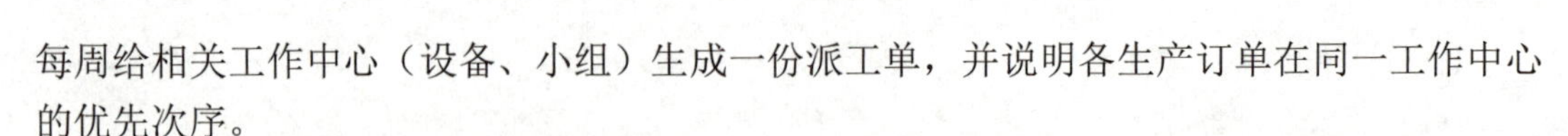

每周给相关工作中心（设备、小组）生成一份派工单，并说明各生产订单在同一工作中心的优先次序。

派工单主要描述生产订单号、零件号、生产任务的数量，同时还提供以下信息。

（1）生产准备工时，即工作中心从生产一种项目转换到生产另一种项目所需的时间。

（2）加工工时，即实际生产指定数量的项目所需的时间。

（3）累计负荷工时，即按各生产订单累计得到的工作中心负荷工时。

（4）优先级，即订单的优先级系数。

此外，为了保证生产订单的完成，还需要提供车间文档，其中包括图样、工艺过程卡片、领料单、工票、需要特殊处理的说明等。

12.1.3 作业计划的执行

生产如果正常运转，生产订单就会通过生产流程顺利地处理掉。不过在日复一日的运营过程中，常常会因为各种原因出现意外，例如机器出现故障、原材料供应突然中断、动力供应短缺等。这些意外事件会直接影响生产订单的完成，所以，对整个生产流程的运营过程必须进行严密监控，随时查询工序状态、完成工时、物料消耗、废品、投入、产出等信息。同时，应控制排队时间，分析投料批量，控制在制品库存，如果出现物料短缺或延期现象应及时采取应急措施，如通过加班、转包或分解生产订单来改变生产能力及其机器负荷。若还不能解决问题，则应根据信息修改物料需求计划，甚至修改主生产计划。

生产订单完成后，要及时统计实耗工时和物料，计算生产成本，并分析差异。同时，将完工产品检验入库。

12.2 排序概述

12.2.1 排序及与作业计划的关系

排序是指确定工件在工作中心进行加工的顺序。

工件的品种和数量较少时，排序并不复杂，但是随着加工的工件的品种和数量的增加，设备操作的复杂程度提高，在实际加工工作中，常出现“工件等待”或“设备空闲”的情况。“工件等待”是指一个工件在上道工序完工后，转移到下一道工序加工时，设备还在加工其他工件，转移来的工件要等待一定时间才能开始加工的情况。“设备空闲”是指设备已经完成对某个工件的加工，但上道加工的工件还未转移到此处，此时设备只能停机待料的情况。这些都增加了排序工作的难度。

排序不是作业计划。排序是确定工件在设备上的加工顺序，而作业计划，不仅包括确定工件的加工顺序，而且包括确定设备加工每个工件的开始时间和完成时间。可见，作业计划包含着排序，排序是编制作业计划的主要方法。

作业计划的关键是排序问题，一般情况下，都是按最早可能开工时间或完工时间来编制作业计划。排序确定之后，作业计划也就确定了。

12.2.2 排序的分类

在制造业、服务业企业里，常常出现以下两种基本形式的排序。

（1）劳动力作业排序，主要是确定工人何时开始工作。

（2）生产作业排序，主要是将不同工件安排到不同设备上，或安排不同的工人做不同的工作。

在制造业企业中，生产作业排序是主要的，因为要加工的工件是排序的关键。很多绩效考核指标，例如准时交货率、制造周期、生产成本、产品质量等，都与生产作业排序有直接关系。除非企业雇用了大量的临时工人，否则不用考虑太多劳动力作业排序问题。而在服务业企业中，劳动力作业排序是主要的，因为服务人员的多少、提供服务的及时与否，都将直接影响到企业的市场竞争力。很多绩效考核指标，例如消费者等待时间、排队长度、人员利用率、服务成本、服务质量等，都与劳动力作业排序直接相关。

在制造业企业中，还可以按照机器、工件和特定目标函数的特征对排序问题进行分类。

按照机器的种类和数量，排序问题可以分为单台机器的排序问题和多台机器的排序问题。对于多台机器的排序问题，按照工件加工的路线特征，可以分成单件车间的排序问题和流水车间的排序问题。工件的加工路线不同，是单件车间排序问题的基本特征；而所有工件的加工路线完全相同，则是流水车间排序问题的基本特征。

按照工件到达车间的状态，排序问题可以分成静态排序问题和动态排序问题。静态排序问题是指当进行排序时，所有工件都已到达，可以一次对它们进行排序；动态排序问题是指当进行排序时，有若干工件是陆续到达的，要随时安排它们的加工顺序。

按特定目标函数的性质，也可对排序问题进行分类。例如，同是单台设备的排序，目标是使平均流程时间最短和目标是使误期完工的工件数最少，实质上是两种不同的排序问题。按特定目标函数的情况，排序问题还可以划分为单目标排序问题和多目标排序问题。

某些现实特定的情况会影响排序的复杂程度。

一种情况是设备数有限，人员数无限，即可利用的设备有限，但只要有空闲机器，工作不会因操作人员短缺而等待。

还有一种情况是人员数有限，设备数无限，即实际人员数小于设备需要的人员数。这种约束条件给作业排序又增加了一定的难度。计划员安排工作到下一台设备时，必须同时安排相应的操作人员。在人员数有限的条件下，设备和人员调度政策，以及调度优先规则的选择，会直接影响到生产的进度和经济效益。常用的人员调度规则有以下 4 种。

（1）把人员优先分配到等待时间最长的工作地。

（2）把人员优先分配到等待工作数量最多的工作地。

（3）把人员优先分配到有最大标准工作量的工作地。

（4）把人员优先分配到需要最早完工的工作地。

此外，在人员数有限的情况下，可以通过培养“多面手”等复合型操作人才，以提高人员技能的多样化来提高作业的灵活性，用较少的人员完成更多的工作。

12.2.3 排序的任务和目标

工作中心排序的主要目标有以下几个。

（1）满足交货日期。

（2）极小化提前期。

（3）极小化准备时间或成本。

（4）极小化在制品库存。

（5）极大化对设备或人员的利用。

具体而言，有效的排序系统必须满足不同功能工作的要求。

（1）对将要做的工作任务进行优先权设定，以使其按最有效顺序排列。

（2）针对具体设备分配工作任务及人员，通常以可利用和所需的能力为基础。

（3）以实施为目标分配工作任务，以使其如期完成。

（4）持续监督以确保完成工作任务，周期性检查是保证已分配的工作任务如期完成的最常用方法。

（5）分析、控制、解决工作中出现的异常状况，因为它们有可能改变已排序的进程。

（6）订单发生变化或出现异常时，对目前的排序进行调整、改进。

排序系统的设计必须反映企业及运用该系统的工作过程的需要。排序系统的设计应当能调整计划的偏离，纠正生产操作中的异常，并尽可能返回原计划状态，以便维护计划和排序过程的有效性。

12.3 排序的一般方法

12.3.1 甘特图

甘特图是排序中最常用的一种工具。它是由甘特在 1917 年首先提出的。甘特是泰勒创立和推广科学管理制度的亲密的合作者，也是科学管理运动的先驱者之一。

甘特图是一种线条图，横轴表示时间，纵轴表示要安排的活动，线条表示在整个期间内，计划的和实际的活动完成情况。甘特图直观地表明了任务计划在什么时候进行，以及实际工作进度与计划使用时间的对比。

这种方法是基于排序目的，将活动与时间联系起来的最早尝试之一。有两种基本形式的甘特图：作业进度图和机器图。作业进度图表示一项工作的计划开始日期、计划完成日期及现在的进度。机器图表示不同作业在每一台机器上的工作次序，也可以用来管理生产进度。

【范例 12-1】假设 6 月，某机械制造工厂要加工 A、B、C 3 个零件。机械制造工厂的作业进度图如图 12.1 所示。

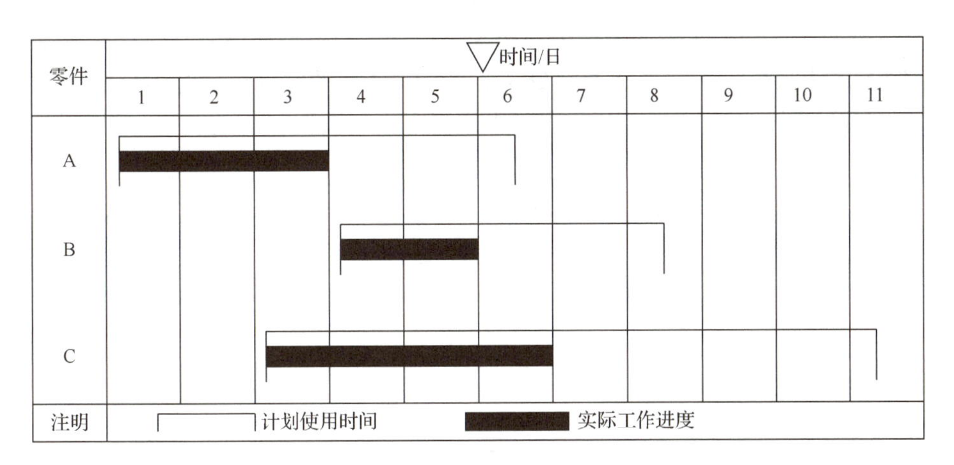

图 12.1　机械制造工厂的作业进度图

如图 12.1 所示，在 6 月 5 日，A 零件的实际工作进度落后于计划，B 零件在按计划完成，C 零件的实际工作进度则超前于计划。

由于完工时间是 6 月 11 日，若到时不能结束，后续就要停产。在这种情况下，该机械制造厂就需要新的作业计划并更新甘特图。

若这 3 个零件要进行磨削加工和再抛光才能交货，则图 12.2 显示了 3 个零件在 2 台不同机器上的计划使用时间和实际工作进度。

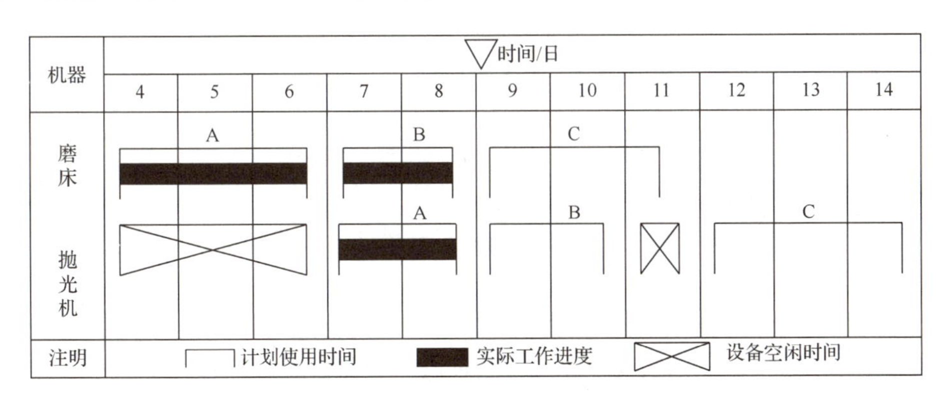

图 12.2　机械制造工厂的机器图

如图 12.2 所示，在 6 月 8 日当天，实际工作进度与计划一致。A 零件刚好按计划经过 2 台机床并完成加工，B 零件只在磨床上按时加工完毕，C 零件还未开始加工。

在 4—6 日、11 日这两段时间里，抛光机处于空闲状态。

这样，生产管理就能很容易地从机器图中看到计划及执行结果，并能及时了解机器的利用率。

12.3.2　输入-输出控制

输入-输出控制，是制造计划和控制系统的主要特征。它的主要原则是：工作中心的输入永远不能超过工作中心的输出。

当输入超过输出时，就会在工作中心产生物流堆积，从而延长上游作业的预计提前期。

【范例 12-2】某车间的生产能力为 200 小时，1～4 周的实际使用时间分别为 190 小时、170 小时、210 小时、220 小时。该车间输出控制报告如表 12-1 所示。

表 12-1 该车间输出控制报告

项目	周次			
	1	2	3	4
生产能力/小时	200	200	200	200
实际使用时间/小时	190	170	210	220
累计偏差/小时	-10	-40	-30	-10

12.3.3 排序的优先调度规则

在进行排序时，需用到优先调度规则。这些规则可能很简单，仅需根据一种数据信息就可以对作业进行排序。这些数据信息可以是加工时间、交货日期或到达的顺序。下面列出了 8 个常用的优先调度规则。

（1）先到先服务规则，即按作业送到的先后顺序进行加工。

（2）最短作业时间规则，即作业时间最短的作业首先进行，然后是作业时间第二短的，依此类推。

（3）最早交货期规则，最早交货期作业先加工，即按照交货日期排序，并确定优先加工顺序。

（4）剩余松弛时间规则，剩余松弛时间是交货期前剩余的时间减去剩余的加工时间所得的差值。剩余松弛时间最短的作业最先进行。

（5）剩余的平均松弛时间规则，即剩余的平均松弛时间最短的作业最先进行。剩余的平均松弛时间的计算方法如下。

剩余的平均松弛时间=（交货期前剩余的时间－剩余的加工时间）/ 剩余的作业数

（6）关键比率规则，关键比率是用交货日期减去当前日期的差值除以剩余的工作日数。关键比率最小的任务最先进行。

（7）后到先服务规则，该规则经常作为默认规则使用。因为后来的工单放在先来的上面，操作员通常是先加工上面的工单。

（8）随机次序规则，即操作员通常随意选择一件进行加工。

目前，人们已经找到了 100 多个优先调度规则，上面仅介绍了其中最常见的 8 个。这 8 个优先调度规则各有特色。有时，运用一个优先调度规则还不能唯一地确定下一个应选择的工件，这时应使用多个优先调度规则的组合规则。当然，还可以用下面这些排序标准评价各优先调度规则，确定优先调度规则的先后次序。

（1）满足消费者或下一道工序作业的交货期。

（2）极小化流程时间。

（3）极小化在制品库存。

（4）极小化设备和人员的闲置时间。

按照这样的优先调度规则，可赋予不同作业不同的优先权，可以使生成的排序方案按预定目标优化。

实际上，要将数以百计的作业在数以百计的机器上的加工顺序决定下来是一件非常复杂的工作，需要有大量的信息和熟练的排序技巧。对于每一个准备排序的作业，计划人员都需要两大类信息：加工要求信息和现状信息。

加工要求信息包括预定的完工期、工艺路线、标准的作业交换时间、加工时间、各工序的预期等。

现状信息包括工件的现在位置（在某台机器前排序等待或正在被加工），现在完成了多少工序（如果已开始加工），在每一工序的实际到达时间和离去时间，实际加工时间和作业交换时间，各工序所产生的废品（它可以用来估计重新加工量），以及其他的有关信息。

优先调度规则就是利用这些信息来为每个机器决定工件的加工顺序。由于大部分信息在一天中是随时改变的，所以，用手工来获取、利用这些信息几乎是不可能的，一般的现代生产计划的制订和安排都是通过计算机来进行的。

12.4　排序的数学方法

12.4.1　排序的表示方法

通常可用 4 个参数描述作业的排序问题，即 n/m/A/B。其中各参数的含义如下所述。

（1）n：工件数。

（2）m：机器数。

（3）A：排序的类型，可用 F、P 和 G 表示。F 表示流水型排序，指所有工件的工艺过程均相同；P 表示同顺序流水型排序，指所有工件的工艺过程均相同，且在每台设备上所有工件的投产顺序也必须相同；G 表示非流水型排序。

（4）B：具体的目标，如 F_{max} 为使最大（最长）的流程花费时间最短。

例如，n/5/P/F_{max} 则表示工件数为 n、机器数为 5、同顺序流水型排序，其目标是最大的流程时间最短。

12.4.2　约翰逊法

约翰逊法是一种比较常用的排序方法，用以解决 n/2/P/F_{max} 的排序问题。

约翰逊法适用的条件：n 个工件经过 2 台机器加工，所有工件在 2 台机器上加工的次序相同。

约翰逊法的操作步骤如下。

（1）选出最短加工时间 i，若最短加工时间有多个，则任选 1 个。

（2）若 i 出现在机器 1，则它对应的工件先安排加工，否则放在最后安排，安排后划去该工件。

（3）重复上述两个步骤，直到所有工件都排序完毕。

【范例 12-3】 有 5 个工件在 2 台机器上加工，加工顺序相同，先在机器 1 上加工，再在机器 2 上加工，加工工时表如表 12-2 所示，用约翰逊法排序。

表 12-2　加工工时表　（单位：分钟）

工　件	作业时间	
	机器 1	机器 2
A	5	2
B	3	6
C	7	5
D	4	3
E	6	4

解：具体步骤如下。

第一步，取出最小工时 $t_{12}=2$，是 A 工件第二工序时间，按规则排在最后加工。将已排序工作 A 划去。

第二步，$t_{21}=t_{42}=3$，B 工件第一工序时间最短，最先加工，然后划去 B。

第三步，$t_{42}=3$，D 工件第二工序时间最短，最后加工，然后划去 D。

余下的工作重复上述排序步骤，直至完毕。

最后得到的排序为：B—C—E—D—A，见表 12-3。

表 12-3　工件加工顺序表

步　骤	加工顺序				
1	—	—	—	—	A
2	B	—	—	—	A
3	B	—	—	D	A
4	B	—	E	D	A
5	B	C	E	D	A

经计算，得到工件加工时间表，见表 12-4，可知，整批工件的停留时间为 27 分钟。

表 12-4　工件加工时间表

工　件	B	C	E	D	A
机器 1	3/3	7/10	6/16	4/20	5/25
机器 2	6/9	5/15	4/20	3/23	2/27

12.4.3　穷举法

穷举法，即 CDS 法，是坎贝尔、杜德克、史密斯 3 人提出的一个启发式算法，用以解决 $n/m/P/F_{max}$（$m>2$）的排序问题。

穷举法的基本思想是不重复、不遗漏地穷举所有可能情况，从中寻找满足条件的结果。穷举法充分利用了计算机处理的高速特性，避免了复杂的逻辑推理过程，使问题简单化。使用穷举法的关键是要确定正确的穷举范围。

穷举法的操作步骤如下。

（1）取首末两道工序，用约翰逊法排序，求 F_{max}。

（2）取首两道工序的和及尾两道工序的和，用约翰逊法排序，求 F_{max}。

（3）取首三道工序的和及尾三道工序的和，用约翰逊法排序，求 F_{max}。

依此类推，直到考虑到所有的情况（$m-1$ 种）后，比较得到的 F_{max}，找出其中最小的那个排序方案，即所求排序方案。

【范例 12-4】已知有 4 个工件在 3 个机器上作业，加工时间表见表 12-5，求最优工作排序。

表 12-5　加工时间表

机　器	工　件			
	1	2	3	4
P_{i1}	1	3	6	3
P_{i2}	8	4	2	9
P_{i3}	4	5	8	2

解：穷举法的方案见表 12-6。

表 12-6　穷举法的方案

方　案	机　器	工　件			
		1	2	3	4
方案 1	P_{i1}	1	3	6	3
	P_{i3}	4	5	8	2
方案 2	$P_{i1}+P_{i2}$	9	7	8	12
	$P_{i2}+P_{i3}$	12	9	10	11

第一步，取首末两道工序的时间构成一个 2 行矩阵，用约翰逊法排序，即方案 1，排序结果为（1—2—3—4），F_{max}=28，计算过程见表 12-7。

表 12-7　方案 1 的加工时间

机　器	工　件			
	1	2	3	4
P_{i1}	1/1	3/4	6/10	3/13
P_{i2}	8/9	4/13	2/15	9/24
P_{i3}	4/13	5/18	8/26	2/28

第二步，取首两道工序和尾两道工序的和，组成一个新的2行矩阵，用约翰逊法排序，即方案2，排序结果为（2—3—1—4），F_{max}＝30，计算过程见表12-8。

表12-8　方案2的加工时间

机器	2	3	1	4
P_{i1}	3/3	6/9	1/10	3/13
P_{i2}	4/7	2/11	8/19	9/28
P_{i3}	5/12	8/20	4/24	2/30

第三步，比较方案1和方案2的F_{max}，得知，最优排序为（1—2—3—4），F_{max}=28。

12.5　服务业的排序

相对制造业而言，服务业的排序过程相对简单，主要涉及安排消费者需求和安排服务人员。

12.5.1　安排消费者需求

安排消费者需求是指根据不同时段内可利用的服务能力来为消费者排序。在这种方式中，服务能力保持相对稳定，消费者需求随机变化，围绕稳定的服务能力，企业适当安排相关消费者进入服务范围，以提供准时服务并充分利用服务能力。安排消费者需求通常有以下3种方法。

1. 预约

通过预约可以给消费者提供准确的服务时间。医生、律师、证券和汽车修理厂是使用预约系统提供服务的典型例子。它的主要优点：消费者获得服务及时，服务人员效率高。它容易出现的问题：一是如果排序出错，或上一消费者的服务未完成，预约好的消费者，需要等待较长时间，从而影响消费者的体验；二是如果有很多消费者迟到，或失约，运营系统就会受到很大影响。这些问题常常可以通过针对消费者的自身情况，为每个消费者安排足够的服务时间，而不是仅用相等的时间做间隔来解决。不过这对管理者的判断力、预测力、组织能力、对消费者的了解程度等都提出极高的要求。

2. 预订

预订类似预约，但它通常用于消费者接受服务时需占据或使用相关的服务设施的情况。例如，消费者预订旅馆房间、火车或飞机座位。它的主要优点：它能够提前给管理者一段时间来计划设施的充分利用。这种方式通常要求预先支付一定款项作为订金，这样可以减少失约带来的问题。

3. 排队

这是最常用、消费者情绪最受影响，但设备使用率较高的一种方法。它允许需求积压，让消费者排队等待。通常使用这种方式的有车站、餐厅、银行、游乐场、零售商店等。消费者到达服务系统，提出服务要求后就排队等待，不知道何时得到服务。一般可以通过使用各种优先规则来决定服务顺序，用得最多的是先到先服务规则。但是无论怎样，最重要的问题是尽量缩短消费者的等待时间。

12.5.2 安排服务人员

安排服务人员是指将服务人员安排到消费者需求的不同时间段内。采用这种方式的典型例子有邮局营业员、护士、警察等的工作安排。当需要快速响应消费者需求，且需求总量大致可以预测时，可通过对服务人员的适当安排来调整服务能力，以满足不同时间段内的不同服务负荷。

制订服务人员的排序计划时，主要约束条件是企业的服务人员计划和消费者需求。但是，有时还需要考虑一些其他约束，包括法律和行为上的约束。比如，在医院里，只要是工作时间，都要有一定数量的正式护士值班。这些约束条件限制了服务人员排序计划的灵活性。同时，服务人员的精神需求也会使排序工作复杂化。例如，服务人员可能要求每周有连续的休息日，要求法定休息日全休等。管理者解决这种问题的方法之一是采用轮换排序计划，使每一个人都轮流使用不同的排班计划，这样经过一段时间后，每一个人都会得到均等的上班、下班和休假时间。

下面通过范例 12-5 给出一种既能保证服务人员正常的工作与休息，所需人员数量也最少的方法——循环排序法。

【范例 12-5】某医院拟根据一周内病人每天就医数量的情况，确定护士的数量及排班计划。要求每名护士每周工作 5 天，并连续休息 2 天。每天的护士需求数量如表 12-9 所示。

表 12-9　每天的护士需求数量

日期	星期一	星期二	星期三	星期四	星期五	星期六	星期日
护士需求/人	6	5	5	5	4	2	2

解：循环排序法从连续 2 天所需护士数量最少的日期确定护士的休息日，其他的为工作日，并依此类推，排出每名护士的工作与休息计划。

本例中，星期六和星期日所需护士最少，故护士一被安排到这两天休息，星期一至星期五工作。因此，星期一至星期五所需的护士数在原护士需求数量的基础上减 1，星期六和星期日数量不变（因护士一休息），将这两个数字用“[]”括起来，表示本循环内不参与数量调整，而其他的数字则减 1。

重复上述过程，排出其他护士的计划，护士需求数量与排班计算表见表 12-10。

表 12-10 护士需求数量与排班计算表 （单位：人）

日期	星期一	星期二	星期三	星期四	星期五	星期六	星期日
护士一	5	4	4	4	3	[2]	[2]
护士二	4	3	3	3	2	[2]	[2]
护士三	3	2	2	[2]	[1]	2	2
护士四	2	1	1	2	1	[1]	[1]
护士五	1	[0]	[0]	1	0	1	1
护士六	0	0	0	0	[0]	[0]	[0]

注：表中的数字为本行的护士已安排后还需护士的数量，“[]”格为本行护士休息日。

因此，护士的排班情况见表 12-11。

表 12-11 护士的排班情况

日期	星期一	星期二	星期三	星期四	星期五	星期六	星期日
护士一	√	√	√	√	√	×	×
护士二	√	√	√	√	√	×	×
护士三	√	√	√	×	×	√	√
护士四	√	√	√	√	√	×	×
护士五	√	×	×	√	√	√	√
护士六	√	√	√	√	×	×	×
工作人数/人	6	5	5	5	4	2	2

注：√—工作，×—休息。

在有些情况下需要协调多种服务资源，而非仅仅是对服务人员的安排。例如，学校排课计划必须对教师、教室、视听设备和学生等资源进行协调，才能制订行之有效的授课进度计划并付诸实施。医院的手术排序计划也涉及外科医生、麻醉师、手术室工作人员、专用设备、监护室人员、护理人员等资源。参与计划的资源越多，问题的复杂性就越大，达到最佳方案的可能性就越小。并且一旦计划制订完毕，局部的调整问题也会导致更复杂化的整个计划的连锁变动。

航空公司也是一个对多资源排序的服务系统，涉及空勤与地勤人员、飞机、行李处理系统、售票系统等。另外，政府对于飞行员飞行小时数、飞机的里程与维护保养等也有严格的规定，各类资源也有地域的差异。因此，将上述资源有效地整合是一个复杂的系统工程。运营实例 12-1 给出了美国航空公司机组人员的排序方法。

运营实例 12-1

美国航空公司机组人员的排序方法

美国航空公司主要依赖线性规划模型进行排序。美国航空公司聘用了 8300 多名飞机驾驶员和 16200 名航班服务人员来运行 500 多架飞机。机组人员每年总成本超过 14 亿美元，仅次于燃料成本。与燃料成本不同，机组人员开支中很大一部分是可以控制的。制订机组人员排序计划可以高效地使用机组人员。

十分明显，每一航班需要一组足够的飞机驾驶员和航班服务人员。但由于机组成员是人而非机器，安排他们的工作时间比安排飞机、通道及其他设备的使用时间要复杂得多。联邦航空局曾制订了一套复杂的工作时间限制标准，目的是确保机组成员安全地完成其职责。

另外，资金问题也影响着排序的实际运用。工会合同保证航班机组成员可得到每天或每次旅程的几个小时的报酬。所以，航空公司计划人员必须设法优化机组人员的排序以最大可能地满足对机组成员支付报酬的保证。一次旅程一般需要一天或几天时间，这期间飞行时间较少，由于机组成员将获得超过其分配的飞行时间的额外报酬，因此公司的费用可能较高。

线性规划模型能在 12 个城市指派机组成员。计算该模型每月消耗 500 个机时，但每年节约 2000 多万美元。作为此类问题的最佳排序法，线性规划模型被美国航空公司卖给了其他 10 家航空公司和 1 家铁路公司。

资料来源：海泽，雷德，1999. 生产与作业管理教程[M]. 潘洁夫，余远征，刘知颖，译. 北京：华夏出版社：382.

请扫描以下二维码学习本章“案例研究”内容。

第 12 章案例研究

请扫描以下二维码完成本章习题。

第 12 章习题

第4篇

运营系统的完善

第 13 章

丰田生产方式

第 13 章引例

13.1 丰田生产方式概述

13.1.1 丰田生产方式的由来

制造业的生产方式经历了一个从手工生产方式到大量生产方式、丰田生产方式，再到精益生产方式的过程。20 世纪后半期，一种兼顾手工生产方式及大量生产方式的优点，又能克服二者缺点的高质量、低成本、富有柔性的新的生产方式在日本应运而生，即丰田生产方式，其核心是准时化生产（just in time，JIT）。它的基本思想可用现在已广为流传的一句话来概括，即“只在需要的时候，按需要的量，生产所需的产品”，这也就是“准时化生产”一词所要表达的本来含义。这种生产方式的核心是追求一种无库存，或库存达到最小的生产系统，为此开发了包括看板管理在内的一系列具体方法，并逐渐形成了一套独具特色的生产经营体系。

丰田生产方式起源于日本丰田汽车公司，它是在丰田汽车公司一步步扩大生产规模、确立规模生产体制的过程中诞生和发展起来的。日本汽车工业从起步到今天，经历了以下几个阶段：①从美国引进技术、设备；②国产化；③建立规模生产体制；④高度成长期；⑤工业巨大化；⑥国际竞争力强化；⑦出口增加；⑧全球战略。但是，从一开始的技术、设备引进阶段，日本汽车工业就没有完全照搬美国的汽车生产方式。这其中除了当时日本国内的市场环境、劳动力状况及战后资金短缺等原因，还有一个很重要的原因是，以丰田汽车公司的丰田英二等人为代表的丰田生产方式的创始者从一开始就意识到了以下几点问题。第一，美国汽车工业生产方式虽然已很先进，但仍大有改善的余地；第二，需要考虑采取一种更能灵活适应市场需求、尽快提高产品竞争力的生产方式。以福特制为代表的大量生产方式的最大特点在于以单一品种的规模生产来降低成本，这与当时美国的经济环境是相吻合的。在当时的时代背景下，只要生产得出来就可以销售得出去，生产得越多，成本就越低。但到了 20 世纪后半期，不仅美国，不仅汽车市场，整个世界都进入了一个市场需求多样化的新阶段，而且市场对质量的要求也越来越高，随之给制造业提出了新课题，即如何有效地组织多品种、小批量生产。否则的话，生产过剩会引起设备、人员、库存费用等一系列的浪费，从而影响到企业的竞争能力甚至生存能力。

丰田生产方式就是顺应这样的时代要求，作为一种在多品种、小批量混合生产的条件下高质量、低消耗的生产方式，在实践中摸索、创造出来的。日本从20世纪50年代末期到70年代初期，处于经济高度成长期。在那段时间，即使采用与美国相同的大量生产方式，也能取得相当规模的生产效果。但是，经济高度成长期一过，特别是石油危机以后，市场环境发生了很大的变化，大量生产方式的弱点就日渐明显了。正是从这个时候起，采用丰田生产方式的丰田汽车公司的经营绩效与其他汽车制造公司的经营绩效开始拉开距离，因此丰田生产方式及其优越性开始引起人们的关注和研究。

丰田生产方式经过几十年的发展，到今天已经形成一整套从企业的经营理念、管理原则到生产组织、生产计划、控制作业管理，以及对人的管理等在内的完整的理论和方法体系。日本式生产经营方式的许多特点都来源于丰田生产方式，丰田生产方式在形成独具特色的日本式生产管理系统中起了很大的作用。随着市场环境向多样化方向的转变和竞争的加剧，丰田生产方式的应变能力及其对质量、成本、生产周期的有效控制方法，正在越来越多地影响着汽车工业，以及众多制造企业。丰田生产方式作为一种彻底追求生产合理性、高效性，能够灵活多样地生产适应各种需求的高质量产品的生产方式，其基本原理和诸多方法对许多其他制造行业的企业也都具有重要的借鉴意义。

美国在全面研究以丰田生产方式为代表的日本式生产方式在西方发达国家及发展中国家应用情况的基础上，于1990年提出了一种较完整的生产经营管理理论——精益生产理论。该理论的研究历经5年时间，耗费了500万美元的巨资，调查了全世界15个国家的90个汽车制造厂，对大量生产方式和精益生产方式作了详尽的实证性比较，最后得出的结论是，精益生产是一种“人类制造产品的非常优越的方式”，它能够广泛适用于世界各个国家的各种制造企业，并预言这种生产方式将成为21世纪制造业的标准生产方式。该理论所称的精益生产方式，是对丰田生产方式的进一步提炼和理论总结，其内容范围不仅包括生产系统内部的运营、管理方法，还包括从市场预测、产品开发、生产制造管理（其中包括生产计划与控制、生产组织、质量管理、设备保全、库存管理、成本控制等多项内容）、零部件供应系统、营销与售后服务等企业的一系列活动。这种扩大了的生产管理、生产方式的概念和理论，是在当今世界生产与经营一体化、制造与管理一体化的趋势越来越强的背景下应运而生的。

13.1.2 丰田生产方式的主导思想

丰田生产方式是第二次世界大战后，日本汽车工业遭到“资源稀缺”和“多品种、少批量”的市场制约的产物，其主要目的在于通过降低成本，也就是通过彻底消除过剩库存和过剩的劳动力来提高效益。它的主导思想如下。

1. 消除一切形式的浪费

凡是对消费者不产生附加价值的活动都属无效劳动，都是浪费，都是应该消除的。

2．不断改进、不断完善、追求尽善尽美

丰田汽车公司提出了以下 7 个“零”的口号，充分体现了这种精益求精的精神。

（1）“零”转产工时浪费（多品种混流生产）。

（2）“零”库存（消减库存）。

（3）“零”浪费（全面成本控制）。

（4）“零”不良（高品质）。

（5）“零”故障（提高运转率）。

（6）“零”停滞（快速反应、短交期）。

（7）“零”灾害（安全第一）。

3．把调动人的积极性、创造性放在一切管理工作的首位

把人看作生产力诸要素中最宝贵的资源，因为人具有能动作用、具有创造力。

基于上述指导思想，丰田生产方式确定了自己的目标和一整套实施方法。为了降低成本，必须消除生产中伴随的种种不合理的过剩现象，迅速而灵活地适应市场需求的变化，就要通过准时生产，也就是“只在需要的时候，按需要的量，生产所需的产品”的做法来实现。而看板管理则是作为保证准时生产的管理手段应运而生的。反之，为了将看板管理方式付诸实施，必须实现均衡生产，使最终装配线在每个时间域平衡地领取零部件。为了推行这种均衡生产，必须缩短生产过程时间，这是因为各种各样的产品必须每天迅速地生产。这要通过小批量生产和一个流生产来实现，小批量生产可以通过缩短作业转换时间来实现，一个流生产可以通过在多工序生产线上作业的多工序作业人员来实现。通过标准作业的组合，使得一个单位产品的加工中所有必要的作业在循环时间内完成。通过自动化防止产生不合格品的装置来保证产品百分之百是合格品，这成为实现准时生产的重要支柱。最后，通过修正标准作业，职能管理，提高作业人员士气，改善全部工序。以上各方面相辅相成，共同构成丰田生产方式体系，如图 13.1 所示。

关于什么是浪费，丰田汽车公司的大野耐一有他独到的看法。他把以下 7 种情况定义为应予排除的浪费：①废品和次品；②超额制造和提前生产；③由于计划不周、停工待料、设备故障等原因造成的生产停顿和等待；④多余的操作；⑤多余的搬运；⑥库存积压；⑦产品有剩余的功能。

需要注意的是，大野耐一把超额制造和提前生产视为一种浪费。因为提前生产就会造成积压，超额制造则是生产了多余的东西。这与认为超额完成任务和提前完成任务是先进行为的传统观念是截然相反的。这是丰田生产方式的重要管理理念，即只是在需要的时候才去生产所需要的品种和数量，不要多生产，也不要提前生产。

需要特别强调的是，企业实施准时化生产的整个过程就是决心追求完美的过程，也是追求卓越的过程，它是支撑企业生命的一种精神力量。从这一角度说，丰田生产方式的成功在于它形成了不断自我完善的企业文化。因此，丰田生产方式既是一种以最大限度地减少企业生产所占用的资源，以及降低企业管理和运营成本为主要目标的生产方式，同时，它又是一种理念，一种文化。

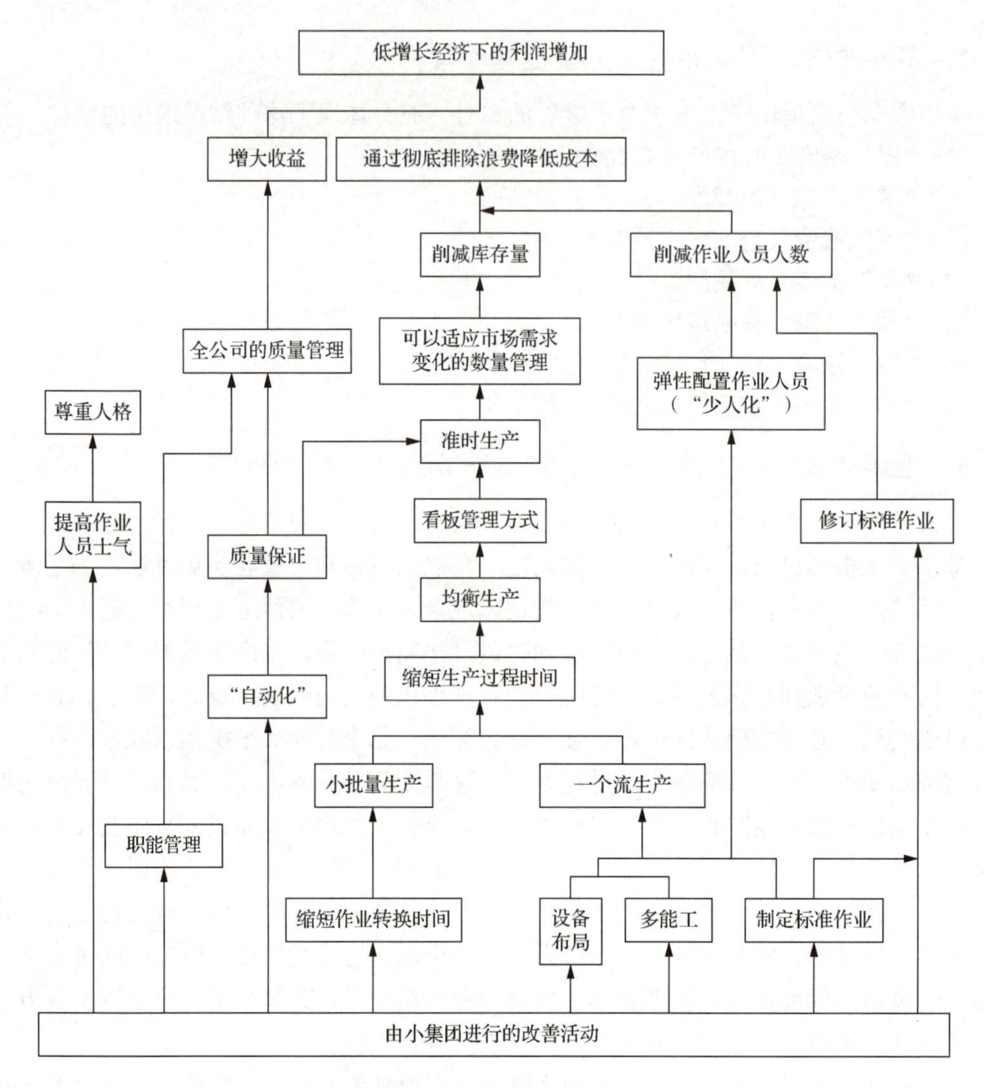

图 13.1 丰田生产方式体系

13.1.3 丰田生产方式的主要内容

1. 丰田生产方式的基本手段

为了达到降低成本这一基本目标，丰田生产方式的基本手段可以概括为以下 3 种。

（1）适时适量生产。

适时适量生产即“准时化生产”一词本来所要表达的含义。当今时代的生产方式已经从“只要生产得出来就卖得出去”转变为“只生产能够卖得出去的产品”。对于企业来说，各种产品的产量必须能够灵活地适应市场需要量的变化。否则，生产过剩会引起人员、设备、库存费用等一系列的浪费。而避免这些浪费的手段就是实施适时适量生产，只在市场需要的时候生产市场需要的产品。丰田生产方式的这种思想与历来的有关生产及库存的观念截然不同。

（2）弹性配置作业人数。

在劳动费用越来越高的今天，降低劳动费用是降低成本的一个重要方面。达到这一目的的方法是“少人化”。所谓“少人化”，是指根据生产量的变动，弹性地增减各生产线的作业人数，尽量用较少的作业人数完成较多的生产。这里的关键在于能否将生产量减少了的生产线上的作业人数减下来。“少人化”一反历来生产系统中的“定员制”，是一种全新的人员配置方法。实现“少人化”的具体方法是实施独特的设备布置，以便能够将需求减少时各作业点减少的工时集中起来，以整数削减作业人数。但这从作业人员的角度来看，意味着标准作业时间、作业内容、作业范围、作业组合和作业顺序等一系列变更。因此，为了适应这种变更，作业人员必须是具有多种技能的“多面手”。

（3）质量保证。

在我们的认知中，质量与成本之间通常是一种负相关关系，即要提高质量，就得耗费人力、物力来加以保证。但丰田生产方式却一反这一常识，通过将质量管理贯穿于每道工序之中，来同时实现提高质量与降低成本，实现的具体方法是“自动化”。这里所讲的“自动化”，不是一般意义上的设备、监控系统的自动化，而是指融入生产组织中的这样两种机制：第一，使设备或生产线能够自动检测不良产品，一旦发现不良产品可以自动停止的设备运行机制，为此，在设备或生产线上开发、安装了各种自动停止装置和加工状态检测装置；第二，生产第一线的设备操作工人发现产品或设备的问题时，有权自行停止生产的管理机制。依靠这两种机制，不良产品一出现就会马上被发现，防止了不良产品的重复出现或累积出现，从而避免了可能由此造成的大量浪费。而且，由于一旦发生异常，设备或生产线就立即停止运行，比较容易找到发生异常的原因，从而能够有针对性地采取措施，防止类似异常情况的再发生，杜绝类似不良产品的再产生。

这里值得一提的是，通常的质量管理方法是在最后一道工序对产品进行检验，如有不合格再进行返工或做其他处理，从而尽量避免生产线或加工中途停止。但丰田生产方式却认为这恰恰是使不良产品大量或重复出现的元凶。因为发现问题而不立即停止生产的话，问题得不到暴露，以后难免还会出现类似的问题。而一旦发现问题就使其停止，并立即对其进行分析、改善的话，长而久之，生产中存在的问题就会越来越少，企业的生产素质就会逐渐增强。

2．实现适时适量生产的具体方法

（1）生产同步化。

为了实现适时适量生产，首先需要致力于生产的同步化，即工序之间不设置仓库，前一工序加工结束后，便立即转到下一工序去，装配线与机械加工几乎平行进行，产品被一件一件、连续地生产出来。铸造、锻造、冲压等必须成批生产的工序，则通过尽量缩短作业更换时间来缩小生产批量。

生产的同步化可以通过“后工序领取”的方法来实现，即后工序只在需要的时候到前工序领取所需的加工品，前工序只按照被领取走的数量和品种进行生产。这样，制造工序的最后一道，即总装配线成为了生产的出发点。生产计划只下达给总装配线，以装配为起点，在需要的时候，向前工序领取必要的加工品，而前工序提供该加工品后，为了补充生产被领取走的量，必然会向更前一道工序去领取所需的零部件。这样一层一层向前工序领取，直至粗加工及原材料部门把各个工序都连接起来，实现同步化生产。这就形成了与传统推式生产截然不同的拉式生产模式。

生产的同步化还需要通过采取相应的设备配置方法及人员配置方法来实现。与通常机械工厂中所采用的车、铣、刨等工业专业化的生产组织形式不同，生产同步化应采取对象专业化的组织形式，按照产品加工顺序来布置设备。这样也带来了人员配置上的不同做法。

（2）生产均衡化。

生产均衡化是实现适时适量生产的前提条件。所谓生产均衡化，是指总装配线在向前工序领取零部件时，应均衡地使用各种零部件，混合生产各种产品。为此在制订生产计划时就必须对生产的均衡化加以考虑，然后将其体现于产品的投产顺序计划之中。在制造阶段，生产的均衡化可以通过专用设备通用化和制订标准作业来实现。所谓专用设备通用化，是指通过在专用设备上增加一些工夹具的方法使之能够加工多种不同的产品。制订标准作业是指将作业节拍内一个作业人员所应担当的一系列作业内容标准化。

（3）实现适时适量生产的管理工具。

在适时适量生产中具有极为重要意义的是作为其管理工具的看板。看板管理可以说是丰田生产方式中最独特的部分，因此也有人将丰田生产方式称为“看板方式”。但是严格地讲，这种理念是不正确的。如前所述，丰田生产方式的本质，是一种生产管理技术、一种以不断改善为基础的企业文化，而看板只不过是一种管理工具。

看板的主要生产管理机能是传递生产和运送的指令。在丰田生产方式中，生产的月度计划是集中制订的，制订后同时传达到各个工厂及协作企业。而与此相对应的日生产指令只下达到最后一道工序或总装配线，对其他工序的生产指令均通过看板来实现。即后工序在需要的时候用看板向前工序去领取所需的量的同时，就等于向前工序发出了生产指令。由于生产是不可能 100%地完全按照计划进行的，日生产量的不均衡以及日生产计划的修改都需通过看板来进行微调。看板就像工序之间、部门之间、物流之间的联络神经一样发挥着作用。

除了以上的生产管理机能，看板还有一大机能，即改善机能。通过看板，可以及时发现生产中存在的问题，使其暴露，从而立即采取改善对策。

以上大致介绍了丰田生产方式的主导思想和主要内容。至于丰田汽车公司建立的一整套管理制度和实施措施，我们将在本章后面的内容中详细阐释。

13.2 实现丰田生产方式的基本要素

丰田汽车公司制造具有多种规格的各种各样的汽车。而各种形式的汽车常常需要应对需求的变化。为了适应需求的变化，使作业现场的作业人员人数具有灵活性即“少人化”。

“少人化”，在根据需求的变化必须减少作业人员人数时具有特别重要的意义。例如，在某一条生产线上，5 名作业人员制造一定数量的产品。如果该生产线的生产量减至 80%的话，作业人员也必须减至 4 人（5×80%）。假如需求减至 20%的话，作业人员就要减至 1 人（5×20%）。

正如从上述例子可以看出的那样，“少人化”通过对人的资源的调整和再配置，具有与提高生产率相同的意义。丰田生产方式中灵活的工作场所，基本上指的是能够实现“少人化”的作业现场。为了实现“少人化”的概念，必须满足下面 3 个前提条件。

（1）合适的设备布置的设计。

（2）具备多方面能力的训练有素的作业人员，也就是多能工。

（3）对标准作业组合不间断的再评价和定期修订。

在丰田汽车公司，实现“少人化”的设备布置设计是连接起来的 U 字形生产线。在这种布置之下，每个作业人员所负责的作业范围可以非常容易地扩大或缩小。但是，为了使这种设备布置充分发挥作用，作为它的前提，作业人员必须是多能工。实现“少人化”的前提条件之间的相互关系如图 13.2 所示。正是对这些柔性化资源的合理利用，使丰田汽车公司可以实现“少人化”，及时适应市场需要。

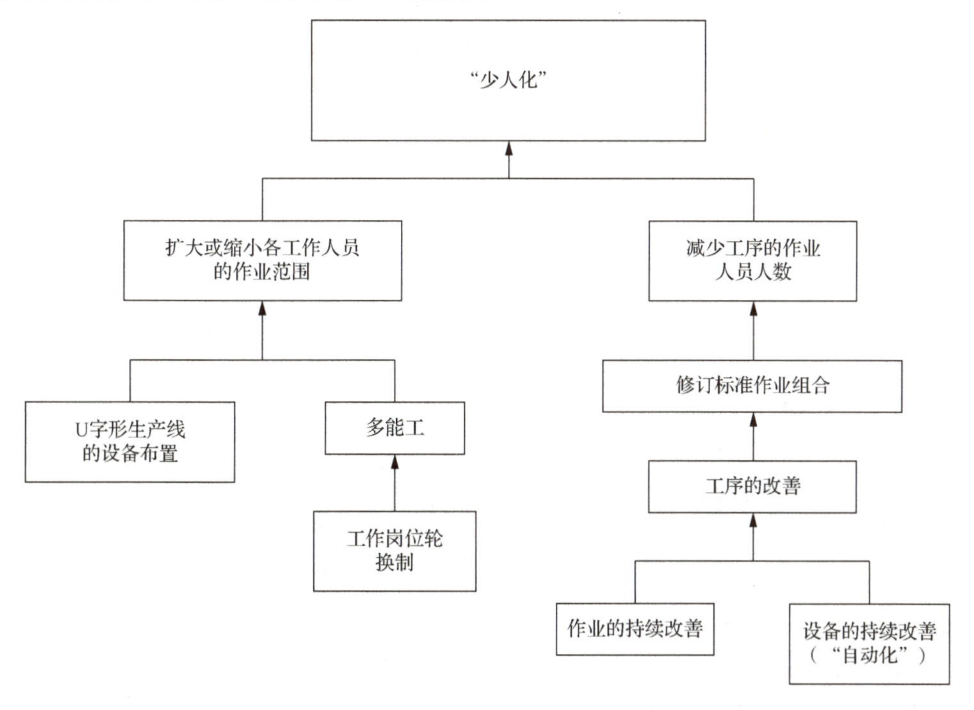

图 13.2　实现“少人化”的前提条件之间的相互关系

13.2.1　多能工

丰田汽车公司的多能工是通过该公司特有的工作岗位轮换制的方式来培养的。此外，最后的标准作业组合的修订是通过作业和设备的持续改善来实现的。这种改善活动，即使在需求增大的时期，也把减少所需要的作业人员人数作为目的。

通过工作岗位轮换制的方式培养作业人员，也就是每个作业人员要轮流承担自己作业现场的全部作业。这样一来，经过一段时间，每个作业人员就自然而然地熟悉了各种作业，成为多能工。

工作岗位轮换制大体上要通过 3 个阶段实行。首先，让职务系列中的每个管理人员依次转换工作场所体验所有的职务，不管在任何职务上都能向一般作业人员进行熟练自如的示范。其次，让每个作业人员在组内的各种作业之间轮换，在任何作业中都能操作自如。最后，每天数次有计划地让每个作业人员变换所承担的作业。

多能工的思路是很具有日本特色的。在欧美的企业中，职务划分过细，工资与特定的职务等级联系，并且还存在着各种各样的分职能的工会。例如，车工只是操作车床，一般不管另外的设备。与此相反，在日本，工资不是和特定的职务等级联系的，而是随工人的连续工作年限增长。另外，企业中只有一个工会，因此，工人的调配和多工序操作非常容易施行。

13.2.2 制造单元

丰田汽车公司采用 U 字形生产线的设备布置，形成了独特而高效的制造单元。U 字形生产线的设备布置要点是，生产线的入口和出口在相同的位置，生产线入口和出口的作业由一个人进行。虽然这种设备布置方式有凹形、圆形等几种变化形式，但不管是哪一种，其最重要的优点都是在适应生产量的变化（需求的变化）时，有自由增减所需要的作业人员人数的灵活性。也就是，在 U 字形作业现场的内部，追加、减少作业人员都是可能的，U 字形生产线的设备布置见图 13.3。

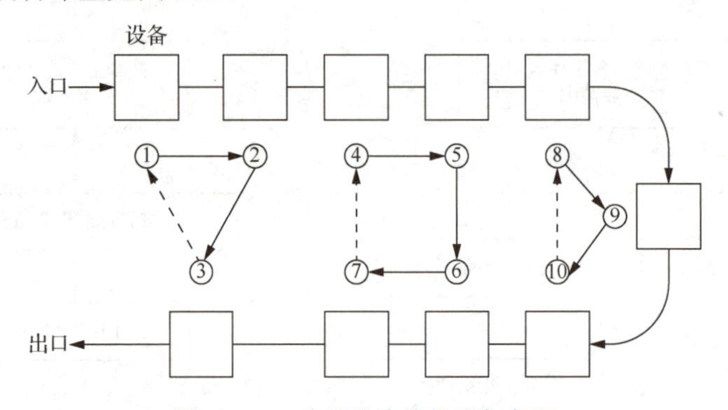

图 13.3　U 字形生产线的设备布置

通过所谓“拉动生产”进行的准时生产，在采用这种设备布置方式的生产线中也可以实现。这是因为，首先，一个单位的成品从出口出来时，一个单位的材料从入口投入。由于出口和入口的作业由同一个作业人员来做，生产线内在制品的数量就能经常保持一定。其次，因为各设备分别保持着标准的在制品库存量，作业人员之间作业不平衡的情况很容易被发现，从而也能成为工序改善的诱因。最后，在采用 U 字形设备布置方式的生产线中可以划分供特定的作业人员作业的区域。

在使用大型机械的装置中，常常只在入口和出口有作业人员。例如，链式吊架就是这样一个例子。如果投入材料的位置和取出的位置不一致的话，常常需要两个作业人员，每个作业人员就有了空闲时间或等待时间。但是，如果两个位置相同的话，一个作业人员就可以处理入口和出口了。

在利用 U 字形布置增减作业人员时，遇到的最主要的问题是，在按照生产量重新分配各作业人员的工作时，如何处理节省出来的非整数工时。例如，如果减少了半个人的工时，因实际上不可能抽掉一个人，所以在某个工序就会产生等待时间或生产过剩的现象。这种问题在生产增加的情况下也同样会发生。为了克服这种作业人员出现零头数的问题，丰田汽车公司把几条 U 字形生产线合并成一条生产线。使用这种连接起来的设备布置方式时，如果遵循确定标准作业组合的顺序的话，就可以应对汽车生产量的变化，向每个作业人员适当地分配作业。这就是所谓的联合 U 字形生产线布置方式。

下面的范例说明了某工厂是如何利用这种联合 U 字形生产线的概念，实现“少人化”的。

【范例 13-1】某工厂有一个由 6 条不同的生产线组成的组合工序，各条生产线分别制造不同的齿轮产品，用产品 A～产品 F 来表示，如图 13.4 所示。如果根据 1 月的产品需求量，这个组合工序的循环时间是 1 个单位产品 1 分钟。而在这个循环时间之下有 8 个作业人员在这个工序中劳动，如图 13.5 所示。在这里，每个作业人员的步行路线用带箭头的线画出。

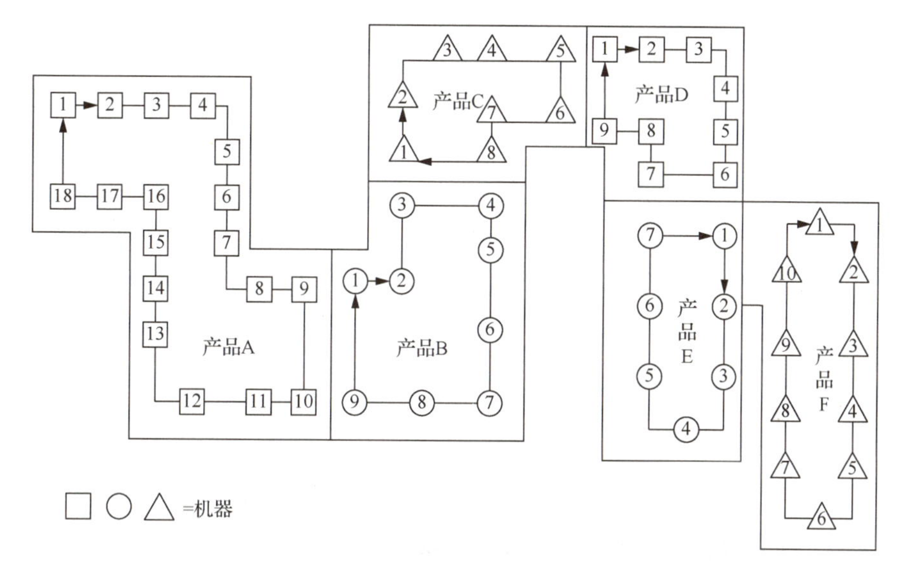

图 13.4　制造 6 种产品（A～F）的联合 U 字形生产线

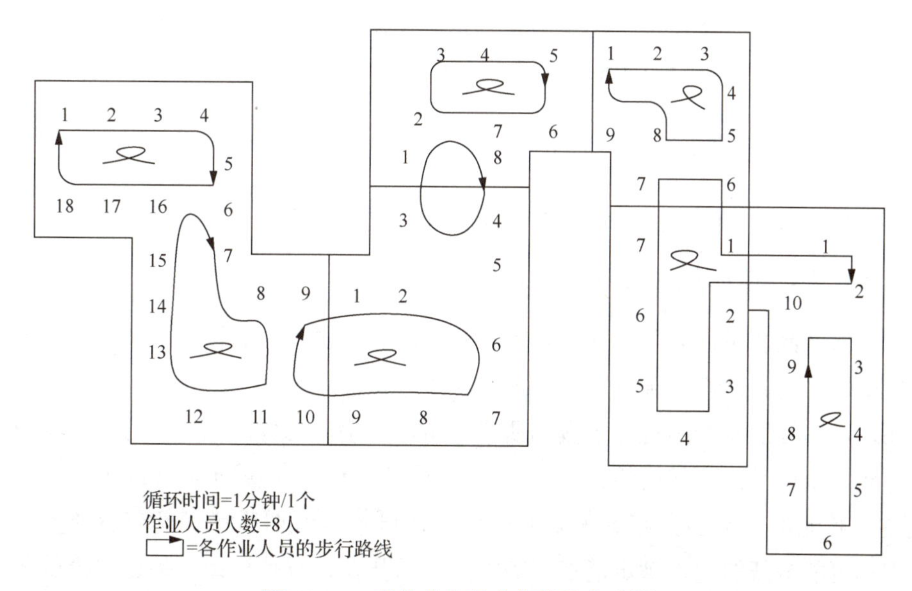

图 13.5　1 月作业人员之间的作业分配

但是，一进入 2 月，对该产品的月需求减少了，这个工序的循环时间增加到 1 个单位产品 1.2 分钟。结果，把这个组合工序的全部作业重新分配到作业人员中间，每个作业人员必须接受比 1 月更多的作业。图 13.6 显示了由于作业的再分配，每个作业人员的步行路线延长了的情况。这时，作业人员 1 接受了 1 月作业人员 2 所做的一部分作业；作业人员 2 也接受了追加的作业人员 3 在 1 月所做的一部分工作。

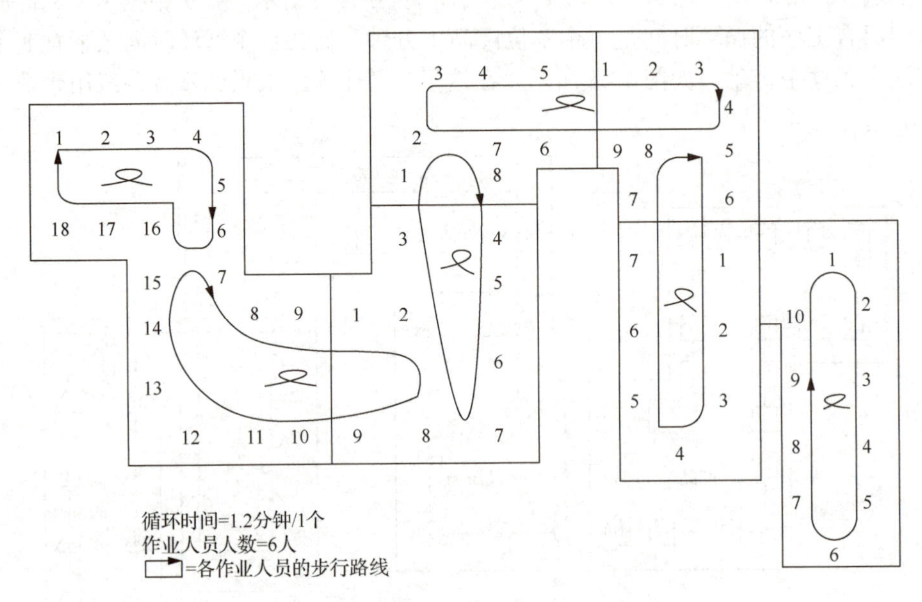

图 13.6　2 月作业人员之间的作业分配

这样一来，通过延长每个作业人员的步行路线，作业人员 7 和作业人员 8 就可以离开这条组合生产线了。因此，直线型布置可能出现的零头人工（以总作业时间进行的工作量为标准，1 个人工指 1 个人 1 天的生产量）也可以在这种组合式的设备布置之下，被一条一条的生产线消化，以整数的形式把作业人员节约下来。

13.2.3　全面质量管理

丰田汽车公司进行的全面质量管理主要有以下 3 个特征。

1．所有部门参加质量管理活动

为了确保产品质量，公司内所有的部门——产品开发、产品设计、试验、采购、外协厂商、制造、检验、销售、服务等都必须参加质量管理活动。

例如，产品开发及产品设计阶段的质量分析，在确立总体产品质量方面是最重要的。一旦产品到了制造及检验部门的话，在这两个阶段所犯的错误就难以挽回了。

但是，其他部门也各自起着重要的作用。在日本，所谓质量管理或者质量保证被定义为：用尽可能最低的成本满足消费者需求的产品开发、产品设计、制造和售后服务。

满足消费者的需求，是出色的新产品开发及设计的任务。也就是在进行开发、设计的时候，必须让产品满足燃料效率高、性能没有故障这样的需求。

通过这种水平的质量管理，日本的汽车才能够在世界市场上连续获得好评，才能在销售及利润上也连续保持着高水准。

通过制造期间的质量管理，可以减少不合格产品等不正常情况，降低制造成本，维护消费者的利益并增加公司的利润。

最后，通过在修理领域里对消费者服务的质量管理，可以保持汽车的良好性能、确保消费者对公司生产的汽车及对公司本身的信任。

2. 全体员工参加质量管理活动

公司组织中所有层次的员工都参加质量管理。更进一步，全体供货厂家、流通商及其他的关联公司也参与质量管理活动。运营实例 13-1 所示的 Andon 系统就是作业人员参与质量管理的一种方式。

运营实例 13-1

丰田汽车公司鼓励作业人员随时停止生产线

1984 年，丰田汽车公司与通用汽车公司合资建立新联合汽车制造公司（NUMMI）。公司的生产、管理都按丰田生产方式进行。其中的 Andon 系统规定：如果发现质量问题，任何人都有权随时停止整条生产线，纠正质量问题。

当时通用汽车公司的人就非常怀疑，担心这样会使生产线停顿太多，损失太大。情况确实如此。在刚开始的一段时间内，生产线的利用率不高，因为不时有质量问题。但没多久，质量问题越来越少，生产线停顿的情况也越来越少，最后几乎绝迹。NUMMI 的生产效率、质量也可与日本原厂比美，成为美国为数不多的几个盈利的汽车生产厂。NUMMI 地处物价、地价、人工都很高的硅谷地带，还能以传统的制造业盈利，实属奇迹。

注：由于产能过剩的问题，该工厂于 2010 年 3 月关闭。

资料来源：根据网络资料整理。

3. 质量管理同公司其他相关职能（成本管理、生产管理等）密切结合

为了使质量管理更有效果，必须把它与成本管理和生产管理一并推进。这些相关职能，包含利润计划、价格政策、生产和库存管理、日程计划等，都对质量管理有直接影响。

例如，成本管理在识别能够改善或者除去的工序时起作用，而且还可以通过这个方法评定质量管理活动的效果。价格政策不仅决定包含在产品中的质量水准，还可以判断消费者对于质量的期望度。更进一步，各种生产管理数据，可以灵活运用在不合格率的测定、质量管理活动目标领域的设定、一般的质量管理活动的推行等方面。

13.2.4 全面生产维护

全面生产维护（total productive maintenance，TPM），也称为全面生产维修制。它是日本在学习美国的生产维修和英国的设备综合工程的基础上结合日本国情创立的一套设备管理制度，其做法和内容主要有以下5点。

（1）以彻底消灭故障为目标，推行“三全”，即全系统、全效率、全员。

（2）推行5S管理活动，即整理、整顿、清洁、清扫、素养。

（3）对设备进行ABC分类，突出重点设备的维修工作。

（4）履行日常点检和定期点检。

（5）规定一系列技术经济指标，作为评价维修工作的标准，主要有以下几个。

$$\text{计划作业率}=\frac{\text{计划维修作业次数}}{\text{全部维修作业次数}}\times 100\%$$

$$\text{实际开动率}=\frac{\text{实际作业时间}}{\text{实有能力时间}}\times 100\%$$

$$\text{产能维修次数率}=\frac{\text{产能维修次数}}{\text{全部维修次数}}\times 100\%$$

$$\text{每吨(台)产品维修费用}=\frac{\text{全部维修费用}}{\text{产品总吨(台)数}}$$

$$\text{停机损失百分比}=\frac{\text{设备原因停机损失}}{\text{生产总值}}\times 100\%$$

坚持预防为主，重视润滑工作；完整维修记录，重视设备规律研究；重视人员培训，注意多能工的培养。这些在丰田汽车公司都非常成功。

13.2.5 与供应商的全面合作

20世纪60年代，丰田生产方式已经成为所有类型的企业学习的管理理念。不过，经过一段时间后，企业界才普遍应用丰田生产方式。丰田汽车公司首先通过把丰田生产方式的原则传授给它的主要供货商来倡导精益的概念及做法。此举使丰田汽车公司从制造工厂单独实施精益迈向全面实施精益——价值链上的每个厂商都采用相同的丰田生产方式，构成强有力的丰田模式。

丰田汽车之所以有如此优秀的品质，部分归功于其供应商在创新、制造及整体信赖度方面的优异表现。丰田的供应商是丰田准时生产的一分子，丰田汽车公司的即时生产流程不论是在顺利运作时，还是在出现问题停滞不前时，其供应商都扮演着重要角色。丰田汽车公司在认真投资建立高效能供货商网络，以及与其高度精益化相互整合方面，一直走在同行的前面。

丰田汽车公司在一开始制造汽车时，并没有足够的资本及设备来自行制造一辆汽车所需要的全部零部件。因此，当时担任工程师的丰田英二的首要任务就是寻找可以与丰田汽车公司合作的、能提供高品质零件的供应商。那时丰田汽车公司的产量并不大，有时候，一天制造不了一辆车，不能为供应商带来大笔订单。因此，丰田汽车公司认识到寻找坚实伙伴的重要性。丰田汽车公司唯一能提供的是和所有供应商以长期互惠方式共同成长的机会。丰田汽车公司对待其供应商如同对待丰田汽车公司的家族成员一般，让供应商和丰田汽车公司一起成长并学习丰田生产方式。即使丰田汽车公司已经在全球汽车行业雄踞重要地位，但它依然遵循早期建立起来的伙伴关系原则。

丰田汽车公司对新供应商采取谨慎观察、评估的态度，合作初期丰田汽车公司只会下非常少量的订单，新供应商必须证明他们真诚守信，符合丰田汽车公司对品质、成本及服务的高标准要求。新供应商若能在合作初期表现出这方面的高绩效水平，就能获得更多数量的订单。丰田汽车公司也会教给他们丰田生产方式，并把他们纳入丰田汽车公司家族成员。供应商一旦加入丰田汽车公司家族，除非出现最糟糕的行为，丰田汽车公司一般不会把他们赶出家族。

丰田汽车公司对待供应商的态度一如其对待本公司的员工，它不断激励员工进行改进，也不断激励供应商进行改进。丰田汽车公司对供应商提出一系列相当高的目标，它激励供应商实现这些目标。供应商也希望与丰田汽车公司合作，因为他们知道可以借此改善自身，赢得同业及其他客户的敬重。但是，没有一个供应商认为丰田汽车公司是个容易应付、容易满足的客户。在丰田汽车公司看来，对供应商提高期望，并公平对待他们、教导他们，就是对供应商的尊重；相反，以宽松标准对待供应商，或未教导他们而苛求他们，就是不尊重他们。与丰田汽车公司维持长期伙伴关系并非一件轻松容易的事。

丰田汽车公司向希望与自己合作的所有供应商提供公开、公正且公平的参与机会。丰田汽车公司本着与各供应商相互信赖的精神，促进共同繁荣。丰田汽车公司还积极推进海外公司的就地采购，以此促进海外公司对所在地区的贡献。

对于哪些工作可以外包、哪些工作应该留在公司内部自行生产，丰田汽车公司保持着非常谨慎的态度。和其他日本的汽车制造商一样，丰田汽车公司把 70%的汽车零部件的制造外包出去，但它仍然希望能维持丰田汽车公司内部设计与制造这些外包零部件的能力。现在，企业界流行的词语是“核心能力”。丰田汽车公司非常明确地知道自身的“核心能力”是什么，但它似乎以更广义的方式看待之。这可以追溯至丰田汽车公司创办时，那时它就决定自力更生，而不是向美国与欧洲的汽车制造商购买设计与汽车零件。

丰田汽车公司愿意和供应商一起学习，但绝不会把任何领域的所有核心知识与责任交付给供应商。丰田汽车公司的外包加工策略是，即使在把一项关键零部件外包时，也不会愿意公司本身失去生产这项零部件的能力。丰田汽车公司认为，要想有效管理其供应商，企业本身必须深谙所有核心技术并持续学习，以使整个企业始终处于技术尖端。这一点丰田汽车公司和日本电装公司之间的关系就是一个很好的例子，参见运营实例 13-2。

运营实例 13-2

丰田汽车公司寻找坚实伙伴，维持自身核心能力

日本电装公司最早是丰田汽车公司的一个事业部门，1949年从丰田汽车公司分立出去，成为一家独立经营的公司，并成长为全球最大的汽车零件供应商之一。丰田汽车公司拥有日本电装公司的部分股份，日本电装公司是丰田汽车公司的电子与电气零件供应商之一，它依然像是丰田旗下的事业部门。

通常，对于每一种零部件，丰田汽车公司都至少有两家供应商，但在和日本电装公司的关系上，丰田汽车公司打破了此项常规，让日本电装公司成为唯一的电子与电气零件供应商。因此，当丰田汽车公司于1988年建立一座电子工厂，并招募电子工程师时，业界甚为震惊，为何丰田汽车公司会做出此举呢？

这是因为，首先，日本电装公司已经成长得太大、太强，使得它和丰田汽车公司之间出现一些紧张关系。例如，日本电装公司和丰田汽车公司的竞争对手的关系愈来愈密切，包括丰田汽车公司的夙敌日产汽车公司。其次，丰田汽车公司认为，电子零件在汽车中的重要性越来越高，计算机化与迈向电动汽车的趋势，使得汽车中大约有30%的零部件和电子相关，而电子技术的演进变化比传统汽车技术的变化要快得多。丰田汽车公司认为，电子技术对汽车变得太重要了，唯有靠“在做中学习”的积极行动方案，才能在整个企业渗透技能与价值观，使电子技术变成丰田汽车公司真正的核心能力之一。丰田汽车公司招募的新进员工中，有30%是电子工程师。

资料来源：湘财领导力发展学院，2005. 丰田模式：精益生产的18个黄金法则[M]. 北京：中国建材工业出版社.

丰田汽车公司鼓励其供应商采用准时生产方式，丰田汽车公司需要其供应商能以准时生产方式制造并供应高品质的零部件。此外，若供应商无法降低成本，丰田汽车公司就无法降低成本，除非丰田汽车公司径自把降低成本的压力全部转移到供应商身上，但这不是丰田汽车公司的作为。丰田汽车公司并不把零部件视为通过公开招标而外包生产的商品。因此，它必须和能力优秀、采纳丰田生产方式或类似生产制度的供应商共同合作、共同成长。

丰田汽车公司是在保持自身核心竞争力的同时，寻找坚实伙伴，和供应商形成全面合作的伙伴关系，以长期互惠方式共同成长。

13.3 丰田生产方式的现场管理

13.3.1 丰田生产方式现场管理的特点

1. 传统生产管理方式的根本缺欠

丰田汽车公司的准时生产，是通过在全部制造工序中，将必需的物品，在必需的时候，仅按必需的数量进行生产，从而顺利地应对各种故障和需求变化的方式。为了实现准时生产，第一个必要条件是向所有工序通知生产的确切时间和必需的数量。

在传统的生产管理方式之下，这个必要条件通过向所有工序提出各种各样的生产计划来满足。也就是，不仅向最终装配线提供计划，对零部件制造工序也提供同样的计划。零部件制造工序使用前工序向后工序供应零部件的方式，也就是推式生产，根据计划生产产品。但是，用这种方式迅速应对某个工序发生的故障和因需求变化而引起的形势的变化是很困难的。如果想在通常方式下适应某个月内发生的变化，公司只有同时改变各个工序各自的生产计划，然而这样频繁地变更计划也是很困难的。结果，为了应对故障的发生和需求的变化，公司必须在各工序准备库存。这样，各工序间的库存量常常不平衡，在进行产品更新换代时，经常发生持有不良库存和过剩设备、过剩劳动力的情况。

2. 革命性的取自前工序的拉式生产

与此相反，丰田生产方式是因为后工序从前工序领取零部件的拉式生产而闻名的，这在某种意义上是革命的。因为只向最终装配线正确地通知所需零部件的领取时间和数量，最终装配线就会到前工序去，将装配汽车所必需的零部件，在必需的时候，领取必需的数量。此后，前工序开始生产被后工序领取走的那部分零部件。这样一来，各个零部件制造工序都从它的前工序领取所必需的零件或材料，按顺序向前逆流运行。因此，就没有必要同时向所有的工序下达生产计划了。在汽车的生产过程中，如果有必要变更生产计划的话，只将变更传达到最终装配线就可以了。

丰田汽车公司将看板作为通知生产这些零部件的必要时间和数量的方法。这种方式更能够适应市场需要的变化，它是一种在多品种、小批量混合生产条件下的高质量、低消耗的生产方式。

3. 拉式生产与小批量生产

丰田生产方式采用拉式生产，生产由需求驱动。实施拉式生产要求生产系统对需求的变化能够灵活地做出快速响应。减小生产批量，可以提高生产系统适应变化的能力。因为在同样长度的计划期内，批量越小，生产的品种就越多，可以满足的需求就越广泛。但是生产的批量小，将引起另一方面的问题，即生产批量越小，生产线上品种的更换就越频繁，生产线的设备调整也越频繁。设备进行调整，不仅要占用生产时间，损失生产能力，还要耗用人力和物力，增加生产成本，所以如何正确选择批量是生产中重要的经济问题。而丰田汽车公司成功地解决了这一问题，他们采取的主要措施是改革设备调整工作，大大缩减设备的调整时间和调整费用。调整时间和调整费用降低了，减小批量的矛盾就迎刃而解了。在汽车工业中，大型冲压件的生产一般都采用很大的生产批量，因为大型冲压件模具的换模工作非常烦琐。在丰田汽车公司改进以前，通常换一次模具要花 7～8 小时，并且必须由专职的调整工来换。模具安装调整不好，就会引起压裂、压皱，成批地产生废品。所以要想减少模具调整次数，就得增大批量。丰田汽车公司为了解决这一问题，专门组织工人和技术人员进行攻关。为此，他们设计了专用的运模车，在冲压设备的工作台上设计了供装卸模具用的滑道，设计制造了保证上下模能迅速对准的专用工艺设备，还训练生产工人自己来装卸和调整模具。通过一系列措施，终于使更换和调整一次模具的时间降到了 3～10 分钟。这样就为实施小批量生产开辟了宽广的道路。

13.3.2 看板的功能

为了实现同步化生产，丰田汽车公司开发了后工序领取、单件小批量生产、生产均衡化等多种方法。而为了使这些方法能够有效地实行，丰田生产方式又采用了被称为看板的管理工具。看板作为管理工具，犹如连接各工序的神经一样发挥着作用。

看板方式作为一种生产管理的方式，在生产管理史上是非常独特的，看板方式也可以说是丰田生产方式最显著的特点。但是这里需要再次强调的是，决不能把丰田生产方式与看板方式等同起来。丰田生产方式是一种生产管理技术，而看板只不过是一种管理工具。看板只有在工序一体化、生产均衡化、生产同步化的前提下，才可能发挥作用。如果错误地认为丰田生产方式就是看板方式，不对现有的生产管理方法做任何变动就单纯地引进看板方式的话，是起不到任何作用的。

看板最初是丰田汽车公司于 20 世纪 50 年代从超级市场的运行机制得到启示，作为一种生产、运送指令的传递工具而被创造出来的。经过发展和完善，现在在很多方面都发挥着重要的功能。其主要功能可概括为如下 5 点。

第一，指示功能。指示功能可以为生产、搬运提供指示信息。这是通常的行李签和看板的区别。领取时到前工序的什么地方去，还有放到后工序的什么地方，即存放场的地址，都有必要记载在看板上。另外，指示功能实现的前提是必须事先周密细致地安排好存放场的地址。这是看板最基本的功能。公司总部的生产管理部根据市场预测及订货而制订的生产指令只下达到最终装配线，各个前工序的生产均根据看板来进行。看板中记载着生产量、时间、方法、顺序，以及运送量、运送时间、运送目的地、放置场所、搬运工具等信息，从装配工序逐次向前工序追溯。在装配线将所使用的零部件上所带的看板取下，以此再去前工序领取；前工序则只生产被这些看板所领走的量。适时适量生产就是这样通过看板来实现的。

第二，防止过量生产和过量运送。通过这一功能可以控制过快的生产。看板方式是对月度生产计划进行微调整的手段。但是，如果从工序之间交换零部件的观点看的话，看板是后工序领取的工具，也就是说看板方式的本质是拉式生产的手段。通过看板，前工序才有可能在零部件被领走时仅生产被领走的数量，避免生产多于领取量的物品。在这里，由于使用了看板卡片和工序之间零部件存放场的区划线，所以可以防止过量生产和过量运送。

第三，作为目视管理的工具。看板方式不只是单纯地提供数字信息，也在着眼于给产品附上看板这一信息媒介。

也就是说，通过看板，有时还可以用眼睛发现工序的进展快慢。例如，要是在制品看板没有按时间存放到在制品看板箱里，就表示后工序的生产发生了迟延。如果在预订时间早早地存放了过多的看板，就证明后工序的生产速度提高了。

另外，在零部件存放场，从外协供货厂进来的零部件不见减少，存放过多时，也意味着本工厂的生产减慢了。虽然外协订货看板的发行枚数每月都在变化，但这是由于人手在每月中的变化的关系，应当每周、每天都在变化才好。最大数和最小数也有必要每月修改。

第四，作为工序、作业改善的工具。以上所述的可以说都是看板的生产管理机能。除此以外，看板的另一个重要功能是改善功能，这一功能主要通过减少看板的数量来实现。看板数量的减少意味着工序间在制品库存量的减少。在一般情况下，如果在制品库存量较高，即使设备出现故障、不良产品数目增加，也不会影响到后工序的生产，所以容易把这些问题掩盖起来。而且，即使有人员过剩，也不易察觉。其结局是高库存，带来人员、时间以及材料的浪费。而在丰田生产方式中，通过不断减少看板数量来减少在制品库存，就使上述这些问题不可能被无视。在运用看板的情况下，如果某一工序设备出故障，生产出不合格产品，根据看板的运用规则，不能把不合格品送往后工序，后工序所需得不到满足，就会造成全线停工，由此可立即使问题暴露，从而立即采取改善措施来解决问题。这样通过进行改善活动不仅使问题得到了解决，也使生产线的“体质”不断增强，带来了生产率的提高。丰田生产方式的目标是最终实现无库存生产系统，而看板则提供了一个朝着这个方向迈进的工具。

第五，降低管理成本。降低管理成本意味着将计划人员变为零。也可以说计划人员不变成零，引进看板方式就没有意义。

13.3.3　看板的种类及用途

所谓看板，也有人把它称为卡片，但实际上看板的形式并不局限于记载有各种信息的某种卡片形式。看板的本质是在需要的时间、按需要的量对所需零部件发出生产指令的一种信息媒介体，而实现这一功能的形式可以是多种多样的。例如在丰田汽车公司的工厂中，小圆球、圆轮、台车等均被用来作为看板。近年来随着计算机的普及程度提高，已经越来越多地引入了在各工序设置计算机终端，在计算机屏幕上显示看板信息的做法。

看板大体分两类，即领取看板和生产指示看板。领取看板记载着后工序应该从前工序领取的产品种类和数量；生产指示看板指示前工序必须生产的产品种类和数量，如图 13.7 和图 13.8 所示。生产指示看板也常常被称为准备看板，或直接简称为生产看板。

存放场架号　5E215　背编号　A2-15
产品架号　3567 OSO 7
品名　传动齿轮
车种　SX 5OBC

收容数	容器	发行编号
20	B	418

前工序
锻造
B-2
后工序
机械加工
m-6

图 13.7　领取看板

图 13.7 中的领取看板表示制造这种零件的前工序是锻造工序，指示后工序的搬运工到锻造部门一个叫 B-2 的地方领取传动齿轮，后工序是机械加工工序。每个零件箱中装有 20 个零件，零件箱的型号是 B 型。这枚看板是发行的 8 枚看板中的第 4 枚。所谓背编号，是这一品种的简略编号。

图 13.8 中的生产指示看板，指示机械加工工序 SB-8 必须生产 SX 5OBC-150 型轿车用的曲轴。生产的曲轴放在零部件存放场的 F 26-18 处。

存放场架号	F 26-18	背编号	A5-34	工序
产品架号	56790-321			机械加工 SB-8
品名	曲轴			
车种	SX 5OBC-150			

图 13.8　生产指示看板

按照使用情况细分，看板有以下 5 类。

（1）工序内看板。

工序内看板指某工序进行加工时所用的看板。这种看板用于装配线和即使生产多种产品也不需要实质性的作业更换时间（作业更换时间近于零）的工序，例如机械加工工序。

（2）信号看板。

信号看板是在不得不进行成批生产的工序所使用的看板。例如冲压工序、树脂成型工序、模锻工序等。与工序内看板不同，信号看板中必须记载的特殊事项是加工批量和基准数。加工批量是指信号看板摘下时一次所应加工的数量。基准数是表示从看板摘下时算起还有几个小时的库存，也就是说，是从看板摘下时算起，必须在多少小时内开始生产的指示。

（3）工序间看板。

工序间看板是指工厂内部后工序到前工序领取所需的零部件时使用的看板。

（4）对外订货看板。

这种看板与工序间看板类似，只是前工序不是在本厂内，而是外部的协作厂家。对外订货看板上需记载进货单位的名称和进货时间。

（5）临时看板。

临时看板是进行设备保全、设备修理、临时任务或需要加班生产时所使用的看板。

13.3.4　看板的使用方法

1．使用看板的八个步骤

图 13.9 表示了领取看板和生产指示看板的使用方法。看板以后工序为起点，按照下面各个步骤使用。

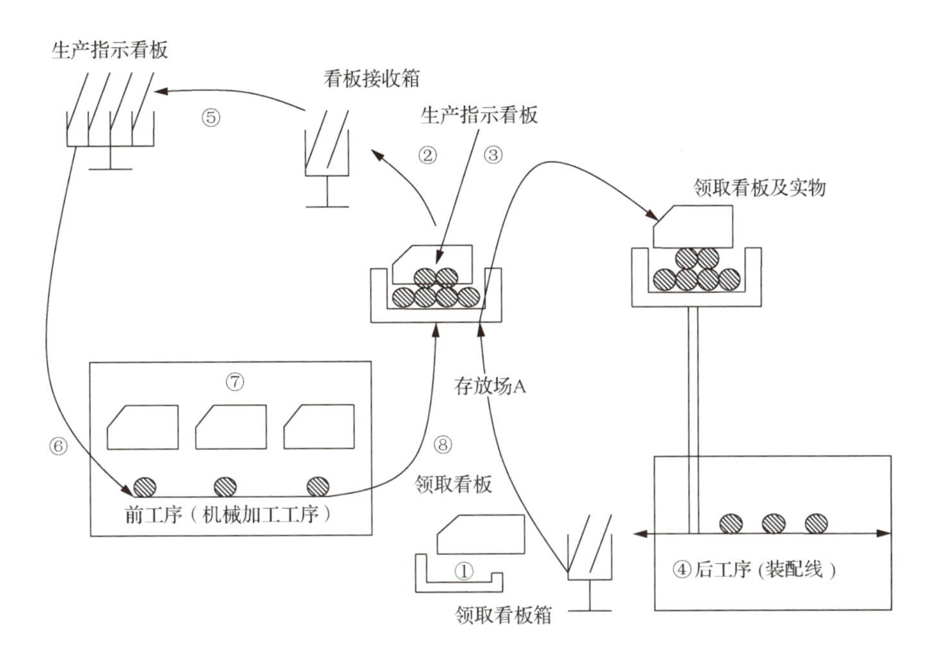

图 13.9　领取看板和生产指示看板的使用方法

（1）后工序的搬运工把所必需数量的领取看板和空托盘（集装箱）装到叉车或台车上，走向前工序的零部件存放场。

摘下来的领取看板在领取看板箱（接收箱或文件夹）中积存到事先规定的一定枚数时去领取，也可以按规定好的时间定期去领取。

（2）如果后工序的搬运工在存放场 A 领取零部件，就取下附在托盘内零部件上的生产指示看板（每副托盘里都附有一枚看板），并将这些看板放入看板接收箱。搬运工还要把空托盘放到前工序的人指定的场所。

（3）搬运工把自己取下的每一枚生产指示看板，都换一枚领取看板附上。在交换两种看板的时候，要注意仔细核对领取看板和同种物品的生产指示看板是否相符。

（4）在后工序，作业一开始，就必须把领取看板放入领取看板箱。

（5）在前工序，生产了一定时间或者一定数量的零部件时，必须将生产指示从看板接收箱中收集起来，按照在存放场 A 摘下的顺序，放入生产指示看板箱。

（6）按放入该看板箱的生产指示看板的顺序生产零部件。

（7）在进行加工时，这些零部件和它的看板作为一对东西转移。

（8）在这个工序零部件加工完成之后，将这些零部件和生产指示看板一起放到存放场，以便后工序的搬运工随时领取。

这样的两种看板的连锁运作，必须有间断地存在于各种各样的前工序中。结果，各工序在必需的时候仅按必需的数量领取必需的物品，全部工序自然就实现了准时生产。这样的看板连锁运作，在实现各工序在循环时间内生产一个单位产品的生产线同步化上发挥着作用。

2．各类看板的使用方法

（1）工序内看板。

工序内看板的使用方法中最重要的一点是看板必须随实物（即产品）一起移动。后工序来领取时摘下挂在产品上的工序内看板，然后挂上领取用的工序间看板运走；然后该工序按照看板被摘下的顺序及这些看板所表示的数量进行生产；如果摘下的看板数量变为零，则停止生产。在一条生产线上，无论是生产单一品种还是多品种，均按这种方法规定的顺序和数量进行生产，既不会延误也不会产生过量的储存。由此也可看出，适时适量生产的前提条件是生产的均衡化。

（2）信号看板。

信号看板挂在成批制作出的产品上，当该批产量的数量减到基准数时摘下看板，送回到生产工序，然后生产工序按该看板的指示开始生产。

（3）工序间看板。

工序间看板挂在从前工序领来的零部件的箱子上，当该零部件被使用后，取下看板，放到设置在作业场地中的看板回收箱内。看板回收箱中的工序间看板所表示的意思是该零件已被使用，请补充。现场管理人员定时来回收看板，集中起来后再分送到各个相应的前工序，以便领取补充的零部件。

（4）对外订货看板。

对外订货看板的摘下和回收与工序间看板基本相同。回收以后按各协作厂家分开，等待协作厂家来送货时由他们带回去，成为该厂下次进行生产的生产指示。所以，在这种情况下，看板被摘下以后，该批产品的进货将会延迟至少一次。因此，需要按照延迟的次数发行相应的看板数量。这样，虽然产品的运送时间、使用时间、看板的回收时间及下次的生产开始时间之间均有一些时间差，但只要严格遵守时间间隔，就能够做到按照丰田生产方式进行循环。

使用过的看板（即工序间看板和对外订货看板）回收后，需要按工序或按协作厂家进行再分发，其工作量有时会很大。因此，在丰田汽车公司的一些工厂里设有专门的看板分发室，将看板上的有关信息用条形码来表示，然后用计算机来区分。

3．实现看板管理的六项规则

为了实现看板管理的目的——准时生产，必须遵守下面的使用规则。

（1）规则 1：后工序必须在必需的时候，只按所必需的数量，从前工序领取必需的物品。

（2）规则 2：前工序仅按被领走的数量生产被后工序领取的物品。如果遵守规则 1 和规则 2，全部生产工序就结合在一起，形成了一种流水作业的形式。通过严格遵守这两项规则，所有的生产工序之间就保持了同步生产。如果某个工序出现问题的话，虽然所有的工序都有可能受到影响，但是至少保持了各工序之间的平衡。因而，丰田生产方式具有实现这种理想的流水线方式的结构。

（3）规则 3：不合格品绝对不能送到后工序。如果不遵守规则 3，看板管理就会完全被破坏。如果在后工序发现不合格品的话，因为后工序没有库存，所以只能将后工序停下来，将这些不合格品送回前工序。这样，后工序生产线一旦停止，问题就会马上被发现。

（4）规则 4：必须把看板枚数减到最少。因为看板的枚数，表示着某种零部件的最大库存量，所以有必要把它控制到最少。在丰田汽车公司，人们认识到库存的增加是一切浪费的根源。

（5）规则 5：看板必须适应小幅度的需求变化（通过看板对生产进行的微调整）。所谓通过看板对生产进行的微调整，指的是对突然的需求变化和生产上紧急事态的适应性。

（6）规则 6：看板上表示的数量要与实际数量一致。包装式样和托盘的容量有时不一致，造成看板上表示的数量与实际数量不一致。因为实行看板管理的公司包装式样和容量不是始终一致的情况有很多，所以生产单位的计算就变得和平常不一致，生产速度本身也变得和平常不一致。

此外，使用看板时应注意以下问题。

（1）因为丰田汽车公司是以月为单位进行生产管理，所以看板发行枚数的增减也是以月为单位进行管理。但是因为要按照每天的订货制订装配线的顺序计划，所以由看板进行的微调整就要每天进行。

（2）看板发行枚数中有一部分是为提高安全系数而增加的，必须通过改善将这一部分尽可能减少。

（3）看板必须在使用第一个零部件时摘下来放入看板接收箱，并陆续将其回收，送到前工序。通常以一小时一次的频率进行回收。

（4）必须进行稳定的领取。为此必须实现最终装配工序的均衡生产。

（5）通过临时出勤进行特殊生产时，必须事先和计划部门联系。临时看板也应陆续地发行，生产完成后必须迅速回收。

13.4　5S 与改善

13.4.1　5S 与实现方法

1．5S 活动的含义

所谓 5S，分别取用了日语的整理、整顿、清扫、清洁、素养 5 个词的首字母，如果用一句话说，就是工作场所的净化活动。

5S 活动又称 5S 管理，其具体含义如下。

（1）所谓整理，就是把需要的物品和不需要的物品明确地分开，把不需要的物品扔掉。

（2）所谓整顿，就是把需要的物品按便于需要时使用的原则整齐地放置，明确标示，以便无论是谁都能清楚明白。

（3）所谓清扫，就是经常扫除，保持清洁。

（4）所谓清洁，就是不断地保持整理、整顿、清扫的成果。

（5）所谓素养，就是具有正确地遵守已经决定了的事情的习惯。

5S 活动不仅能改善生活环境，还能提高生产效率，提升产品品质、服务水准。将整理、整顿、清扫进行到底，并且将其制度化都是为了减少浪费，提高效率，也是其他管理活动有效展开的基础。通过运营实例 13-3，我们将看到进行 5S 管理的必要性。

运营实例 13-3

唐尼利公司混乱的制造现场

制造汽车外部后照镜的唐尼利公司还未实行精益生产方式时，乱无章法，到处充斥着浪费的情形。有一天，一辆福特“金牛座”汽车不见了，这辆车停放在此工厂内，用来测试一些后照镜的原型。厂方发现车子不见时，还报警处理，几个月后，这辆车找到了，猜猜看在哪里找到的？在厂房的后方，被成堆的存货给挡住了！现在，唐尼利公司的员工经常举这个例子来说明他们在实行精益生产方式前后相差十万八千里的境况。

资料来源: 莱克，2004. 丰田汽车案例: 精益制造的 14 项管理原则[M]. 李芳龄，译. 北京: 中国财政经济出版社.

唐尼利公司的故事听起来或许离谱，却很生动地反映了经常在工作场所中存在的情形。在 20 世纪 80 年代，走进日本以外的绝大多数制造业工厂里，映入眼帘的都是杂乱无章的景象。但是，真正重要的部分却看不到，只能看到堆放到天花板的存货，无法确定各项东西是否摆放在正确的位置。当然，更无法看出工作的执行是否有问题，而丰田汽车公司大野耐一希望的就是问题能及时浮现。

在没有推行 5S 的工厂，每个岗位都有可能会出现各种各样不规范或不整洁的现象，如垃圾、油漆、铁锈等满地都是，零件、纸箱胡乱搁在地板上，人员、车辆都在狭窄的过道上穿插而行。轻则找不到自己要找的东西，浪费大量的时间；重则导致机器破损，如不对其进行有效的管理，即使是最先进的设备，也会很快地加入不良器械的行列，等待维修或报废。员工在这样杂乱不洁而又无人管理的环境中工作，有可能越干越没劲，要么得过且过，过一天算一天，要么另寻他途。对于这样的工厂，即使不断引进很多先进优秀的管理方法，也不见得会有什么显著的效果，要想彻底改变这种状况，就必须从简单实用的 5S 开始，从基础抓起。

通过实施 5S 活动，可以实现生产管理的三大目的——质量、交货期、成本水平的提高。5S 活动在塑造企业的形象、降低成本、准时交货、安全生产、高度的标准化、创造令人心旷神怡的工作场所、改善现场等方面发挥了巨大作用。因此，5S 活动已逐渐被各国的管理界所认可，并成为工厂管理的一股潮流。

2．5S 活动的推行步骤

企业开展 5S 活动，应该根据自身实际情况，制订切实可行的实施计划，分阶段推行展开，一般步骤有以下几个。

（1）建立组织、明确责任范围。

（2）制订方针与目标。

（3）制订计划及实施方案。

（4）宣传与培训。

（5）活动实施。

（6）督导、诊断与检查。

（7）活动的评价。

（8）活动的不断改善。

（9）5S 活动是一项长期的活动，只有持续推行才能真正发挥效力。各部门应每周、每月对发现的问题进行汇总，形成各部门需要改善的项目，限期整改。

3．5S 活动的实现方法

5S 活动可以使现场环境和人们的心情处于最佳状态。其常用的工具主要有红牌、看板、定点拍照、推置图、查核表等。

具体的实施方法有以下几个。

（1）将 5S 活动纳入岗位责任制。

要使每个部门、每个员工都有明确的岗位责任和工作标准。运营实例 13-4 给出了某机械加工车间每日清扫内容和周末清扫内容的安排。

（2）严格执行检查、评比、考核制度。

检查、评比、考核制度是保证 5S 活动能坚持和不断改进的重要措施，必须严格执行。检查、考核的方法可以多种多样，应根据各单位的实际条件决定；评比后应将评比的结果及时公布。

这里介绍一种评比办法，评比可分为以下 4 个等级。

① 4 分，代表良好，用绿色表示；

② 3 分，代表中等，用蓝色表示；

③ 2 分，代表及格，用黄色表示，即黄牌警告；

④ 1 分，代表差，用红色表示，需要停工整顿。

（3）坚持 5S 循环，不断提高现场的 5S 水平。

5S 活动需要不懈地坚持、不断地改善及不断地循环。5S 循环是以素养为中心的，并始终围绕着素养的不断提高而不停地进行运转，因此在开展 5S 活动中，一定要紧紧抓住这个中心不放。

表 13-1 与表 13-2 为某机械加工车间每日清扫安排和周末清扫安排。

表 13-1　每日清扫安排

人员	地　面	机　床	工　具	工位器具	铁　刷
操作人员	清扫自己的活动地面	按设备的日清扫标准执行	处理无用刀具、定位放好使用过的工具、检具、刀具、夹具	按规定放好小车	将工作区的铁屑清扫入铁屑箱
清扫人员	清扫各行走干道	—	把清扫工具放在自己的休息室	将运铁屑的车辆放置在固定位置	将铁屑箱内铁屑清除干净
辅助人员	保证车间地面清洁	—	使用的工具不随意放在现场	—	—

表 13-2　周末清扫安排

人员	地　面	机　床	工　具	工位器具	铁　刷
操作人员	清扫自己的活动地面	按设备的周清扫标准执行	做日清扫事项，擦洗管理点架，整理工具箱内部	擦洗小车滑道等，包括脚踏板，并定置放好	彻底清除设备周围的铁屑
清扫人员	清扫各主干道	—	把清扫工具放在自己的休息室	将运铁屑的车辆放置在固定位置	将铁屑箱内铁屑清除干净
辅助人员	清查现场有无自己负责的无用品，如有则清除	配合操作人员进行设备保养	使用的工具不随意放在现场	—	—

资料来源：范中志，张树武，孙义敏，1993. 基础工业工程：IE[M]. 北京：机械工业出版社.

13.4.2　丰田汽车公司的改善活动

改善活动可以说是丰田生产方式的基础必要条件。丰田生产方式，在追求降低成本的最终目标的同时，还统括着各种各样不同的目标（数量管理、质量保障、尊重人格等）并付诸实施。所有这些目标，都要通过丰田生产方式的基础必要条件——改善活动来实现，使丰田生产方式真正取得实效的，就是改善活动，改善活动的框架如图 13.10 所示。

每个作业人员通过 QC 小组活动提出问题，获得提出合理化建议的机会。这种合理化建议制度，可以通过使标准作业组合适应循环时间的变化提高数量管理，也可以通过每个作业人员都可以参与生产过程来增强对人格的尊重。

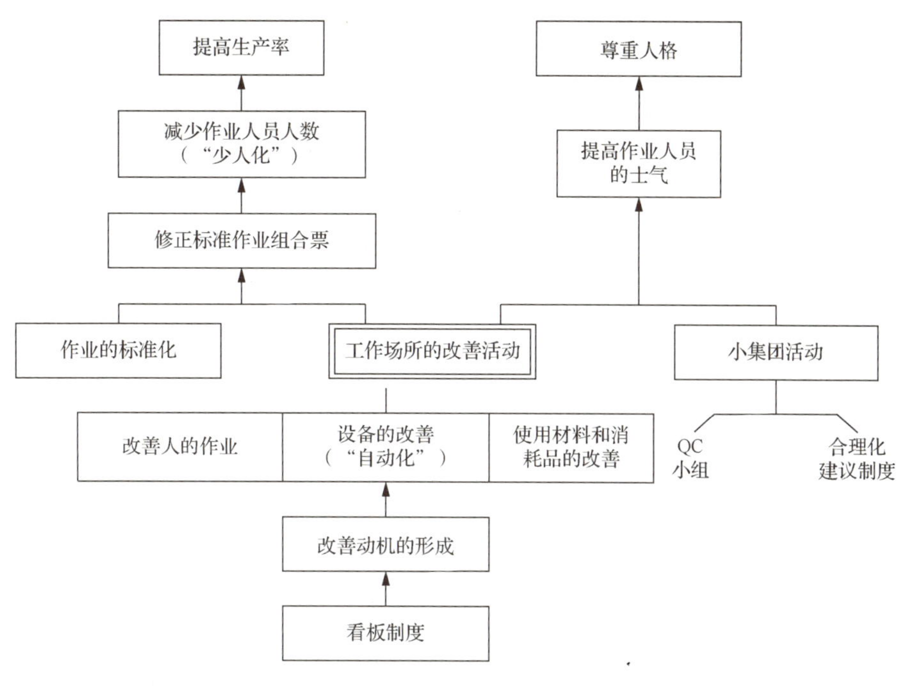

图 13.10　改善活动的框架

应该改善的对象是各种各样的，以下这 4 种形式的改善活动，都是通过合理化建议制度来开展的。

（1）为了排除无效动作的手工作业的改善。

（2）为了避免不经济地使用人力资源而引进新式设备和改良设备。

（3）材料及消耗品利用方法的改善。

（4）设备布置的改善。

1．合理化建议制度的目的——“好产品、好思路”

虽然合理化建议制度表面上的目的在于收集全体员工的想法、改善公司的业务，但是它的真正目的还有许多截然不同的其他方面。对员工来讲，合理化建议制度是为了让他们抱有自己被公司认可的意识，或者就像是经营层的一员那样，对允许自己制订计划的公司抱有忠诚心或归属意识。在丰田汽车公司，合理化建议制度的目的和精神，正如在标语上所标榜的那样——“好产品、好思路”。许多改善活动，都产生于全公司的合理化建议，这表现了丰田汽车公司对员工合理化建议的重视程度。

2．实现来自现场的合理化建议的程序

每个改善方案，既有作业人员自己开动脑筋提出来的情况，也有 QC 小组提出来的情况。这种 QC 小组由各个作业场所的作业人员组成，由作为现场监督人员的班长担任小组的领导。这个 QC 小组的某个人提出问题，向监督人员申述后，该监督人员就会采用下面的几个程序。

（1）确认问题。在考虑所提出的问题时，必须正确把握它的困难的问题点，确认对其他作业及其他作业人员的影响。

（2）调查问题。必须详细地调查现在的状况，查明问题的原因。在这个调查过程中，可能也会弄清其他的问题。

（3）提出想法。监督人员必须督促、激励作业人员提出解决问题的想法。

例如，一个作业人员指出，数托盘上的零部件数量太费时间，而且托盘上还常常放着几种不同种类的零部件。于是，为了解决这个问题，这名作业人员可能提出这样的建议：在托盘上做隔板，使托盘上的零部件容易数；同时把零部件按种类分别放入托盘。也可能是由整个小组提出解决方案。不管是哪种情况，作为领导的监督人员必须尊重部下的意见。

（4）集中意见。监督人员需要集中针对问题提出的各种各样的解决方案，选出最佳方案。

（5）提出改善方案。QC 小组的一名成员把选出的最佳方案写在合理化建议专用笺上，放进合理化建议箱。虽然许多改善的合理化建议是通过 QC 小组提出的，但是也可以由一个人提出，不和监督人员及小组的成员沟通。

3. 大部分合理化建议被采纳

被采纳的合理化建议马上投入实施。合理化建议中有的作为“保留”建议，在下个月重新进行审查。另外，作为“参考”的合理化建议由委员会的成员或者专职人员加以改进，再行利用。

如果合理化建议中有适合于申请专利权、实用新案权的建议的话，应在与提出合理化建议的人联系的基础上提交发明审查委员会，在那里采取适当措施。专利权全部保留公司的名字。奖金一般归 QC 小组所有，用于旅游、钓鱼等休闲活动。

除了金钱的奖励，一般还有以下表彰。

（1）对优秀的合理化建议，每月举行表彰仪式。公司对提出合理化建议者颁发奖状。

（2）表彰每年奖金总额最多的人员及平均每件合理化建议奖金额最高的人员。

（3）给 3 年中连续受到年度表彰的人员颁发奖状和纪念品。

（4）对年度工作场所表彰，对优秀的 QC 小组颁发奖状和奖品。

1951 年 6 月，丰田汽车公司引进了合理化建议活动。1984 年以来，平均每名员工每年提出 40 条以上的合理化建议。而且，这些合理化建议大部分都被采纳了。但是，1996 年以后，与合理化建议的数量相比，丰田汽车公司更加重视其质量，平均每名员工每年提出的合理化建议减少到了 30 条。

归纳以上所述，合理化建议制度有以下几个优点。

第一，合理化建议制度通过每名员工或者每个 QC 小组发挥作用，各小组的监督人员对部下的问题和建议能够认真、迅速地进行反馈。

第二，每月按规则审查合理化建议，结果能及时发表。

第三，通过审查的过程，形成一般作业人员与专门作业人员之间的亲密关系，这是因为，如果所提出的改善内容有必要变更设计的话，专门作业人员就会立即讨论这个方案。

请扫描以下二维码学习本章“案例研究”内容。

第 13 章案例研究

请扫描以下二维码完成本章习题。

第 13 章习题

第 14 章

第 14 章引例

约 束 理 论

14.1 约束理论概述

14.1.1 约束理论与发展

约束理论最早是由以色列物理学家及企业管理大师高德拉特提出的。他在 20 世纪 70 年代末先提出最优生产技术（optimized production technology，OPT），而后在此基础上发展为约束理论。高德拉特在 20 世纪 70 年代从事物理学研究工作，一次偶然的机会，为了帮助他朋友所经营的一家处于困境的制造企业，他开始涉足生产管理工作并开发了一种管理软件，这就是最早的 OPT 软件。其主要思想是以控制瓶颈工序为中心来安排生产计划。OPT 软件的实施，使该企业恢复了活力。有很多大企业采用了他的软件，使企业的整体生产能力得到提高，大多数企业增产达 30%，期末库存降低了 50%。高德拉特出版了很多著作来介绍和传播他的约束理论。他的书构成了约束理论，涵盖企业经营活动中最主要的 4 个环节：生产计划与控制、市场营销、资金控制、新产品开发，成为一套比较完整、实用、有效的企业生产经营理论。

14.1.2 约束理论中的重要思想

简单来讲，约束理论就是关于在管理活动中如何进行改进和如何最好地实施这些改进的一套管理理念和管理原则，可以帮助企业或组织识别出在实现目标的过程中存在着哪些制约因素，约束理论将其称为约束或瓶颈，并进一步指出如何实施必要的改进来一一消除这些约束或瓶颈，从而更有效地实现企业目标。下面介绍约束理论的几个重要概念和思想。

1. 瓶颈资源、非瓶颈资源和次瓶颈资源

瓶颈资源是指生产能力小于需求的任何资源。瓶颈资源是系统内部制约产出率的约束条件，是制造工艺中流量最小的那个点。瓶颈资源可能是机器、稀有或高技能的劳动力，也可能是专业化的工具。如果不存在瓶颈资源，就会存在剩余的生产能力。此时，系统应该做一些改变，从而暴露出系统的瓶颈所在。例如，增加生产准备作业或者减少生产能力。

非瓶颈资源是指生产能力大于需求的任何资源。因此，非瓶颈资源不能持续地工作，因为它的生产能力超过需求。非瓶颈资源包含了空闲时间。

次瓶颈资源是指利用率接近生产能力的资源。如果不认真处理，它就可能转化为瓶颈资源。例如，作业车间的次瓶颈资源可能要接受不同来源的工作任务。如果这些工作任务没有安排好，使得次瓶颈资源工作的间隙时间超过它没有利用的生产能力的时间，那么次瓶颈资源就会转化为瓶颈资源。如果批量大小改变，或者上游的操作由于某种原因不能工作，从而不能满足次瓶颈资源的生产能力要求，这种情况就会发生。

2. 击鼓-缓冲-绳索

在《目标》一书中，高德拉特举了一个远足的例子，远足的目的是所有成员同时到达目的地，走得慢的人就成了到达目的地快慢的约束，因此要由最慢的人来击鼓控制步伐，又要通过绳索来保证成员不因距离的拉开而走失，同时又要有一定的缓冲避免相撞，只有这样才能保证最终远足的成功。远足的人就好比企业的生产工序，远足的目的就好比企业生产出来的最终产品，企业的生产也要有一定的节奏，目的是最终产品的最大化，而不是个别工序的最大化。所以在企业生产当中，要首先找出瓶颈，对其加以控制和计划。

为了控制系统中的产品流动，每个生产系统都要设置一些控制点。如果系统中存在瓶颈工序，那么最佳的控制点就是该瓶颈工序。如果控制点能够决定系统中的其他部分（或者是它所能影响的部分）发挥作用的节奏，那么该控制点就可以称为鼓。瓶颈工序就是生产能力不能满足需求的资源，因此，瓶颈工序一直在工作。使用瓶颈工序作为控制点，其中的原因之一是确保生产的上游不会过量生产，以免出现瓶颈工序不能处理过量的在制品而形成库存。

如果系统中不存在瓶颈工序，鼓的最佳位置就是次瓶颈工序。次瓶颈工序的运行时间接近生产能力，但是平均来说，只要正确安排，就会有足够的生产能力。不正确的安排包括太多的生产准备时间，使得生产能力不足或者生产过剩的批量，使得下游的生产不得不停工，等等。如果既没有瓶颈工序，又没有次瓶颈工序，那么控制点的位置就可以任意选择。当然，一般来讲，最好的位置是物流分叉点，即该处资源的产出流向多个下游作业。

处理瓶颈问题非常重要，要确保瓶颈工序持续工作。图14.1是瓶颈工序的线性产品流程。假设加工中心D是瓶颈工序，这意味着它的上下游的工序生产能力都比它大。如果不对其加以控制，就会看到在加工中心D的前面会产生大量的库存，而其他地方则几乎没有库存。同时，系统中没有成品库存，因为所有生产的产品都被市场所接纳。

在处理瓶颈问题时，必须做到以下几点。

（1）在瓶颈工序的前面设置缓冲库存（缓冲器），以确保瓶颈工序始终处于可工作状态。由于它是瓶颈工序，因此它的产出决定了整个生产系统的产出。

（2）把加工中心D的生产情况反馈给上游的加工中心A，以便加工中心A按需求进行生产。这样可以防止库存的增加。这种反馈就称为绳索，它可以是正式的（如计划），也可以是非正式的（如日常的讨论）。

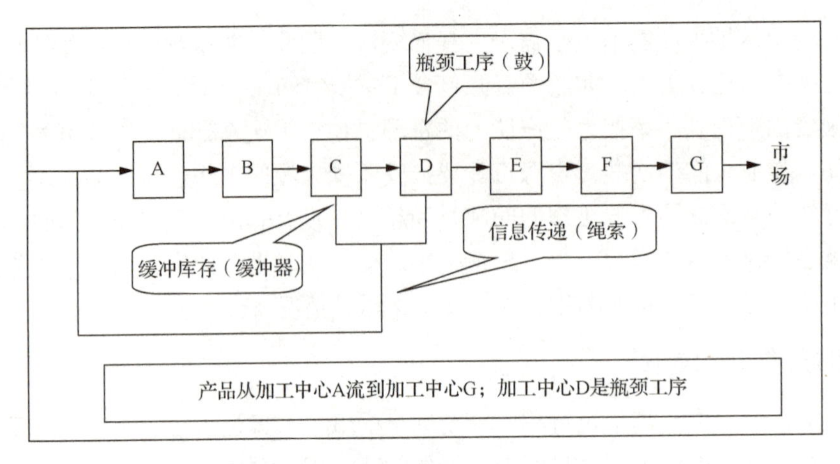

图 14.1　瓶颈工序的线性产品流程

在瓶颈工序前面的缓冲库存（缓冲器）是一种时间缓冲。设置缓冲器的目的是确保加工中心 D 总有工作做，而不在乎生产哪种产品。那么，时间缓冲到底要多大呢？答案是：时间缓冲应该大到足以保证瓶颈工序能够持续工作。从理论上讲，考察过去的绩效数据就可以用统计方法计算时间缓冲的大小，也可以对作业序列进行模拟。不论是哪一种方法，精确度并不是最重要的，可以用整个系统提前期的 1/4 作为初始的时间缓冲。例如，在图 14.1 中，如果假设从加工中心 A 到加工中心 G 的作业序列总时间为 16 天的话，可以在加工中心 D 的前面设置一个 4 天的缓冲器。如果在随后的几天或者几周内，缓冲库存用完了，就必须增加缓冲器的大小，通过分配更多的物料给加工中心 A 就可以做到这一点。反之，如果发现缓冲器从来不会降低到 3 天的水平以下，那么就应该减少加工中心 A 的物料供应，从而使缓冲器降为 3 天。时间缓冲的大小最终还是要依靠经验来决定。

如果鼓不是设置在瓶颈工序而是设置在次瓶颈工序上（因此它可能有少量的空闲时间），那么就要设置两个缓冲器：一个在次瓶颈工序的前面，另一个则是成品缓冲库存，如图 14.2 所示。成品缓冲库存保证满足市场的需求，而次瓶颈工序前面的缓冲器则保证产出率。对于次瓶颈工序这种情形，市场不可能接纳所有产品，所以要确保在市场需要购买的时候予以满足。

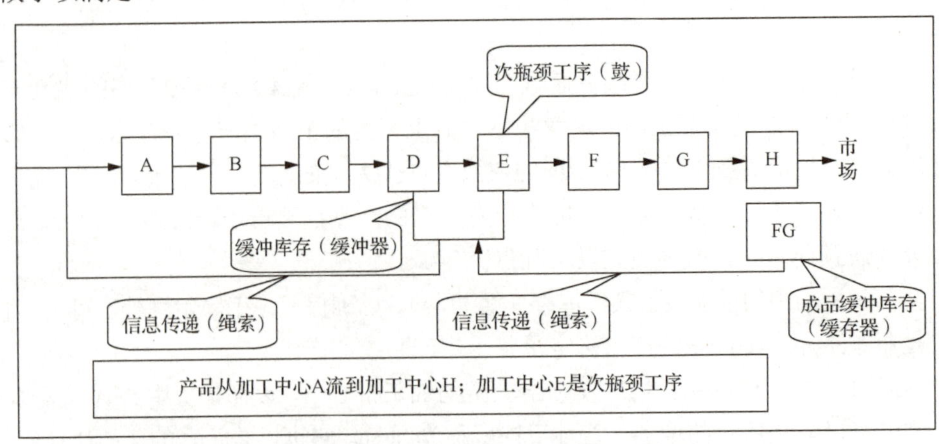

图 14.2　次瓶颈工序的线性产品流程

在次瓶颈工序的情形下，需要两根绳索。

（1）一根绳索把信息从成品缓冲库存反馈到鼓，从而可以增加或者减少产出。

（2）另一根绳索则把信息从鼓反馈到物料分配点，指明需要多少原材料。

高德拉特给人们提供了用“击鼓-缓冲-绳索”理论进行计划工作的 5 个步骤。

（1）检索系统中存在的瓶颈工序。

（2）以产出量为判断标准，运用运筹学等方法优化瓶颈工序的资源利用效率，围绕瓶颈资源制订生产计划。

（3）根据瓶颈工序的计划，编制其他各工序的计划。

（4）计算瓶颈工序的能力。

（5）如果瓶颈工序不再制约总产出，就回到步骤（1），否则转到步骤（2）。

3. 思维过程理论

思维过程理论的思路是“急消费者所急，想消费者所想”，也就是人们现在所说的消费者就是上帝。企业的目的是卖出产品从而获利，而不是生产库存。只有满足了消费者的要求，才能争取到更多的订单，解决市场营销的瓶颈。

运营实例 14-1

有一家印刷纸包装的 A 公司（是一家小公司），因为 B 公司（是一家大公司）的存在，而得不到大批量的印刷业务。这是因为，B 公司拥有大型印刷设备，由于规模经济的效果，大批量印刷的成本比小批量的低。一些小用户因为单价问题，宁肯有些浪费，也要向 B 公司订货。后来，A 公司进行了用户调查，了解到很多小用户虽然从 B 公司订的包装纸价格比较便宜，但是订的量大，由于产品更新换代快，一般有 1/3 要报废，算起来总的成本并不比订 A 公司的包装纸便宜。由于小用户的订货原则是只看单价，而不是看产品生命周期全过程的成本，导致这些用户表面上购入了廉价的包装纸，而实际上单位产品所用的包装纸的成本高于 A 公司的包装纸。A 公司发现了用户的采购原则中存在的问题，就向这些小用户提出了一个供货方案：以总需求量订货，可以分批交货，并允许更改设计。这使得小用户既能享受大批量的订货折扣，又可以根据新产品的要求改变包装设计，从而杜绝浪费，降低了包装成本。A 公司则既享受到大批量采购原材料的折扣优惠，又提高了机器的开动率，增加了利润。

资料来源：潘家轺，曹德弼，2003. 现代生产管理学[M]. 2 版. 北京：清华大学出版社：246.

思维过程理论为企业之间建立新型关系提供了理论依据，人们称之为双赢关系。意思是说，原来是对立关系，经过解除对立（思维过程理论的核心思想）成为互利关系。这是企业之间进行系统优化所产生的效益。目前广泛流行的供应链管理思想也是属于这种系统优化。当企业内部成本降低到一定的极限之后，就会出现企业之间的既竞争又合作的关系，这种合作往往从市场信息的共享开始，最终衔接彼此的计划，以求系统优化。

14.2 最优生产技术的原则

约束理论的核心是最优生产技术，高德拉特给人们提供了利用最优生产技术思想来编制生产计划进度所需要遵循的八条原则。

（1）不要平衡生产能力，而应该平衡产品流动。平衡生产能力是一种传统的生产管理方法，它要求各环节的生产能力都与市场需求平衡，以保证各种资源都达到最大的利用率，最优生产技术则认为平衡生产能力实际上是做不到的。因为市场每时每刻都在变化，波动是绝对的。企业为了适应这种变化，必须不断地调整自己的生产任务。生产任务常变，而企业的生产能力则是相对稳定的，因此生产能力不平衡是必然的和不可避免的，所以约束理论强调，更重要的是产品流动平衡。所谓产品流动平衡，就是使各个环节的产出都协调一致，没有在制品积压。由于瓶颈资源制约了整个系统的产出，所以要保持产品流动平衡，就是要使各环节与瓶颈环节保持协调一致。

（2）非瓶颈资源的利用率水平不是由它的潜在生产能力决定的，而是由系统中其他的约束条件决定的。系统的约束就是瓶颈资源，因为系统的产出是由瓶颈资源的产出量决定的，即瓶颈资源限制了企业的产销量。而非瓶颈资源的充分利用，不仅不能提高产销量，反而会使库存和运行费增加。所以非瓶颈资源的利用率不应该达到100%，而应与瓶颈资源的生产能力相协调。

（3）一项资源的利用和资源的活力不是一个含义，即让一项资源充分开动运转起来与使该项资源带来效益不是同一个含义。按传统的方法，应将资源能够利用的能力都加以充分利用。但按最优生产技术的观点，不考虑生产瓶颈而全盘提高利用率会使得资源的活力降低，并不能给企业带来更多的效益。

（4）对瓶颈资源一小时的浪费是对整个系统一小时的浪费。瓶颈资源是限制整个系统产销量的薄弱环节。瓶颈资源工作的每一小时都直接贡献于企业的产销量。所以在瓶颈资源上损失一小时，就会使整个系统损失一小时的产销量。因此，瓶颈资源是整个系统中管理和控制的重点，应尽最大的努力使瓶颈资源满负荷工作。在约束理论中通常采用以下措施来使瓶颈资源保持100%的“利用”。

① 在瓶颈工序前设置质量检查点，使投入瓶颈工序的工件保证100%是合格品。

② 在瓶颈工序前设置缓冲环节，使瓶颈环节不受其前面工序生产率波动的影响。缓冲环节设置的位置如图14.3所示。

缓冲环节有两种形式：①时间缓冲；②将保险在制品作为缓冲。

大批量生产通常采用保险在制品作为缓冲环节，单件小批生产则采用时间缓冲的形式。这段缓冲时间设在瓶颈工序开工时间和其前工序完工时间之间，以保障瓶颈工序的开工时间不受前面工序生产率波动或发生故障的影响。缓冲时间的长度与前面工序生产率波动的幅度和故障出现的概率及企业排除故障的能力等有关。

③ 适当加大生产批量以减少瓶颈工序的设备调整次数，减少其工作时间损失。

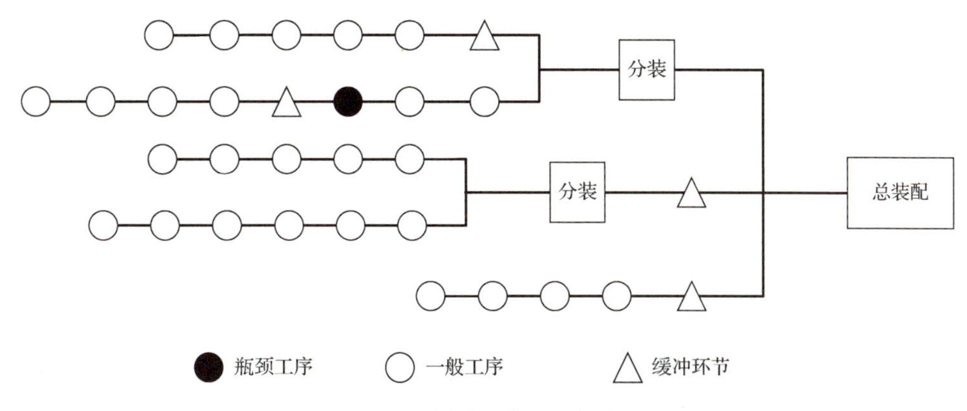

图 14.3　缓冲环节设置的位置

④ 采取措施减少瓶颈工序中的辅助生产时间，以增加其基本生产时间。

（5）在非瓶颈资源上节约时间是没有意义的。在非瓶颈资源上节省了时间，只能增加其闲置的程度，并不能增加企业的产销量。相反，为此企业还要付出一定的管理费用。

（6）瓶颈资源决定了系统的产出率和库存。产出率指的是单位时间内生产出来并销售出去的产品数量。所以，很明显产出率受到企业的生产能力和市场的需求量这两方面的影响。在决定企业的生产能力、销售能力和市场需求的一系列环节中都可能存在瓶颈资源，瓶颈资源控制了企业的产出率。企业的非瓶颈资源应与瓶颈资源保持一致，库存水平只要能维持瓶颈资源上的物流连续稳定即可，过多的库存只能是浪费，所以库存量也是由瓶颈资源控制的。

（7）转移批量不等于而且常常不应该等于加工批量。约束理论采用了一种独特的动态批量系统，即加工批量的大小不应是固定的，而是要根据实际情况动态地变化。转移批量可以不等于加工批量，甚至在多数情况下转移批量都不应该等于加工批量。

按约束理论的观点，为了减少瓶颈资源上的调整损失，增加设备的有效工作时间，对瓶颈资源宜采用较大的加工批量。而对于非瓶颈资源，为了平衡产品流动，减少在制品积压，可采用较小的加工批量，从而使非瓶颈资源有富裕的能力，使得增加调整次数不会影响它的有效工作时间。

同样，为了减少工件在工序间的等待时间，减少在制品积压，应尽量采用小的转移批量。转移批量的大小，还要考虑工序间的运输距离、运输方式和每一批的运输工作量。如果有机械化的连续传送装置，则可以实现单件传送，即传送批量等于 1。

如上所述，同一种工件在瓶颈资源和非瓶颈资源上可以采用不同的加工批量，在不同的工序间传送时，可以采用不同的转移批量，批量的大小应根据实际情况动态决定。

（8）只有在考察整个系统的约束条件时，才应该考虑设立优先权。提前期是计划的衍生物。物料需求计划按预先确定的提前期，用无限能力倒排计划法编制零件进度表。约束理论中不采用固定的生产提前期，提前期是批量、优先权和其他许多因素的函数。约束理论是根据各种约束条件先确定零件的优先级，再用有限能力计划法编排生产进度表。

从下例可以看出提前期应该是计划的结果。如果某个企业有两批订货，零件 A 与零件 B 各 100 件。每件 A、B 零件都需在 M 机床上加工 0.35 小时，如果该企业有两台 M 机床，则 A、B 两零件的提前期都为 0.35×100=35（小时）。但如果该企业只有一台 M 机床，则当 A 零件先加工时，其提前期为 35 小时，而 B 零件要等 35 小时后才能加工，其提前期为 70 小时。反之，如安排 B 零件先加工，则 A 零件的提前期为 70 小时，而 B 零件为 35 小时。所以提前期是计划的结果。

约束理论是在最优生产技术的基础上发展起来的，它是一种作业管理方面的理论。它把管理的重点放在瓶颈工序上，保证瓶颈工序不发生停工待料。提高瓶颈资源的利用率，从而得到最大的有效产出。根据不同的产品结构类型、工艺流程和物料流动的总体情况，设定管理和控制的重点。约束是多方面的，有市场、物料、生产能力、工作流程、资金、管理体制、员工行为等，其中，市场、物料和生产能力通常是主要的约束。

14.3 瓶颈资源计划

14.3.1 瓶颈资源计划的基本原理

瓶颈资源计划的理论依据是约束理论。基于约束理论，可以得出以下几点认识。

（1）对于一个任务不断变化的单件小批订货生产型企业来说，生产能力不平衡是必然的，不可避免的。

（2）生产能力不平衡，则必然存在能力上的薄弱环节，即存在制约整个系统的瓶颈环节。

（3）只有使瓶颈环节的能力得到最充分的利用，才能使企业的产出达到最大。

（4）因此计划与控制的重点应该放在企业的瓶颈环节上，要保证瓶颈环节的能力得到充分合理的利用。

（5）由于每一个计划期企业的生产任务都是不相同的，所以瓶颈环节也是随企业任务的变化而动态变化的。

基于以上认识，瓶颈资源计划与物料需求计划不同，它不是对零部件不分主次，一次编制出包含全部零件的零部件生产进度表。瓶颈资源计划把计划的对象（零部件）分为 3 种：关键件、主要件和一般件，分别安排这 3 种零部件的进度表。首先是编制关键件的进度表；其次是编制主要件的进度表；最后以关键件、主要件的进度表为骨架，按照一定的优先级逐周插入一般件，形成各周的生产日程计划。生产日程计划采用滚动编制的方法。

关键件是指所有需要使用瓶颈资源的零部件。关键件有多道工序，其中使用瓶颈资源加工的工序是关键工序，其他工序则是一般工序。主要件是指那些对产品生产周期起决定作用的大件和复杂件，这些零部件的工艺过程并不涉及瓶颈资源。一般件是指工艺上并不复杂的中小零件，产品中大多数零部件均为一般件。计划工作的重点是编好关键件和主要件的进度计划。这样，既保证了瓶颈资源得到充分利用，又实现了最大的有效产出，也使计划工作量大为减轻。

编制瓶颈资源计划的核心问题是确定什么是瓶颈资源。将计划期的生产任务与生产能力相比较，生产能力上最薄弱的环节就是瓶颈环节，所涉及的资源就是瓶颈资源。瓶颈资源可以表现为市场需求、物料、生产能力、运输能力、资金、人力、员工的积极性和主动性等。本节讨论的瓶颈资源，指的是设备的生产能力，因为设备的生产能力是生产计划中最常见的主要约束。

计划期某设备组的生产能力在总量上能够满足生产任务的要求，但是在计划期内的某一时段，仍有可能成为制约整个系统产出量的瓶颈。

例如，某项加工任务的工艺过程为车-铣-热处理-外圆磨。工作量为车 50 台时、铣 80 台时、热处理 30 台时、外圆磨 60 台时。计划期（某月）的设备生产能力为车 100 台时/月、铣 120 台时/月、热处理 120 台时/月、外圆磨 120 台时/月。从总量分析，各工种的生产能力均大于当月的任务，完成任务应该不成问题。但是按工艺流程来排，车的工作量要到第 2 周末才能完成。铣即使与车并行进行，也需到第 2 周末才完成。热处理需要用 1 周时间，在第 3 周进行，所以外圆磨工序要到第 4 周才开始进行，尽管外圆磨全月的能力有 120 台时，但一周内它只能完成 30 台时的工作量，所以 60 台时的外圆磨任务在该计划期内是完不成的。

由上例可知，尽管从总量上分析，计划期的生产能力大于负荷所需求的能力。但是如果负荷的分布在计划期的各时段上是不均匀的，那么有可能在个别时段上仍会出现瓶颈。瓶颈资源计划所说的瓶颈就是指要在计划期内各个时段上找出存在的瓶颈。

14.3.2 寻找瓶颈的方法

瓶颈的搜索可以分两步进行：第一步先分别按设备组核算计划期的总负荷，与设备组的生产能力进行对照，检查在总量上是否存在生产能力上的薄弱环节。如果总负荷已超过或接近生产能力，则必须采取措施提高该设备组的能力以保证计划任务能够完成。第二步是搜索各设备组在计划期内的各时段上是否会成为瓶颈。具体的搜索方法可按以下步骤进行。

（1）计算各零件的最迟完工日期，并推算各工序的最迟完工日期。以产品的合同交货期、总装配完工日期、部件装配完工日期逆工艺顺序倒排，计算零部件的完工日期。这里除了要考虑产品的包装发运时间、总装配和部件装配的工艺时间，还要把部件到总装、零件到部件的库存配套时间也考虑在内。所谓最迟完工日期，与物料需求计划中的提前期不同，它不计入那些在生产过程中可能发生的不确定的等待时间。

用同样的方法可以推算出各工序的最迟完工时间。在工序最迟完工时间中也不包含不确定的工序之间的等待时间，即

$$T_{ij}=T_j-\sum_{i+1}^{n}t_{ij}-\sum_{i+1}^{n-1}t_{tr}-\sum_{i+1}^{n-1}t_{ch}$$

式中 T_{ij}——在 j 设备上加工的某工件第 i 工序的最迟完工时间；

T_j——某工件的最迟完工时间（允许的最晚交货期）；

t_{ij}——在 j 设备上加工的某工件第 i 工序的加工时间；

（i=1,2,3,⋯,n，共有 n 道工序）

$\sum_{i+1}^{n} t_{ij}$——某工件由 i+1 工序到 n 工序之间的工序加工时间之和；

$\sum_{i+1}^{n-1} t_{tr}$——某工件由 i+1 工序到 n−1 工序之间的工序运输时间之和；

$\sum_{i+1}^{n-1} t_{ch}$——某工件由 i+1 工序到 n−1 工序之间的检验时间之和。

（2）以设备组为单位分别汇集在该设备组上加工的零件，为每个设备组建立一个在该设备组 J 上加工的零件集 V_j。对零件集 V_j 中所有零件按其 j 工序最迟完工时间的先后，由早至晚进行排序，最迟完工时间相同的，将 j 工序后工序数多的排在前。由此可以得到一个序列 $T_{1j},T_{2j},T_{3j},\cdots,T_{mj}$。$m$ 表示在 J 设备组上加工的有 m 个零件。

（3）对每个设备组用负荷累加的方法，计算到某个时点的累计负荷。将从计划期开始时到该时点的设备组的生产能力与累计负荷进行对比，计算设备负荷率，检查其是否超过规定值（例如 97%），以确定在该时点设备组是否成为瓶颈资源。按此方法从计划期开始到计划期末，按一个个时段延伸计算累计负荷，并与对应的同时期的生产能力进行对比，可查出在计划期内的整个生产过程中是否存在瓶颈。

图 14.4 反映了在计划期内 J 设备组的生产能力与负荷的情况。图中左下角的 A 区域是已确认的生产计划所占用的生产能力。虚线 S 表示本计划期开始的时间，虚线 E 表示本计划期结束的时间。在 S 和 E 之间，划分了 10 个时段，在生产能力水平线以下和 A 区域以上的区域是 J 设备组在计划期内可提供的生产能力。在第 1 时段必须完成的任务有 J1 和 J2，此时区域能力大于负荷，在第 1 时段末 J 设备组不是瓶颈资源。在第 2 时段必须完成的任务有 J1、J2、J3 和 J4，此时生产能力仍大于负荷，所以在第 2 时段末 J 设备组也不是瓶颈资源。图 14.4 中 B 区域表示第 1 时段至第 5 时段之间 J 设备组具有的剩余能力。第 6 时段新增负荷超过本时段的生产能力，但是 J13、J14、J15、J16 可以提前投入生产。因为这些零部件的最晚完工时间是第 6 时段末，最早开工时间并未限制，所以只要提早安排投产，就可利用前面时段的剩余能力。第 7、8、9 时段的情况与第 6 时段的情况相同。如果这些时段中超过能力的负荷（如图中生产能力线以上 C 部分）等于或十分接近于前面时段中的剩余能力，例如，负荷率超过 97%，则 J 设备组在第 9 时段以前属于瓶颈资源。进入第 10 时段，J 设备组又有剩余能力（D 部分）。但这部分能力不能用于第 10 时段以前的任务，因为前面各时段的任务受其最迟完工时间的约束，即必须于该时段末之前完成。这就是虽然计划期内生产能力大于各项负荷的总和，但是在计划期内的生产过程中仍然可能出现瓶颈。

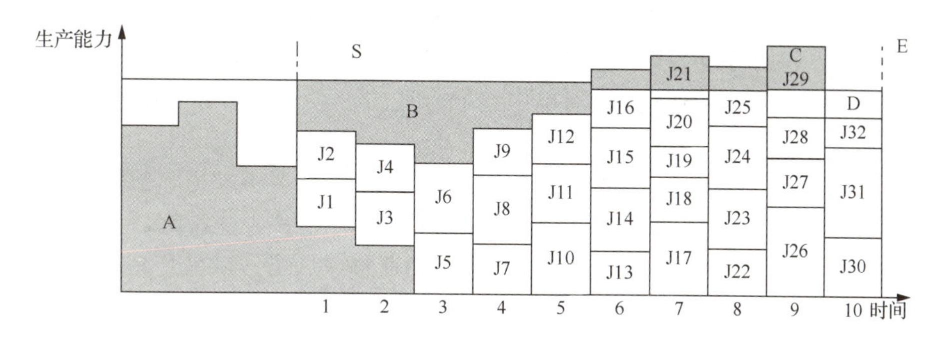

图 14.4 在计划期内 J 设备组的生产能力与负荷

14.3.3 瓶颈资源计划编制的步骤

如果企业的生产系统采用生产单元的组织形式，那么瓶颈资源计划编制的步骤如下。

（1）把计划期要生产的产品展开为零部件。按生产单元的分工把全部零部件分配给各生产单元。

（2）各生产单元根据计划期的生产任务，确定何种资源是瓶颈。编制瓶颈资源计划首先要知道什么是瓶颈，瓶颈在何处。

（3）根据瓶颈资源定义并选出关键件及关键工序。

（4）在瓶颈资源上对关键件的关键工序进行排序，排出关键工序进度表。采用有限能力计划法按关键工序的优先级进行排序。

（5）对每一个关键件的非关键工序在相关设备上排定其位置。关键工序之前的工序以关键工序为基准采用拉式生产进行安排，确定工序的最晚完工时间；关键工序之后的工序，以关键工序为基准采用推式生产进行安排，确定工序的最早开工时间。此时，由于只对少数关键件进行安排，各种非瓶颈资源的生产能力承担这一部分负荷是完全没有问题的。至此，每一个关键件所有工序的生产进度都已排出。

（6）安排主要件的生产进度。以主要件的交货期（计划要求的完工日期）为基准，采用拉式生产由后向前一道道工序排定其生产进度，由此可排出主要件全部工序的生产进度。关键件和主要件的生产进度表是零部件进度计划的核心，并构成整个计划的框架。这两项计划是计划管理和控制的重点，要保证这两项计划 100%实现。只有这两项计划完全得到实现，才能使系统达到最大的产出和获得较短的合理的生产周期。

（7）一般件按零部件交货期的先后进行排序，并制订每周的零部件投产计划。一般件的特点是，多数零部件的工序数少，加工劳动量较小，生产周期短，计划安排上比较灵活。有了关键件计划作为整个零部件进度计划的骨架，非瓶颈资源的生产能力，除了被关键件的一般工序占用掉少量，其剩余能力可以用一般件来填充。安排一般件的生产进度有以下 2 点要求。

① 满足成套性的要求。

② 发挥平衡生产负荷与生产能力的作用。一般件的生产进度计划只需确定两项内容，即投产的先后顺序和各周投产的零部件清单。而每种零部件每道工序的具体投产时间，要到编制生产日程计划时最后确定。

（8）以关键件、主要件的生产进度表为骨架，着手编制各单元的生产日程计划。生产日程计划的计划期可设为周。生产日程计划的编制方法是，从关键件生产进度表中截取本周计划，从本周的零部件投产清单中选取合适的一般件填入各非瓶颈设备生产能力的空白处。

选取一般件时，并非必须严格按照已排的投产顺序，只要不超出零部件的最迟交货期即可。一般件插入时，如与计划中已安排的关键件的一般工序发生冲突，在不影响关键件交货期的前提下，关键件一般工序的位置可以适当前移或后退，以错开冲突。因为前面在安排一般工序时，只限定了最晚完工时间或者最早开工时间，位置并没有完全固定。生产日程计划实施时一般按双日滚动编制，所以有很大的灵活性。

下面通过一个例子来说明关键件生产进度计划的编制方法。

【范例 14-1】 假设已知 A、B、C、D、E、F 6 种零件的生产批量、工时定额和交货期，见表 14-1。

表 14-1 零件的生产批量、工时定额和交货期

零件代号	生产批量	工时定额					交货期
		工序 1	工序 2	工序 3	工序 4	工序 5	
A	4	车 6	钻 2	镗 6	磨 4	—	第 10 周末
B	2	车 3	车 5	钻 4	镗 7	铣 5	第 9 周末
C	2	铣 8	钻 4	镗 8	磨 5	—	第 9 周末
D	4	车 6	铣 8	车 4	镗 8	磨 6	第 10 周末
E	6	车 5	铣 5	钻 2	车 4	镗 8	第 10 周末
F	4	铣 6	铣 8	钻 4	磨 6	—	第 10 周末

上述 6 种零部件均在 G 生产单元内生产。该生产单元有车床 2 台，铣床、镗床、钻床、磨床各 1 台。如按每周开 6 个班，每班工作 8 小时计，第 10 周末为工序的第 480 小时。各零件的工序交货期可按下式计算

$$T_{oij} = T_{oj} - \sum_{i+1}^{m} Q_{ij} \times t_{ij} - \sum_{i}^{m} t_{ijj}$$

式中 T_{oij}——零部件 i 工序的最迟交货时间；

T_{oj}——j 零部件的最迟交货时间；

$\sum_{i+1}^{m} Q_{ij} \times t_{ij}$——一批 j 零部件自（i+1）至 m 工序的加工时间，批量为 Q；

$\sum_{i}^{m} t_{ijj}$——j 零部件自 i 至 m 工序间的运输及检验时间，本例为简化计算，令 t_{ijj}=0。

假设计划期为第 5 周初到第 10 周末，即从第 192 小时开始到 480 小时结束。已知前一计划期遗留下来的任务有：车 192 小时、铣 96 小时、钻 72 小时、镗 150 小时、磨 88 小时。

时段设备的负荷率，寻找瓶颈资源，见表 14-2。

表 14-2 各零部件工序交货期计算表

		A		B		C		D		E		F	
1	2	车	24	车	6	铣	16	车	24	车	30	铣	24
	3	（6）	432	（3）	390	（2）	398	（2）	376	（1）	366	（3）	408
1	2	钻	8	车	10	钻	8	铣	32	铣	30	铣	32
	3	（3）	440	（4）	400	（1）	406	（3）	408	（1）	396	（5）	440
1	2	镗	24	钻	8	镗	16	车	16	钻	12	钻	16
	3	（3）	464	（2）	408	（1）	422	（5）	424	（2）	408	（4）	456
1	2	磨	16	镗	14	磨	10	镗	32	车	24	磨	24
	3	（2）	480	（1）	422	（1）	432	（2）	456		432	（2）	480
1	2	—	—	铣	10	—	—	磨	24	镗	48	—	—
	3		—	（4）	432		—	（2）	480	（4）	480		—

注：表左侧所示 2 列中的数字含义，1—工序名称；2—工序加工时间；3—工序交货期。

由表 14-2 可知，在计划期内 G 单元的镗床为瓶颈资源，A、B、C、D、E 为关键件。在镗床上加工的零部件，按其镗工序交货期的先后可得如下排序，B4（B 零部件的第 4 工序）交货期 422，C3 交货期 422，D4 交货期 456，A3 交货期 464，E5 交货期 480。可按上述顺序，把这些工序用有限能力计划法在镗床上进行顺排。镗床上有上期遗留的任务 150 小时，所以这批任务在本计划期内的开始加工时间应从第 343 小时开始（192+150=342）。B4 和 C3 最迟交货时间相同，可以根据其他条件决定其优先级。例如，前面工序多、工作量大的先排，或后面工序多、工作量大的先排。反之，则后排。关键件生产进度的甘特图见图 14.5，计划期各时段设备负荷率计算表见表 14-3。

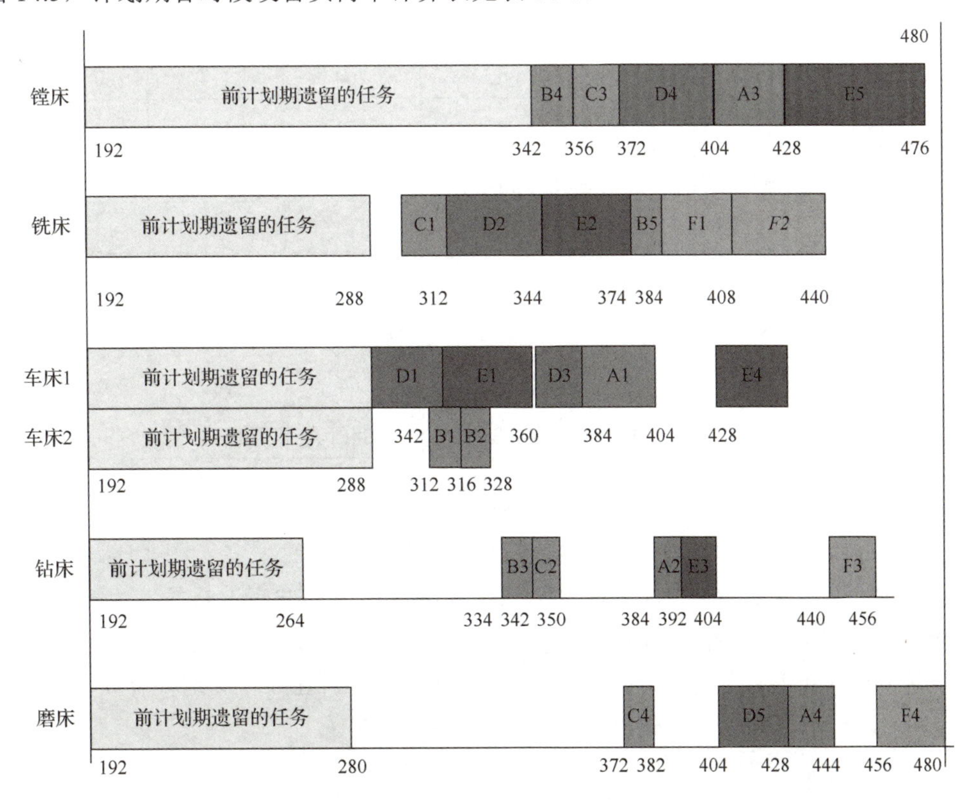

图 14.5 关键件生产进度甘特图

表 14-3　计划期各时段设备负荷率计算表

设备名称	时　段	计划期新增负荷	新增负荷累计	上计划期遗留负荷	本时段总能力	本时段剩余能力	本时段设备负荷率	是否瓶颈
		1	2	3	4	5=4-3	6=2/5	
铣床	192～396	30	30	96	204	108	0.278	否
	192～398	16	46	96	206	110	0.418	否
	192～408	56	102	96	216	120	0.850	否
	192～432	10	112	96	240	144	0.778	否
	192～440	32	144	96	248	152	0.947	否
车床二台	192～366	30	30	192	348	156	0.192	否
	192～376	24	54	192	368	176	0.307	否
	192～390	6	60	192	396	204	0.294	否
	192～400	10	70	192	416	224	0.313	否
	192～424	16	86	192	464	272	0.316	否
	192～432	48	134	192	480	288	0.465	否
镗床	192～422	30	30	150	230	80	0.375	否
	192～456	32	62	150	264	114	0.544	否
	192～464	24	86	150	272	122	0.705	否
	192～480	48	134	150	288	138	0.971	是
钻床	192～406	8	8	72	214	142	0.056	否
	192～408	20	28	72	216	144	0.194	否
	192～440	8	36	72	248	176	0.205	否
	192～456	16	52	72	264	192	0.271	否
磨床	192～432	10	10	88	240	152	0.066	否
	192～480	64	74	88	288	200	0.370	否

关键件的其他非关键工序各以关键工序为基准，前面的工序（图 14.5 中的 A1、A2、B1、B2、B3、C1、C2、Dl、D2、D3、E1、E2、E3、E4 等）按拉式生产方式由后往前，一一安排到有关机床上加工。关键工序之后的一般工序（如图 14.5 中的 A4、B5、D5 等）按推式生产方式由前向后，一一安排到有关机床上加工，这样可以把关键件的工序全部排定。至此，关键件的生产进度表也就排定了。

请扫描以下二维码学习本章“案例研究”内容。

第 14 章案例研究

请扫描以下二维码完成本章习题。

第 14 章习题